우리의 미래,
환경이 답이다

우리의 미래, **환경이 답이다**

1판 1쇄 발행 | 2017년 7월 3일
1판 2쇄 발행 | 2018년 12월 5일

지 은 이 | 이병욱, 이동현, 강만옥
발 행 인 | 김영희

발 행 처 | (주)와이에치미디어 (**프리이코노미북스**)
등록번호 | 2017-000071
주   소 | 08054 서울특별시 양천구 신정로 11길 20
전   화 | 02-3771-0245
팩   스 | 02-3771-0138
홈페이지 | www.yhmedia.co.kr
E-mail | fkimedia@naver.com
I S B N | 978-89-6374-245-8 03320
정   가 | 18,000원

이 도서의 국립중앙도서관 출판예정도서목록(CIP)은 서지정보유통지원시스템 홈페이지(http://seoji.nl.go.kr)와
국가자료공동목록시스템(http://www.nl.go.kr/kolisnet)에서 이용하실 수 있습니다.(CIP 제어번호 : CIP2017015204)

우리의 미래,
환경이
답이다

프리이코노미라이프

환경이 미래세대의
희망입니다

　정부 차원의 많은 노력에도 불구하고 우리나라의 환경문제가
날로 심각해지고 있습니다. 미세먼지 마스크 없이는 외출이 어
려운 나라, 대기질이 세계 173위인 환경후진국, 자원낭비가 심
한 나라, 다국적기업의 환경위해 제품으로부터 국민을 보호하
지 못하고 제대로 된 보상도 받을 수 없는 나라, 세계 두 번째로
빛 공해가 심한 나라, 물이 부족한 나라, 하천 부영양화로 한겨
울에도 녹조문제가 나타나는 나라, 노후 상하수관과 난개발로
싱크홀이 도처에 널려 있는 나라, 조류독감·구제역에 대한 허술
한 방역체계와 행정으로 살처분해 매립한 동물의 유실수가 토
양오염을 일으키는 나라, 님비NIMBY현상 심화로 환경시설은커

녕 대학 기숙사 하나도 제대로 짓지 못하는 나라가 되었습니다.

우리 국민의 건강하고 쾌적한 삶은 물론 생존마저 위협하는 환경문제는 이제 보수와 진보의 진영논리를 넘어 우리 공동체 모두가 함께 풀어야 할 현안이 되었습니다. 환경문제의 해결은 우리 사회의 근본적인 패러다임 전환과 동시에 정치·경제·문화·교육·법률·세금·회계제도, 기업의 의사결정 등 모든 면에서의 총체적 변화Systemic change를 필요로 합니다. 또한 모든 공동체 구성원의 유기적 협력과 연대, 국제적 협력을 필요로 합니다. 특히 미세먼지와 같은 환경문제 해결은 중국과의 공조가 불가피합니다.

이제 오늘날의 환경문제 해결은 정치권이나 일부 환경전문가들만의 노력으로 해결될 수 있는 사안이 아닙니다. 특히 지난 대선과정을 보면 환경문제의 정치적 해결이 요원해 보입니다. 2017년 대선은 대통령 탄핵심판의 결과로 각 대선 후보들은 2개월 만에 선거를 치르게 됐습니다. 경제정책 관련 공약은 물론이고 환경 관련 공약 또한 제대로 준비하지 못한 채 끝나고 말았습니다. 그러나 갈수록 악화되는 환경문제의 근본적 해결 없이는 미래 국가발전은 물론 새로운 일자리 창출도 기대하기 어렵습니다.

이에 저희 집필진은 각자 걸어온 길은 다르지만 나름대로 국가 발전을 위해 무엇보다 시급한 치유와 투자가 필요한 영역이 환경분야라는 데 인식을 함께하고, 이를 위해 무엇을 할 수 있을까 생각하게 되었습니다. 그리고 오랫동안 정부의 환경정책에 대해 직간접적으로 나름의 역할을 수행해온 입장에서 국가 지도자가 환경 투자나 정책과 관련하여 해결해야 할 당면 과제가 무엇이고, 어떠한 일관된 철학과 정책목표를 갖고 임하면 좋을지를 궁리하다가 몇 가지 키워드를 떠올리게 되었습니다.

바로 "환경은 미래세대의 희망이며, 힘이요, 경쟁력이다"라는 슬로건입니다. 이 같은 기조 아래 몇 가지 주요 환경정책 어젠다를 정리하게 되었습니다. 이를 토대로 선진국의 사례를 중심으로 환경정책 과제와 이의 실행방안을 정리하여 정책당국자들은 물론 누구나 이해하기 쉽도록 스토리텔링 환경 교양서를 펴내게 되었습니다.

아무쪼록 이 책이 독자들의 환경정책에 대한 이해는 물론 환경이 미래세대의 희망이며, 우리 모두의 새로운 미래 먹거리가 될 수 있다는 점을 인식하는 계기가 되기를 기대합니다.

이 책이 나오기까지 저희 집필진은 각자 바쁜 업무 일정에도 불구하고 지난 8개월간 주말마다 모여 함께 국내외 자료를 분석하고, 토론과 정리 등을 반복하면서 글을 써왔습니다. 그러다 보니 저희 모두 가족들에게 제 역할을 다하지 못했습니다. 그동안 인내하며 배려해준 가족들에게 깊이 감사드립니다. 또한 원고를 멀리 일본에서 이메일로 주고받으며, 꼼꼼히 읽고 많은 고견을 보태주신 이수철 동아시아환경정책연구회 대표(일본 메이죠대학 경제학부 교수, 환경경제학 박사)께도 깊이 감사드립니다. 본서가 나오기까지 세밀히 원고를 읽어주며 교정과 코멘트를 해준 카이스트 이재웅 연구원 등을 비롯해 물심양면으로 많은 도움을 주신 출판사 관계자와 KT 및 KTis, 동아시아지속가능발전연구원, 한국환경공단, 한국환경정책·평가연구원, 한국화학연구원, 국가과학기술자문회의, 이에이파트너스, 덕수포럼 등의 관계자 여러분께도 고마운 마음을 전합니다.

 감사합니다.

2017년 6월
집필진 일동

환경이
경쟁력이다

지난 20세기 한국사회는 경제의 압축성장 과정에서 환경문제 해결이나 환경 관련 투자는 뒷전으로 여겨졌습니다. 심지어 환경정책은 경제성장의 걸림돌이고 규제이며 비용으로만 인식되었다고 해도 과언이 아닙니다.

그러나 21세기 들어 지구환경문제로 인류의 건강과 삶의 질이 떨어지고 미래세대의 생존마저 위협하게 되면서 지구시민으로서의 자각운동이 도처에서 일어나고 있습니다.

OECD는 우리나라가 2060년경이면 미세먼지로 인해 GDP의 0.6%가 감소하고 연간 22조 원의 경제적 손실이 발생한다고 전망합니다. 또한 기업들의 제품이나 환경경영에 대한 소비자와 투자가들의 관심과 우려가 일반화되면서 기업의 지속가능발전을 위한 환경 투자나 정책의 중요성도 그 어느 때보다 높아지고 있습니다.

많은 나라들이 환경을 국가경쟁력의 원천으로 인식하기 시작했습니다. 친환경 제품은 기업들의 차별적 경쟁 요소가 되고 있고, 환경은 지역경제의 활성화와 관광산업의 매력을 높이는 힘이 되고 있습니다. 선진국가들은 4차 산업혁명 시대의 융복합 기술을 활용하여 환경 관련 산업에 대한 투자와 생태환경 복원, 그리고 자연환경 보호 등에 많은 노력을 기울이고 있습니다.

국민들의 삶의 질 향상과 보건정책 측면에서도 환경의 중요성이 크게 부각되면서 깨끗한 환경을 유지하고 보전하는 것은 모든 정책의 최우선적 고려사항이 되고 있습니다.

그동안 환경규제나 정책에 대해 민감하게 반응하고 부정적인 시각을 보여 왔던 국내 산업계에서도 인식의 변화가 나타나고 있습니다. 일찍이 미국 하버드대학의 마이클 포터Michael Porter 교수도 지적했듯이,* 적절한 수준의 환경규제 강화와 시장친화적인 환경정책의 시행은 산업경쟁력을 향상시키고 새로운 시장을 창출하는 데 기여할 수 있습니다.

일부 기업들을 중심으로 지속가능발전 차원에서 환경적 측면을 중시하여 3RReduce, Reuse, Recycle과 에코디자인 등 친환경 경영

---

* Porter, M. E., and Claas van der Linde "Toward a New Conception of the Environment–Competitiveness Relationship", Journal of Economic Perspectives, 9(4): 97–118, 1995

을 추진해 오고 있고, 개별산업 차원에서도 전기요금이나 수돗물값 인상 등에 대응하여 에너지 절약제품 연구개발의 촉진, 신재생에너지, 물 절약을 비롯한 폐기물 재활용 등 자원순환산업의 육성이 이루어지고 있습니다.

하지만 우리나라는 여전히 에너지 다소비 업종인 발전, 철강, 정유, 석유화학 등 중화학공업 중심의 산업 구조를 갖고 있습니다. 이 같은 현실에서 환경규제 강화나 전기료 인상 등에 대해 일부 업계에서 강한 거부감을 갖고 있는 것은 잘 알려진 사실입니다.

앞으로 이들 업계에 에너지 절약과 친환경 공정 및 제품 연구개발 투자 등에 대한 금융세제상 유인수단을 확대·제공하면서 에너지 절약과 환경개선 등을 적극 유도해 나간다면 중장기적으로 국제경쟁력 강화에 오히려 도움이 될 것으로 확신합니다.

환경 관련 규제나 피해자 구제제도 역시 잘 정비되어야 합니다. 그래야 다국적 기업들의 위해제품 등으로부터 국민과 소비자의 위험과 피해를 줄이고 신속히 피해구제를 받을 수 있게 되며, 일부 기업들의 도덕적 해이도 규율할 수 있습니다.

특히, 선진국 수준의 집단소송제와 같은 피해구제제도 도입에 대해서도 심각히 고민해야 할 때입니다. 이에 대한 국내 기업들의 우려와 반발도 거세겠지만, 다른 한편으로는 국내시장을 친환경 상품의 테스트베드로 삼아 해외 수출시장에서의 경쟁력을 갖출 수 있는 기회가 된다는 점에서 패러다임의 전환이 필요합니다.

지역사회나 마을공동체에서도 환경보호와 생태환경 복원을 통해 자연 속에서 힐링하고 싶어 하는 도시 관광객을 불러 모아 지역이나 마을경제 활성화에도 큰 보탬이 될 것입니다.

실제로 강원도 인제의 자작나무 숲이나 전라도 함평 나비축제 등은 수많은 관광객의 유치로 지역경제 활성화와 일자리 창출에 큰 도움이 되고 있습니다. 서울시의 청계천이나 성북천 등 생태하천 또한 다양한 동식물이 번창하여 자연생태환경이 복원되고 휴식공간이 조성되면서 수많은 사람들이 산책로를 즐길 수 있게 되었으며, 주변 상권도 활성화되고 있습니다.

이제 "환경은 미래세대의 희망이며, 국민의 삶의 질 향상은 물론 국가경쟁력의 원천임"을 국가 정책으로 구현해야 할 때입니다. 국가 정책결정의 전 과정에서 환경을 우선적으로 고려하면서 국민과 미래세대의 삶의 질을 위한 지속가능한 환경정책을 추진해야 합니다. 또한 비용효과적인 환경정책을 추진하면서도 4차 산업혁명 시대의 융복합 기술 등을 활용하여 현장의 목소리에 귀를 기울인 그린Green일자리 창출은 물론 소득증대와 연계된 정책을 추진해야 합니다.

다만, 단기적 성과에 치우쳐 무리하게 환경규제를 강화하는 것은 일부 산업에서는 단기적으로 경쟁력 약화를 초래할 수 있기에 원칙과 기준에 입각하여 경제 주체가 미리 대비할 수 있도록 계획성 있게 추진해야 할 것입니다.

국민들의 환경에 대한 태도와 가치관의 변화도 중요합니다. 특히, 금전만능주의를 비롯하여 미래세대를 배려하지 않고 나만 잘살겠다는 식의 개발과 소유 중시의 부동산 재테크 문화, 기득권층의 님비현상, 환경을 위한 작은 불편함도 감내하지 못하는 의식구조와 문화 등은 우리 공동체 구성원 모두가 함께 풀어나가야 할 과제입니다.

세상엔 공짜가 없습니다. 미래세대에게 쾌적한 삶의 터전을 물려주기 위해선 현세대의 절제된 삶, 후세대에 대한 배려, 그리고 비싼 수도료와 전기료를 감내할 각오가 되어 있어야 합니다. 전기요금 등에 자원이용과 환경비용에 대한 부담을 반영할 수 있도록 조세, 재정제도 등의 환경친화적 개혁을 단행해야 합니다. 예컨대, 저탄소 사회로 가기 위해서는 화석에너지 및 환경오염에 대한 환경세를 부과하고 저탄소 또는 친환경 산업활동에 대한 세제혜택을 주어 산업경쟁력을 유지하도록 이끌어야 합니다. 그래야 탈脫원전이나 탈脫석탄화력 발전 사회의 실현을 생각할 수 있습니다.

목 차

제1부
미래세대에게 쾌적한 환경 물려주기

제 2 부
환경과 성장이 조화를 이루는 대한민국 만들기

제1부

미래세대에게
쾌적한 환경
물려주기

미세먼지 걱정 없는 나라, 가능한가

영국 《파이낸셜타임스Financial Times》는 2017년 1월 한국을 세계 최악의 대기질Air Quality 국가라고 평가했다. 중국에서 날아오는 미세먼지와 2005년부터 2014년까지 10년간 95% 증가한 우리나라 석탄화력발전소를 세계 최악의 대기질 국가를 만든 주요 원인으로 지목한다.[01] 공기는 인간의 건강과 안전, 삶의 질에 가장 중요한 환경자원이다.

∷ 대한민국 대기질 수준은 세계 173위

시민 2천 명에게 물었다. 2017년 현재 대한민국에서 가장 심각한 환경 문제는 무엇일까?

---

01. FT, "South Korea joins ranks of world's most polluted countries", 2017.3.30

돌아온 답은 '대기오염'이다. 《세계일보》가 2017년 2월 28일부터 5일간 진행한 조사에 따르면 시민들은 미세먼지를 포함한 대기오염을 가장 심각한 환경문제로 꼽는다. 전체 응답자의 95.5%는 우리나라의 대기오염이 '심각하다'고 평가한다.

실제로 미세먼지는 우리나라의 대기질 수준을 세계 최하위권으로 밀어 내렸다. 미국 예일대와 컬럼비아대에서 2016년 공동발표한 환경성과지수EPI, Environmental Performance Index에서 우리나라는 조사대상 180개국 중 173위이며, 독일은 137위, 스위스 127위, 일본 104위, 프랑스 84위를 기록했다. 이 지수에는 실내공기질, 미세먼지 및 질소산화물 농도 등이 종합적으로 고려되었다. 일반적으로 산업국가는 화석연료 사용량이 많아 질소산

▌세계 미세먼지 지표 국가 순위

순위	초미세먼지	미세먼지
1	중국	중국
2	인도	인도
3	방글라데시	방글라데시
4	네팔	네팔
5	파키스탄	파키스탄
6	라오스	라오스
7	대한민국	대한민국
8	베트남	부탄
9	쿠웨이트	이라크
10	태국	쿠웨이트

자료: EPI 2016

화물 오염지수가 높으나 우리나라는 미세먼지 문제까지 더해져 세계에서 가장 열악한 대기질 수준의 나라가 되었다. 미세먼지 지표만으로 순위를 정하면 우리나라는 세계에서 7번째로 오염이 심각한 국가인 셈이다. 세계 10대 최악의 미세먼지 국가 가운데 OECD 국가는 대한민국뿐이다.

2013년 세계보건기구WHO 산하 국제암연구소IARC는 미세먼지를 1급 발암물질로 지정했다. 덴마크 암학회연구센터가 《랜싯 종양학지Lancet oncology》에 발표한 논문에 따르면 미세먼지는 폐암 발생 위험과 조기사망 위험을 증가시키는 것으로 나타났다.[02] [03] 이처럼 미세먼지는 단순한 환경문제만이 아니라 국민 건강에 직접적인 영향을 준다. 물은 정수해서 마시면 되지만 공기는 다르다. 공기는 그 무엇으로도 대체할 수 없는 것이어서 어떤 환경문제보다 심각하고 최우선적으로 해결되어야 할 과제다.

작은 미세먼지일수록 더 유해하다. 미세먼지는 직경이 10마이크로미터(μm)보다 작은 입자를 의미하는데, 단위를 떼고 약자로 PM10이라고 표현한다. 1마이크로미터는 좁쌀 크기인 1밀리미터(mm)를 1천 개로 나눈 길이다. 70마이크로미터 이상의 큰 먼지는 자연스럽게 지표면으로 가라앉지만 미세먼지는 너무 작아 공기 중에 부유하며 존재한다.

---

02. Raashous-Nielsen et al, Air pollution and lung cancer incidence in 17 European cohorts, Lancet Oncology, 2013 Aug;14(9):813-22
03. 중앙일보, "미세먼지 속 중금속·발암물질 폐암 걸릴 위험 22% 키운다", 2013.12.10

따라서 미세먼지는 제거하기도 어렵고 사람의 호흡에 직접적인 영향을 준다. 그중 직경이 2.5마이크로미터 이하인 미세먼

▍미세먼지 종류별 특징과 인체에 미치는 영향

구분	미세먼지(PM10)	초미세먼지(PM2.5)	극미세먼지(PM0.1)
크기(직경)	10㎛ 이하	2.5㎛ 이하	0.1㎛ 이하
확산거리	10~100km	수천km	수백m
주요 요인	중국, 소각, 화력발전, 타이어분진, 곰팡이, 흙먼지, 공사장분진	중국, 화력발전, 내연기관	내연기관
인체 침투	코, 기관지	기관지, 폐	혈관, 세포, 기타 장기
발생 가능 질병	눈병, 비염, 호흡기 질환 등	기관지염, 호흡기 질환, 폐기종, 천식 등	염증, 심혈관 질환, 신경질환, 세포돌연변이 등
상대적 인체유해도	저 ————————————————➤ 고		

자료: 대한민국 환경부 자료, 미국 EPA, 관련 논문 등 종합

▍극미세먼지가 건강에 미치는 영향

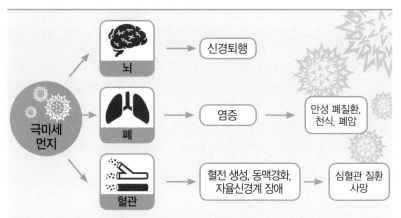

자료: Terzano et al, Air pollution ultrafine particles: toxicity beyond the lung, European Review for Medical and Pharmacological Sciences, 2010;14:809–821을 참고로 작성함

지(PM2.5)를 초미세먼지라고 부른다. 먼지의 크기가 작으면 작을수록 호흡기를 통해 체내로 침투하기 쉬워진다. 특히 직경이 0.1마이크로미터 이하인 극미세먼지(PM0.1)는 세포를 침투할 수 있을 정도로 작은 크기다. 곰팡이, 적혈구, 박테리아보다 작은 바이러스 크기 수준이다.[04] 호흡으로 폐에 들어온 극미세먼

▶ 인체 전체로 퍼지는 극미세먼지 ◀

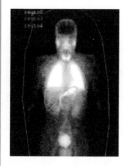

방사성동위원소 처리된 극미세입자가 포함된 공기를 마시면 1분 후, 혈관에서 미세입자가 관찰되기 시작한다. 1시간 동안 흡입한 후에 촬영한 사진을 보면 폐와 방광, 혈관 등에서 확연히 미세입자가 분포하고 있음을 알 수 있다. 극미세먼지는 체내에서 폐, 혈관, 그리고 온몸의 장기로 전달된다.

자료: Nemmar et al, Passage of Inhaled Particles Into the Blood Circulation in Humans, Circulation, 2002;105:411-414.

▶ 미세먼지가 건강에 미치는 영향을 연구한 문헌 ◀

- 초미세먼지는 어린이의 폐기능 발달 장애 초래
  (Gauderman WJ. The effect of air pollution on lung development from 10 to 18 years of age. N Engl J Med 2004, 351:1057-1067)
- 초미세먼지는 동맥경화 발생 증가
  (Kunzli et al. Ambient air polluion and Atherosclerosis in Los Angeles. Environ Health Perspectives 2005;113:201-206)
- 대기오염이 심한 지역에 거주하는 어린이의 폐기능 약화
  (Kulkarni N. N Engl J Med 6;355:21-30 (2006))

---

04. Brook, Cardiovascular effects of air pollution, Clinical Science, 2008, 175-187

지는 폐포를 통과하여 혈관, 간, 심장, 방광, 신경계 등 전신으로 퍼진다. 혈관 속으로 들어간 극미세먼지는 염증을 발생시켜 신체에 직접적인 문제를 일으킨다. 혈관에서 일어난 염증반응은 혈전을 생성하여 동맥경화를 일으킬 수 있고, 적혈구 등 세포에 침투하여 온몸으로 퍼져나가 심혈관질환, 폐질환, 신경질환 등 다양한 질병의 원인이 된다. 극미세먼지의 인체 유해성은 미세먼지, 초미세먼지보다 높다.

중요한 것은 극미세먼지의 발생원이 주로 고온 연소가 일어나는 자동차, 항공기 등의 내연기관이라는 점이다. 경유차에서 배출되는 미세먼지의 크기는 주로 10~100나노미터(0.01~0.1마이크로미터) 크기다. 미국 환경보호국US EPA이 실시한 '미세먼지 배출량 평가APEX'에 따르면 항공기에서 배출되는 입자도 9.4~37

▶ 대기질 관련 주요 정책제언 ◀

- 극미세먼지 환경기준 신설
- 미세먼지 절반으로 줄이자
- 실내공기질 기준 WHO 기준 이상으로 강화
- 대형 화물차의 환경 관련 규제 강화
- 4대문 내 경유·휘발유 차량 진입 제한 단계적 확대 실시
- 도심 차 없는 거리 정책(주 1일, 단계적 확대) 추진
- 발전소 대기오염 배출 기준과 부과금제도 개선
  (미세먼지 기준 도입, 질소산화물의 대기배출부과금 부과 등)
- 석탄화력발전소 굴뚝 및 집진설비 개선

나노미터 크기의 극미세먼지다.[05] 수많은 비행기가 이착륙하는 공항의 활주로도 수도권 도로만큼 미세먼지에 노출된 장소인 셈이다.

극미세먼지의 또 다른 특징은 입자의 크기가 너무 작아 멀리 날아가지 못한다는 점이다. 다른 미세입자에 달라붙기 쉽기 때문이다. 따라서 극미세먼지는 자동차 운행이 많은 도심에서 농도가 짙다. 상대적으로 PM10, PM2.5는 원거리에서 날아오는 것이 많지만 PM0.1은 근거리 발생원의 영향이 크다. 미세먼지 중 인체 건강에 가장 나쁜 영향을 주는 극미세먼지는 결국 가까운 내연기관에서 발생하는 것이다. 그래서 최근 미국 등 선진국에서도 미세먼지 중 가장 인체 유해성이 큰 극미세먼지에 대해 주목하고 활발한 연구를 진행하고 있다.[06]

∷ 극미세먼지 관리기준을 만들자

미세먼지의 발생원인과 책임소재에 대해서도 논란이 많다. 중국에서 날아오는 월경성越境性, transboundary 미세먼지 역시 우리나라의 미세먼지 농도에 상당한 영향을 준다. 따라서 대한민국의 미세먼지는 해외에서 날아오는 것과 국내에서 발생하는

---

05. Kinsey et al, Physical characterization of the fine particle emissions from commercial aircraft engines during the Aircraft Particle Emissions eXperiment (APEX) 1–3, Atmospheric Environment 44, 2010, 2147–2156
06. Int J Environ Res Public Health, 2016 Nov; 13(11): 1054

것으로 나눠 볼 수 있다.

해외에서 유입되는 미세먼지는 편서풍을 타고 날아오는 중국발 미세먼지와 황사이다. 중국에서 날아오는 미세먼지를 외교적 협상을 통해 해결하는 것은 쉽지 않다. 현실적으로 우리가 정책적으로 대응하고 해결할 수 있는 것은 국내에서 발생하는 미세먼지이다. 앞서 말했듯 도시에서 가장 유해한 것은 자동차 등 내연기관에서 발생하는 '극미세먼지'이다. 서울(1만 6,291명/㎢, 2015년), 부산(4,417명/㎢, 2015년)[07] 등 인구밀도가 높고 차량 통행이 많은 도심권 미세먼지 규제는 미세먼지, 초미세먼지뿐만아니라 '극미세먼지'에 초점이 맞춰져야 한다. 극미세먼지를 모니터링하고 해결해야 국민의 미세먼지 피해를 더 줄일 수 있을 것이다.

우리나라는 OECD 국가 중 미세먼지 문제가 가장 심각하다. 그동안 우리는 환경문제가 발생하면 해외사례를 찾기 바빴다. 그러나 미세먼지 문제만큼은 우리나라가 세계에서 가장 심각한 동시에, 가장 선도적으로 해결이 필요한 나라이다. 미세먼지는 국민 건강과 경제를 갉아먹는 가장 해로운 환경문제이다. 특히 인체에 가장 해로운 극미세먼지는 관리기준조차 없는 실정이다. 현재 PM10과, PM2.5만 관리하고 있는 대기 미세먼지 환경기준에 PM1 이하를 추가하고, 이 세 가지 기준으로 체계적

---

07. 지역별 인구 및 인구밀도, e-나라지표 홈페이지

인 관리를 해야 한다. 특히 교통량이 많은 도로변에서 생활하고 활동하는 인구가 많은 서울 등 대도시지역의 경우 극미세먼지를 줄이는 대책 마련이 시급하다.

:: 미세먼지는 국가경쟁력을 저하시킨다

OECD의 「대기오염 경제적 파급영향The economic consequences of outdoor air pollution」 보고서(2016)에 따르면 대한민국은 2060년경 대기오염 때문에 100만 명 중 1천 명이 조기 사망하며, OECD 국가 중 대기오염으로 인한 조기사망자 수 증가율(2010년 대비 2060년)이 가장 높은 나라가 될 전망이다. 지금과 같은 상황이 지속된다면 미세먼지로 조기 사망하는 인구는 향후 50년간 3배로 늘어나게 되는 것이다.

또한 2060년경 우리나라는 공기오염으로 인한 경제적 손실이 GDP의 0.63%에 이를 것으로 전망되는데, 이는 OECD 회원국 중 가장 높은 수준이다.[08] 한 언론보도에 따르면 우리나라의 미세먼지로 인한 경제적 피해는 2010년 기준으로 연간 10조 원에 달하고 있으며, 2060년에는 22조 원에 달할 것으로 추정된다.[09]

우리나라의 대기오염으로 인한 복지비 지출은 세계 최고 수준이 될 전망이다. 주로 질병이나 실외활동 제약 등으로 인해

---

08. OECD, 「대기오염 경제적 파급영향」, 2016
09. JTBC, "연 10조 피해 '미세먼지'…시민들이 나섰다", 2017.4.2

발생하는 의료비용이다. 2060년이면 우리나라 국민 1인당 대기
오염으로 인해 지출하게 될 복지비용은 연 540달러로, 중국의

OECD 주요국별 2010~2060년 대기오염으로 인한 조기사망률 전망

증가율 순위	국가명	대기오염으로 인한 조기사망자 수(만 명)		조기사망자 증가율 (2010년 대비 2060년)
		2010년	2060년	
1	대한민국	1.7	5.2~5.5	206~224%
2	멕시코	1.4	4.2	200%
3	칠레	0.3	0.6~0.7	100~133%
4	호주, 뉴질랜드	0.2	0.3~0.4	50~100%
5	캐나다	0.8	1.3~1.4	63~75%
6	미국	9.3	12.2~12.8	31~38%
7	일본	6.0	7.7~8.0	28~33%
8	EU 4 (독일, 프랑스, 이탈리아, 영국)	11.1	8.9~9.5	14~20%
	전 세계	293	616~904	110~209%

대기오염(미세먼지, 오존 등)으로 인한 조기사망자 수   단위: 명/인구 100만 명

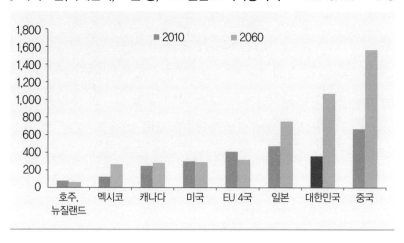

590달러에 이어 세계 두 번째다. 미국의 170달러, 일본의 350달러, 브라질의 80달러, 호주와 뉴질랜드의 40달러 등 다른 국가에 비해 많게는 20배나 많은 비용을 지불하게 된다. 공기가 깨끗하다면 치르지 않아도 될 비용을 대기오염이 심한 나라에 사는 이유로 전 국민이 떠안게 되는 셈이다.

《뉴욕타임즈The New York Times》 등 해외 언론에서는 '에어포칼립스Airpocalypse'라는 신조어를 만들었다.[10] 미세먼지로 가득 찬 중국 베이징의 사례를 이야기하며 공기Air 오염으로 인류의 종말Apocalypse이 찾아올 것이라고 우려한다. 그러나 미세먼지에 있어서 중국만큼 위기에 처한 나라가 대한민국이다. 미세먼지가 세계에서 가장 심각한 중국에 인접해 있으며, 국내에서도 미세먼지

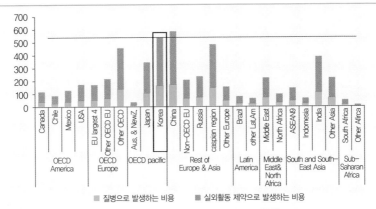

| 주요국별 2060년 대기오염으로 인한 1인당 복지 지출비용　　　단위: USD

자료: OECD, The economic consequences of outdoor air pollution, 2016

10. The New York Times, "'Airpocalypse': Beijing Smog Red Alert on Social Media", 2015.12.8

를 많이 배출하고 있기 때문이다.

사실 미세먼지라는 용어는 최근 사용되기 시작하였다. 그 이전에는 스모그나 산성비가 익숙한 용어였다. 중국에 인접한 우리나라는 매년 봄 황사 문제를 겪어왔다. 중국의 경제성장으로 모래와 함께 미세먼지가 날아오면서 한반도의 미세먼지 문제는 수면 위로 떠올랐다. 검색어 통계를 보여주는 구글 트렌드 Google Trends에서도 '미세먼지'라는 용어의 검색은 2013년부터 본격적으로 시작된다. 2013년부터 사람들은 '미세먼지'를 검색해 보기 시작했으며, 매월 봄이 되면 검색 빈도가 급증하는 양상을 보인다.

사실 세계적으로 미세먼지가 대중으로부터 주목받게 된 것은 1993년부터이다. 미국 6개 도시에서의 대기오염과 사망과의 관련성에 대한 연구가 발표되면서 전 세계는 미세먼지의 위험성을 인식하게 되었다.[11]

우리나라도 2003년 환경부가 미세먼지 예보시스템을 시험운영하면서 관리가 시작되었다. 2013년부터는 초미세먼지경보제를 도입했다. 예보와 경보제도는 상황을 알려줄 뿐, 해결해주지는 않는다. 이제 미세먼지 문제는 미세먼지, 초미세먼지, 극미세먼지로 나누어 측정하고 발생원인을 분석하여 근본적인 해결책을 찾아야 한다. 국경을 넘어오는 미세먼지에 대해서는

---

11. Shin, J Korean Med Assoc 2007; 50(2): 175-182

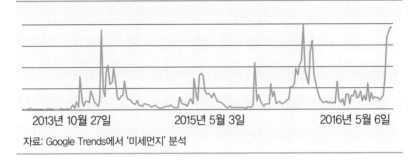

| 구글 트렌드로 본 '미세먼지'

2013년 10월 27일　　　2015년 5월 3일　　　2016년 5월 6일

자료: Google Trends에서 '미세먼지' 분석

주변국과의 대화와 협력을 통해 함께 해결해 나가는 지혜를 발휘해야 할 때이다.

∷ 한·중 간 미세먼지 해결을 위한 공동노력이 시급하다

　2017년 4월 10일, 서울 하늘은 맑았다. 그 전날까지 미세먼지로 뿌옇게 가득 차있던 서울의 하늘은 완전히 달라졌다. 동풍이 불었기 때문이다.[12] 반대로 서풍이 부는 날은 어김없이 미세먼지가 서울 상공을 가득 메운다. 우리의 서쪽에는 세계 최대 대기오염국가 중국이 자리하고 있다.

　이처럼 공기는 이동하고 순환한다. 대기질은 한 국가만의 문제가 아니기 때문에 그 개선을 위해 인접국가 간 공동 대응이 필요하다.

---

12. 조선일보, "동풍 불자 미세먼지 싹 사라진 서울 하늘… 대체 어찌된 일?", 2017.4.10

2013년 12월, 유럽연합^{EU}은 대기질관리정책계획을 발표했다. 회원국별로 2020년 대기오염물질 저감목표를 정하고 이를 달성하도록 대기질개선공동대응정책을 발표했다. 온실가스 배출량 저감목표와 유사하다. 중국, 한국과 일본 등 동북아 지역도 이와 같은 대책의 논의가 필요하다. 서로 영향을 주는 국가가 함께 미세먼지, 황산화물, 질산화물 등 대기오염물질 배출량 한도를 설정하고 이를 실천하기 위해 협력해야 하는 것이다.

환경은 국가 간 경쟁적인 관계에 있는 산업이나 기업경영과는 달리 국가 간 상생 협력이 가능한 분야다. 그 어떤 분야보다도 상호 협력을 할 때 상생은 물론 세계 인류 모두가 건강해지고 삶의 질 향상을 기대할 수 있다. 미세먼지 문제가 가장 심각한 한국과 중국 양국이 미세먼지 등 환경문제 해결을 위해 우선적으로 공동대응에 나서야 할 이유다.

:: 미세먼지를 절반으로 줄이자

2017년 3월 21일 오전, 국내 주요 언론은 우리나라의 공기질이 세계에서 두 번째로 나쁘다는 기사를 쏟아냈다.

▶ '숨 막히는 서울'… 오늘 공기질 세계 2번째로 나빴다 ◀

"수도권에 초미세먼지와 미세먼지가 매우 짙게 깔린 21일 오전 서울의 공기질이 세계 주요 도시 중 2번째로 나빴던 것으로 나타났다."

연합신문, 2017.3.21

기사에서 인용된 3월 21일 오전 7시 서울의 대기오염 수치는 179로 에어비주얼airvisual이라는 세계 대기오염 모니터링 서비스에서 발표한 수치다. 같은 시각 인도 뉴델리는 187, 인도 콜카타는 170, 파키스탄 라호르 170, 중국 청두 169, 중국 베이징 160을 기록했는데, 서울은 중국과 인도보다 더 대기오염이 심각했다.

미세먼지를 줄이는 것은 국가 환경정책 중에서 최우선 과제가 되어야 한다. 미세먼지 농도를 제로수준으로 만드는 것은 현실적으로 불가능하지만 적어도 미국, 일본, 유럽 등 선진국 주요 대도시 수준으로 낮출 필요가 있다.

우리나라의 미세먼지 수준은 2014년 서울의 미세먼지 농도기준으로 주요 선진국의 두 배 수준이다. 미세먼지 농도를 2025년까지 2014년 대비 절반 수준인 PM10 $23\mu g/m^3$, PM2.5 $12\mu g/m^3$으로 개선할 필요가 있다. 미세먼지 대기환경 기준을 적어도 WHO 권고 수준으로 강화하여 미세먼지 수준을 낮추어야 한다. 현재의 우리나라 PM10 기준 $80\mu g/m^3$ 이하에서는 미세먼지

| 세계 주요 도시의 미세먼지 수준 단위: $\mu g/m^3$

	서울	파리	도쿄	런던	베이징	WHO 기준 (24시간 평균)
PM10	46(2014)	28(2014)	28(2012)	22(2013)	108(2013)	50 이하
PM2.5	24(2014)	18(2014)	15(2012)	15(2013)	85(2014)	25 이하

주: WHO 기준은 '양호' 수준
자료: WHO, Global Urban Ambient Air Pollution Database, 2016

농도가 양호한 것으로 평가할 수 있겠지만, WHO 기준에 비춰 보면 좋지 않은 수준이다. 미세먼지로 하늘이 뿌옇고 눈과 목이 따갑지만 경보는 울리지 않는다. 기준이 너무 느슨하게 설정되어 있기 때문이다.

전 세계에서 가장 미세먼지 문제가 심각한 국가에서 이와 같이 느슨한 미세먼지 대기환경기준은 바람직하지 않다. WHO의 기준 이상으로 강화해야 한다.

미세먼지 문제는 어느 정부도 즉시 해결하기 어려운 만큼 충분한 시간을 갖고 지속적으로 대책을 강구해야 한다. 우선, 미세먼지 관리기준을 세계 최고 수준으로 강화하고 미세먼지 현황과 정보를 각 경제 주체들이 실시간으로 공유하겠다는 의지를 보여야 한다. 깨끗한 공기는 가장 기본적인 국가 환경자원의 하나이며, 이를 국민이 즐길 수 있게 해주는 것은 국가의 의무이다.

| 세계보건기구와의 미세먼지 대기환경기준 비교   2017년 기준, 단위: $\mu g/m^3$

항목		한국	WHO
PM10	연간평균치	50	20
	24시간 평균치	100	50
PM2.5	연간평균치	25	10
	24시간 평균치	50	25

자료: 환경부, 세계보건기구

:: 범정부 차원의 전주기적 맞춤형으로 해결해 나가자

미세먼지 문제는 어느 특정 부처만의 노력으로 해결할 수 없는 범정부적 과제다. 에너지, 산업, 교통, 건설 등과 깊이 관련되어 있으며, 환경과 기후 현상과도 관련이 있다. 더욱이 중국 등 주변국과의 외교문제도 얽혀 있으며, 미세먼지 저감기술개발 등과도 관련이 있다.

따라서 미세먼지 문제는 개별 부처의 이해관계를 넘어 환경부, 산업통상부, 국토해양부, 외교부, 미래창조과학부 등 범정부 차원에서 해결방안을 강구해야 한다. 이러한 국가적인 문제는 대통령이 직접 해결에 나서야 실효를 거둘 수 있다. 청와대 내에 중앙 컨트롤타워 기능을 강화하고 체계적으로 관리할 필요가 있다.

또한 미세먼지의 발생원인을 정확히 파악·분석하고 근본적인 원인 치유에 진력해야 한다. 국내 미세먼지 발생원별 비중을 보면 제조업 연소(65%), 비도로 이동오염원(13%), 도로 이동오염원(12%), 생산공정(6%)(2012년 기준) 순으로 나타나고 있다.

그러나 지역별로 보면 상황은 좀 달라진다. 자동차가 가장 많이 운행되는 곳은 미세먼지보다 초미세먼지, 극미세먼지의 영향이 클 수 있다. 또한 도로변 활동인구의 비중에 따라 그 영향도는 달라질 수 있을 것이다. 서울시는 이런 면에서 극미세먼지 대책에 앞장설 필요가 있다. 노후 경유차의 도심 통행을 억제하고 친환경자동차의 보급을 확대하는 것은 도심 극미세먼지 농도를 저감하는 데 기여할 것이다. 장기적으로 전기자동차와 수소연료전지자동차 비중이 높아질수록 도로 인근지역의 극미세먼지는 줄어들 것이다.

또한 중국발 미세먼지를 줄이기 위한 대책도 서둘러야 한다. 중국으로부터 유입되는 미세먼지는 계절과 기상에 따라 편차가 있지만 미세먼지의 80%까지도 중국으로부터 영향을 받는다는 분석도 있다.[13, 14]

우리나라는 중국의 풍하지역에 위치하고 있어 중국에서 배출되는 자연적 광물먼지를 포함해 인구밀집 지역과 산업 지역에서 인위적으로 배출되는 대기오염물질의 영향을 받고 있다. 그 영향의 정도는 계절과 기상 조건에 따라 크게 달라지는데 추운 계절에 영향이 더 크다. 서울 지역의 초미세먼지 농도는 중국 동부 지역의 대기오염 배출에 크게 영향을 받는다.[15]

우리나라의 미세먼지 문제를 해결하기 위해서는 무엇보다도 중국과의 협력이 중요하다. 세계에서 가장 미세먼지 문제가 심각한 두 나라가 함께 해결책을 마련해야 하는 것이다. 한·중 간 미세먼지를 줄이기 위한 공동기술개발과 내몽고 지역 녹지화, 내륙 황사 및 미세먼지 발생지역 환경프로젝트 등을 통해 중국발 미세먼지의 근본적 해결방안을 강구해야 한다.

정부는 지난 2015년 10월 중국과 '대기질 및 황사 측정자료 공

---

13. 국립환경과학원, 「한·중 월경성 미세먼지 저감을 위한 공동연구(II)」, 2016.6
14. 매일경제, "수도권 미세먼지 80%가 중국發", 2017.1.24
15. 국립환경과학원, 「한·중 월경성 미세먼지 저감을 위한 공동연구(II)」, 2016.6

서울에 도달한 초미세먼지의 기원

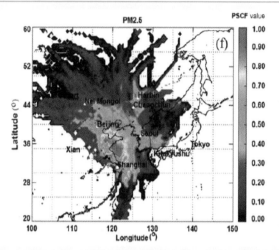

자료: 국립환경과학원, 「한·중 월경성 미세먼지 저감을 위한 공동연구(Ⅱ)」, 2016.6

유합의서'를 체결하였으며, 2016년 4월에는 '한·중 환경협력 강화 의향서' 등을 체결하는 등 협력을 강화하고 있다. 하지만 아직 유기적인 실행체계를 갖추지 못하고 있으며, 실질적인 오염물질 감축과 협력사업 역시 제대로 이루어지고 있지 않다.[16] 향후 양국이 미세먼지 발생 메커니즘 모델링, 모니터링, 분석, 그리고 예측기술을 개발하고 플랫폼 기반 위에서 공동으로 사용할 수 있도록 노력해 나가야 한다. 동북아시아 지역의 대기오염 문제를 해결하기 위해서도 양국이 산·학·연·정 간 협력을 강화해야 할 것이다.

---

16. 추장민, 「국외(중국) 유입 미세먼지 대응전략」, 미세먼지 근본원인과 대책마련 정책토론회, 2017.4.27

또 미항공우주국, 유럽우주국 등과도 한반도 대기질과 미세먼지에 대해 공동연구를 할 수 있도록 지원할 필요가 있다. 예컨대, 한·미(미항공우주국, NASA), 한·유럽(유럽우주국, ESA) 간 공동연구사업을 추진한다면 한반도 대기질 및 미세먼지에 대한 정밀관측을 통해 오염물질 배출자 부담원칙PPP, Polluter Pay Principal에 입각하여 국가 간 책임을 분담하는 방안을 마련할 수 있을 것이다. 환경 위성의 활용 경험을 공유하며 기술개발을 통해 미세먼지 발생원인을 규명하고 예보의 정확도를 향상시키면서 동시에 대기질 정밀관측분야를 핵심 산업으로 육성할 수 있을 것이다.

지역별 미세먼지 발생 원인과 특성을 분석하여 지자체별 맞춤형 전략 수립도 뒷받침해야 할 것이다. 차량이 많은 수도권은 도로교통 오염원, 공업도시는 제조업 연소와 생산공정, 석탄화력발전소 인근 지역은 발전소를 중심으로 미세먼지 관리를 강화하는 정책이 수립되어야 한다.

각 발생원별로 보다 세부적인 맞춤형 전략이 필요할 것이다. 예를 들어 도로교통 오염원 중에서도 가장 대기오염을 많이 일으키는 경유 사용 화물차를 집중 관리하는 등 비용 효과적인 정책대안의 마련이 필요하다. 이렇게 분석된 미세먼지의 발생원별 영향과 적용 가능한 저감기술을 고려하여 발생원별로 감축목표를 설정하고 비용효과적인 관리대책을 수립해야 한다. 그래야만 2025년까지 2014년 대비 미세먼지 농도를 절반 수준으로 낮출 수 있을 것이다.

영국 런던은 2008년 저공해구역Low Emission Zone 제도를 시행했다. 이 제한구역에서 화물차, 버스, 트럭 등 사업용 경유차를 운행하다 적발되면 최대 1,000파운드의 벌금이 부과된다. 2020년까지 리즈Leeds, 버밍엄Birmingham, 노팅엄Nottingham, 더비Derby, 사우샘프턴Southampton 등 5개 도시에도 청정대기구역제도Clean Air Zone를 도입하여 트럭, 버스 등 대기오염에 영향이 큰 차량의 통행에 대한 규제를 강화할 예정이다.

우리나라도 도심 미세먼지 주요 발생원인 경유차량에 대한 대책을 강화할 필요가 있다. 2017년 1월부터 서울시는 노후 경유차 운행제한제도LEZ를 시행하였으나 저감장치DFP 개발이 지연되고 노후 경유차 조기폐차 지원 예산의 고갈 등으로 실효를 거두지 못하고 있다.

경유택시는 LPG택시보다 질소산화물을 29배 더 많이 배출하며, 대형 경유 화물차는 경유 승용차 대비 145배의 미세먼지(PM10)를 더 배출하는 점을 감안하여 이들 차량의 운행을 억제하고, 친환경차량 사용을 독려하는 정책을 추진할 필요가 있다.

미세먼지의 비상저감조치도 강화해야 한다. 국민은 미세먼지가 심각해지면 그저 지갑을 열고 마스크를 구입하여 여느 때와 같이 일상생활을 해야 한다. 미세먼지 문제가 심각해지면서 정부는 2017년 2월 15일 '비상저감조치제도'를 시행했다. 초미세먼지 농도가 일정 수준 이상이 되면 공공기관 차량2부제를 실시하는 등의 대책이 그것이다.

그러나 이러한 저감조치는 최악의 대기오염이 나타난 순간에도 발동되지 않는다. 비상저감조치가 발령되기 위해서는 ① 수도권 9개 권역 중 한 곳 이상 초미세먼지 주의보 발령, ② 0시~오후 4시 수도권 평균 농도 50μg/㎥ 이상, ③ 다음 날 3시간 이상 초미세먼지 '매우 나쁨' 예보[17]를 모두 충족해야 한다. 당장 오염된 공기가 국민들의 숨을 막는 상황에서도 조치하지 않는 이유는, 다음날 초미세먼지가 '매우 나쁨' 수준이어야 한다는 요건 때문이다. 현행과 같은 조건으로는 국민이 호흡하는 공기를 맑게 하는 비상조치를 발령하기 어렵다. 3가지 조건 중 2가지만 충족되면 발동하는 등의 개선이 필요하다. 대다수 국민은 비상저감조치의 실시로 공기가 조금이라도 더 깨끗해지길 바랄 것이다.

:: 도심 속 '차 없는 거리' 정책을 추진하자

차 없는 거리, 차 없는 도심정책은 세계 도시환경 개선정책의 트렌드로 자리잡고 있다. 1999년 스페인 북서부에 위치한 폰테베드라Pontevedra에서 '차 없는 도시Car Free City' 캠페인이 시작된 이후, 세계 도시들에서도 도심 차량 통제조치가 확산되었다.

---

17. 조선일보, "어제 마신 서울 공기, 세계 2번째로 독했다", 2017.3.22

미국 뉴욕은 토요일 5시간 동안 금융가Financial District 60블록에서 차량을 차단하고 있으며, 프랑스 파리도 2015년 9월부터 매월 첫 번째 일요일마다 도시 중심부인 샹젤리제Champs-Elysées 거리의 차량 운행을 금지해 오고 있다. 노르웨이 오슬로Oslo는 2019년까지 모든 차량의 도심 진입을 금지시키는 법안을 통과시키기도 했다.

서울 및 광역도시의 중심부에서도 차 없는 거리를 만들어 도시 내 차량통행 제한을 확대하고 시민들이 걸으며 생활하는 문화를 즐길 수 있는 정책을 단계적으로 확대 추진하면 좋을 것이다. 예컨대, 서울 4대문 안의 경우 일주일에 하루 차량통행을 제한하되, 4대문 안 사업자의 물류차량에 대해서만 심야부터 새벽까지 통행을 허용하는 '차 없는 날' 정책을 추진하면 좋을 것이다. 이러한 정책은 도심의 미세먼지 저감에 기여할 뿐만 아니라 시민들에게 환경정책의 중요성을 일깨워 주게 된다. 또한 도심에 차 없는 날이 생기면 국내외 관광객의 증가로 도심 지역경제 활성화에도 기여하게 될 것이다. 이러한 정책이 어느 정도 자리 잡게 되면 주말 2일을 '도심 차 없는 날'로 확대하고 점차 평일에까지 확대 실시하면 좋을 것이다.

:: 실내 공기질을 개선하자

한국인은 평균적으로 하루 중 89%의 시간을 실내에서 보내고 있다. 그리고 차량에서 5.7%를, 실외에서는 5.3%의 시간만을 소비한다.[18] 이 같은 현상은 미국인도 크게 다르지 않다. 미국인은 하루의 87% 시간을 실내에서 보낸다.[19] 실내 공기질이 실외 공기질 만큼이나 중요한 이유다. 실외 공기와 달리 실내 공기는 인간이 통제할 수 있는 영역이다. 그리고 하루 대부분의 시간을 보내는 공간이 '실내'다. 하지만 우리는 실내 공기질이 어떻게 관리되고 있는지 잘 모른다.

백화점, 상가, 지하역사, 지하도, 버스터미널, 철도역사, 공항, 영화관, 전시관, 박물관, 병원, 어린이집, 노인요양시설, 산후조리원, 실내 주차장 등은 많은 사람들이 공동으로 사용하는 실내 공간이다. 이들 다중이용시설에 대해서는 환경부가 실내 공기질 기

▎다중이용시설별 실내 공기질 유지 기준

2017년 기준

다중이용시설 구분	미세먼지 (μg/㎥)	이산화탄소 (ppm)
지하역사, 지하도상가, 여객자동차터미널의 대합실, 공항시설 중 여객터미널, 항만시설 중 대합실, 도서관·박물관 및 미술관, 장례식장, 목욕장, 대규모 점포, 영화 상영관, 학원, 전시시설, 인터넷 컴퓨터 게임시설 제공업 영업시설	150 이하	1,000 이하
의료기관, 어린이집, 노인요양시설, 산후조리원	100 이하	
실내 주차장	200 이하	

자료: 찾기 쉬운 생활 법령정보 홈페이지

18. Jang et al, J Prev Med Public Health, 2014;47(1):27-35
19. Klepeis et al, The National Human Activity Pattern Survey (NHAPS): a resource for assessing exposure to environmental pollutants, Journal of Exposure Analysis and Environmental Epidemiology, 2001,11, 231-252

준을 정하여 관리하고 있지만 국제기준과는 다소 거리가 있다.

우선, 실내 공기질의 관리기준이 실외 공기질 관리기준보다 더 느슨하다. 대기 중 평균 이산화탄소 농도는 400ppm이다. 그러나 실내 이산화탄소 기준은 2.5배인 1,000ppm이다. 그리고 미세먼지 농도 기준치도 실외는 $50\mu g/m^3$이지만, 실내는 $100\sim200\mu g/m^3$이다. 미국의 실내 공기질 PM10 기준치 $50\mu g/m^3$과 일본의 $100\mu g/m^3$에 비해 너무 느슨하다.

예를 들어, 지하철역의 미세먼지 농도는 야외보다 나쁘다. 2016년 서울메트로 1~4호선의 미세먼지(PM10) 농도는 평균 $89.0\mu g/m^3$로 같은 기간 서울의 대기 중 연평균 미세먼지 농도 $48\mu g/m^3$의 1.8배 수준이다. 미세먼지 농도가 가장 높은 지하철은 1호선으로 평균 $95.6\mu g/m^3$이며, 가장 높은 역은 시청역으로 평균 $109.3\mu g/m^3$을 기록했다.

하지만 이같이 높은 미세먼지 농도는 정부가 정한 다중이용시설별 실내 공기질 유지기준에서 보면 양호한 수준이다. 지하철 역사 관리기준은 $150\mu g/m^3$이기 때문이다. 야외에서 미세먼지 농도 $150\mu g/m^3$이면 미세먼지 주의보가 발령되고 하늘과 산이 뿌옇게 가려지는 '매우 나쁨' 수준이다. 하루 수백만 명의 시민이 이용하는 지하철 역사의 공기질이 이 정도로 나쁘다면 시급히 해결해야 한다. 실제로 지하철 근무자의 폐질환은 업무상 재해로 인정될 정도로 사회적 문제가 되고 있다.

실내 공기질 문제의 심각성은 중국발 미세먼지, 경유차 배기가스 등으로 이슈화된 실외 공기질 때문에 그동안 가려져왔다. 실외에서는 하늘과 먼 산을 바라보며 시계 확보 정도를 통해 공기질을 가늠할 수 있지만 실내는 판단이 어렵다. 하루 중 대부분의 시간을 보내는 실내 공기질을 실외 공기질 이상으로 개선하여 국민건강과 보건 증진을 도모해 나가야 할 것이다.

:: 석탄화력발전소 배출가스기준과 친환경설비 설치기준을 강화하자

석탄화력발전소는 미세먼지를 배출하는 주요 배출원이다. 또한 발전소에서 배출되는 이산화탄소, 질소산화물, 황산화물, 유기화학물질 등은 반응을 일으켜 2차 초미세먼지를 만들어 내기도 한다. 그래서 정부는 장기적으로 석탄화력발전소를 폐쇄할 예정이다. 영동화력발전소 등 30년 이상된 노후 석탄화력발전소부터 차례대로 폐쇄한다. 우리나라에는 2017년 기준으로 57기의 석탄화력발전소가 가동 중이다.

발전소 배기가스의 미세먼지 대응 문제는 부처 간 논의와 협력이 필요한 영역이다. 환경의 관점에서 발전소를 가동 중단 또는 폐쇄하거나 발전소에 친환경설비 설치의무를 강화하는 것은 산업과 소비자 측면에서는 투자비용의 부담과 전기요금의 인상을 의미하기 때문이다. 예컨대, 화력발전소의 미세먼지와 대기오염물질을 줄이기 위해서는 전기집진설비ESP 등 친환경설비 등을 설치해야 한다. 이러한 투자비용은 발전 사업자가 부담해야 하며, 이는 석탄화력발전소의 발전단가 상승을 초래하게 된다. 만일 추가 설치비용으로 인한 발전단가 상승분을 전기요금 인상으로 해결할 수 없다면 이는 수익성 악화로 이어진다. 발전회사는 자연스럽게 화력발전소 운영 중단 등을 검토하게 될 것이다. 따라서 발전소 문제는 환경부와 산업자원부, 그리고 전기요금 인상 등 물가관리를 관장하는 부처 간의 긴밀한 협력이 필요하다.

석탄화력발전 사업자에게 배출가스 공시 의무를 부과할 필요가 있다. PM10, PM2.5, PM0.1 등 미세먼지와 각종 대기오염물질 배출량을 발전사업자가 실시간으로 공개하도록 하는 것이다. 발

정부의 석탄발전 처리 및 오염물질 감축계획

① 총 53기 기존 발전소

발전소 수	가동 시기	처리방안
10기	30년 이상	모두 폐쇄(2기는 연료 전환)
8기	20년 이상	대대적 성능 개선 시행, 환경설비 전면 교체
35기	20년 미만	저감시설 선 확충, 20년 이상 경과 시 성능 개선

② 총 20기 건설 중 발전소

발전소 수	가동 시기	처리방안
11기	공정률 90% 이상	강화된 배출기준 적용, 40% 추가 감축
9기	공정률 낮은 발전기	영흥화력 수준 배출기준 적용

③ 신규 석탄발전소 → 원칙적으로 진입 제한

④ 중장기적으로 석탄발전기 발전량을 축소하는 방안도 검토

자료: 산업통상자원부

전소는 자동차와는 달리 24시간 가동되며 대량의 배기가스를 공기 중으로 뿜어낸다. 만약 배출되는 특정 대기오염물질의 농도가 미량이라도 증가한다면 실제 그 배출량은 시간당 배출량과 배출시간의 배수로 증가하게 된다. 발전소 등 사업장별 현행 대기오염배출허용기준은 직경이 50㎛ 이하인 총부유먼지TSP, Total Suspended Particle를 기준으로 관리하고 있다. 따라서 사업장 배출허용기준에 반드시 미세먼지를 포함시키는 것이 바람직하다.[20]

또한 황산화물SOx과 먼지에 적용되는 대기배출부과금을 질소

미세먼지 측정방법

측정방식	실시간 측정 가능 여부	측정 농도 한계	측정 가능 범위 (nm)	정확도 (%)
Filter	X	10㎍/㎥	조절 가능	5
Scattering	O	10㎍/㎥	50 이상	30
Spotmeter	X	25㎍/㎥	전 영역	15
PASS;LII	O	5㎍/㎥	10 이상	10
Opacity	O	0.1% opacity	50 이상	20
TEOM	O	–	조절 가능	–
DLPI	X	–	30~10,000	–
SMPS		100/㎤	3~700	15
FMPS	O	1,000/㎤	5~700	25
ELPI	O	1,000/㎤	10~10,000	25

자료: Atmosphere, 2015.6, 1327-1345

20. 국회예산정책처, 「미세먼지 관리 특별대책의 현황 및 개선과제-수송 및 발전 부문을 중심으로」, 2016.10

산화물^{NOx}에도 적용할 필요가 있다. 발전 사업자의 질소산화물 초과배출 문제는 매년 국정감사의 단골 메뉴가 될 정도로 규제 사각지대에 놓여 있다. 환경부는 '대기오염물질로 인한 대기환경상의 피해를 방지 또는 감소시키기 위하여 대기오염물질을 배출하는 사업자에게 오염물질의 배출 정도에 따라 경제적 부담으로서 부과금을 부과함으로써 사업자가 스스로 오염물질의 배출을 억제토록 유도'하기 위해 1983년 배출부과금제도, 1997년 기본배출부과금제도를 시행해 오고 있다.[21]

현행법상 2차 초미세먼지의 대표적 전구물질인 질소산화물에 대기오염물질배출부과금이 부과되지 않는 것은 문제가 있다. 이제부터라도 황산화물과 먼지에만 적용되고 있는 현행 대기배출부과금에 질소산화물도 포함시켜야 할 것이다.[22]

:: 공기질 개선에 융복합기술과 집단지성을 활용하자

앞서 언급된 정책적 접근 외에도 어떻게 하면 미세먼지를 효과적으로 줄일 수 있을까?

한반도의 미세먼지 문제를 해결하기 위한 대국민적 아이디어를 모으자. 바야흐로 집단지성과 4차 산업혁명의 시대다. 어떤 문제를 해결하기 위해 폐쇄된 일부 전문가만이 아닌 전 국민,

---

21. 환경부, 대기배출부과금제도
22. 그린피스, "3.4%라는 숫자로 가려져 있던 석탄화력발전소 초미세먼지의 심각성", 2015.5.1

그리고 나아가 해외 전문가들의 의견을 모을 필요가 있다. 대한민국 미세먼지의 현주소를 알리고, 우리나라의 미세먼지 문제를, 그리고 서울의 미세먼지를 절반 수준으로 감축할 수 있는 최적의 솔루션을 찾아보자. 가능하다면 좀 더 범위를 넓혀 국제 아이디어 공모전을 열어 해결책을 찾아보자.

다음은 미세먼지 제거를 위한 두 가지 시나리오를 필진의 상상력을 발휘하여 제시해 본 것이다.

상상해 보세요!

미세먼지 제거를 위한 두 가지 시나리오

:: 미세먼지 차단 드론 시스템 구축

중국과 함께 미세먼지 공동 대응 시스템을 구축하자. 중국 해안가의 미세먼지 측정 센서와 인공위성에서 받은 기상 데이터가 실시간으로 수집·분석되어 인공지능 기반의 미세먼지 예측 시스템을 작동하면 대규모 미세먼지가 몇 시간 내에 서해를 건너오는지를 알려 준다.

이러한 경보에 따라 인천 백령도 앞바다에 구축된 미세먼지 차단 드론 시스템을 작동한다. 폐유조선 등 플랫폼에 대기하고 있던 1,000여 대의 드론이 미세먼지 입자를 효과적으로 응결시키는 친환경 화학물질을 싣고 상공에서 살포한다. 중국에서 보내온 데이터를 분석하여 도출된 최적 살포지역에 드론이 날아가 화학물질을 분사하는 것이다. 미세먼지는 응결되어 바다로 떨어진다. 중국발 미세먼지의 상당량은 서해바다를 건너오지 못한다. 임무를 마친 드론은 다시 폐유조선 위에 귀환하여 전기와 화학물질을 충전한 후 다음 출동을 준비한다. 필요하다면 하루에도 여러 차례 출동이 가능하다.

:: 사물인터넷 기반의 서울시 미세먼지 제거용 소방차 운행

서울시는 도로 미세먼지 빅데이터를 구축한다. 효과적인 미세먼지 모니터링 시스템 구축을 위해 서울시 택시 1,000여 대에 미세먼지, 초미세먼지, 극미세먼지, 질산화물, 황산화물, 일산화탄소, 이산화탄소 농도 등을 측정할 수 있는 모바일 미세먼지 측정기를 장착하여 실시간 미세먼지 데이터를 수집한다. 또한 버스정류장과 지하철 출입구 등 시내 주요 도로 200곳에 미세먼지 실시간 측정시스템도 구축하여 실시간 데이터를 수집한다.

통신사는 구축된 빅데이터를 기반으로 차량 내비게이션 시스템과 접목한 '서울시 미세먼지 지도Seoul Particulate Matter Map'서비스를 제공한다. 분석된 정보는 스마트폰 어플리케이션으로 제공되어 서울 시민은 일상적으로 활동하는 도로변의 정확한 공기질을 쉽게 확인할 수 있다. 미세먼지 측정소의 위치, 측정 부정확성 문제 등이 상당 부분 해결될 수 있을 것이다.

또한 서울시는 '미세먼지 먹는 하마'라고 이름 지어진 미세먼지 전기청소차를 운행한다. 미세먼지의 실시간 측정시스템에서 PM10 기준 $100\mu g/m^3$, PM2.5 기준 $50\mu g/m^3$을 1시간 이상 초과할 경우 살수차량인 '미세먼지 먹는 하마'가 출동하여 도로에 물을 뿌려 미세먼지를 제거한다. 도로 극미세먼지 제거에 특히 효과적이다. 사용하는 물은 저장된 빗물을 사용한다. 이를 위해 서울시는 50곳의 빗물저장시설과 살수차 공급장치를 설치한다.

한편, OECD는 우리나라 대기질 관리에 대해 몇 가지 권고사항을 제시했다. 서울과 수도권 지역뿐만 아니라 대규모 산업단지에도 대기오염물질 배출 상한 관리시스템을 도입하고, 차량 배기가스 기준을 강화하며, 고농도 대기오염 지역에 대해선 저배출 구역을 지정하라는 것이다. 이러한 권고를 대기질 관리 정책 수립에 참고할 필요가 있다.

대기 관리에 대한 권고사항

- 서울과 수도권 지역 외 대규모 산업단지에 대기오염물질 배출 상한 관리시스템 도입을 고려하고 서울과 수도권 지역에서 SOx 및 NOx 배출 상한을 지속적으로 강화해 나간다.
- 차량 배출 기준을 강화하여 테스트 조건 및 실제 주행 결과 간 격차를 좁힌다.
- 심각한 대기오염의 영향을 받는 지역에 저배출 구역을 도입하기 위해 노력한다.
- 월경성 대기오염 해결을 위한 역내 협력을 추진한다.
- 대기오염의 원인(국내, 국외)과 각 원인이 인체에 미치는 영향에 대한 지식을 강화한다.
- 교통 관련 온실가스 배출, 대기오염 및 교통정체 감소를 위한 조치를 강화한다.

4대강 녹조와 물 문제,
이렇게 풀자

기후변화와 환경파괴로 인해 우리나라를 포함한 지구촌은 물 부족에 시달리고 있다. 말 그대로 물 부족 시대가 되었다. 「UN 세계 수자원개발」 보고서(2003. 3)에 따르면, 지구의 1인당 담수 공급량은 2020년대 초반이면 3분의 1로 줄어들고 2050년까지 적게는 48개국 20억 명, 많게는 60개국 70억 명이 물 부족 현상을 겪을 것이라고 전망하며, 2050년까지 인구는 93억 명으로 늘어나고, 오염된 담수원 면적은 현재 관개용 수자원 면적의 9배에 달할 것으로 내다봤다.

또한 OECD의 환경 전망에 따르면, 2060년에는 전 세계 인구의 40%가 심한 물 부족 현상을 겪게 되며 강 유역에서 생활하게 될 것이라 한다. 전 세계의 물 수요는 생산(+400%), 열병합발전(+140%), 가정용(+130%) 수요 증가로 전체적으로 55%가 증가할 것으로 예상되며, 도시폐수와 농업에서 나오는 영양염류로

기관	내용
UN 세계 수자원개발 보고서(2003.3)	지구의 1인당 담수공급량은 앞으로 20년 안에 3분의 1로 줄어들고 2050년까지 적게는 48개국 20억 명, 많게는 60개국 70억 명이 물 부족 현상을 겪을 것임. 2050년까지 인구는 93억 명으로 늘고, 오염된 담수원 면적은 현재 관개용 수자원 면적의 9배에 달할 것
세계경제포럼 수자원 이니셔티브 보고서 (2009.1)	'수자원 부도(water bankruptcy)' 가능성을 경고 "이제는 1970년대 석유파동(oil shock)이 아니라 물파동(water shock)에 대비해야 한다"고 지적
2030 Water Resources Group Charting Our Water future(2009)	수자원시설 미확충 시 2030년에는 물 수요의 60%만 충족 가능할 것이라고 경고
OECD Environmental Outlook to 2050(2012)	전 세계 인구의 40%가 심한 물 부족 현상을 겪으며 강 유역에서 생활할 것으로 예측. 전 세계 물 수요는 생산(+400%), 열병합발전(+140%), 가정용(+130%) 수요 증가로 전체 55% 증가 예상. 도시폐수와 농업에서 나오는 영양염류로 대부분의 지역에서 부영양화 심화 및 수생태계 다양성 파괴

대부분의 지역에서 부영양화가 심화되고, 수생태계의 다양성
이 파괴될 것으로 우려되었다.

:: 종합적이고 효율적인 물관리정책을 마련하자

우리나라는 2012년 5월부터 6월까지 서울에서 평년 강우량의
5.5% 수준인 10.6㎜의 비가 내리는 대★가뭄이 발생하여 수목 8
만 4천여 그루가 고사하는 일이 발생했다.[23] 2015년에도 가뭄으

---

23. 연합뉴스, "말라도 너무 마른 서울…가뭄재난도 '골든타임' 도입", 2015.10.18

미래 물 전망에 대한 국제사회의 우려

기관	내용
국제인구행동연구소 (PAI : Population Action International, 2003)	오늘날 5억 5,000만 명이 물 압박 국가나 물 기근 국가에 살고 있고 2025년까지 24억 명에서 34억 명의 사람들이 물 압박 또는 물 부족 국가에 살게 될 것
세계기상기구(WMO)	2025년 6억 5,300만 명 내지 9억 400만 명이, 2050년에는 24억 3,000만 명이 물 부족을 겪을 것
국제식량기구연구소	앞으로 25년 이내에 5개국 중 한 나라가 심각한 물 부족 사태에 직면할 것
산드라 포스텔 (Sandra Postel), World Watch Institute	향후 30년에 걸쳐 지구상의 인구는 약 24억 명이 더 늘어날 것임. 그런데 식량생산에 필요한 물의 40%만 강에서 가져온다 해도 농업용수가 매년 1,750㎦씩 증가해야 하며, 이 양은 대략 20개의 나일강 또는 97개의 콜로라도강의 규모와 맞먹음
국제원자력연구소 (IAEA, 2002.3)	현 추세로라면 2025년 약 27억 명이 담수 부족에 직면. 현재 약 11억 명이 안전한 식수원에 접근하지 못하고, 25억 명이 비위생적인 환경에 놓여 있으며, 500만 명 이상이 수인성 질병으로 사망. 비위생적인 물로 인한 사망자는 전쟁으로 인한 사망자의 10배에 달함
UN 요하네스버그 정상회담(2002)	2050년 세계 인구는 90억 명에 이를 전망. 11억 명이 안전하게 마실 물 부족 현상에 직면할 것이며, 개발도상국 질병 원인의 10%는 안전한 식수 부족 또는 물 부족에 기인함
캐나다 회의 (캐나다 시민단체) 마우드 발로(2004.12)	산유국이 카르텔을 형성, 석유자원을 무기화했듯이 머지않아 물이 풍부한 국가들도 그렇게 할 것이라고 전망

자료: 한국수자원공사 홈페이지

로 전국 다목적댐의 수문을 열었지만 소양강댐, 충주댐 등은 저수량이 낮아져 용수공급여력이 '주의' 단계를 넘어 '경계', '심각' 단계에까지 이르는 등 가뭄을 해결할 물 자체가 고갈된 위기상황까지 갔다. 결국 우리나라도 UN이 지목하는 물 부족 국가임을 보여 준 것이다.

가뭄은 물 부족, 수질 악화, 염수 침투, 토양 유실 및 토사 재해, 공중위생 저하, 대기질 악화, 산불 증가 등의 문제를 일으킬 뿐 아니라 농축산물 생산량 저하, 레저 및 관광 산업 침체 등 다양한 피해를 직·간접적으로 초래한다. 국내 수자원이 10% 부족하면 국내총생산GDP은 연간 6조 4,000억 원이 줄어들고, 50%가 부족하면 146조 원의 GDP가 줄어든다는 연구결과도 있다.[24]

우리나라는 「제2차 수자원장기종합계획(2011~2020년) 수정계획」을 통해 수자원의 체계적 통합관리 방안을 마련하는 등 다양한 정책을 수립하여 추진하고 있다. 그러나 현재 진행 중이거나 추진 예정인 일부 대책은 정확한 원인 진단이나 사업 타당성, 환경적 영향 등을 제대로 고려하지 않은 채 추진된 것으로 보인다.

더 우려스러운 점은 물 문제에 대한 지나치게 낙관적인 생각이다. 방송 등 언론매체를 통해 서울 한강 등 4대강에 흐르는 풍부한 물이 자주 비춰지다 보니 많은 국민들이 물의 소중함과 물 문제의 심각성을 인식하기 쉽지 않다는 점이다. 기후변화가 진행됨에 따라 가뭄이 일회적인 특이 현상이 아니라 매년 반복될 수 있다는 사실을 감안한다면 근본적인 가뭄대책과 물 관리 방안을 마련해야 한다.

그리고 우리나라는 OECD 국가 중 두 번째로 담수가 부족한

---

24. 나라경제, "폭염의 사회적 비용 106조원, 해수면 상승 피해액 총 286조원", 2017.3

나라이다. 1인당 재생가능수자원은 1,453㎥/인으로 153개 국 중 129위다. 물 부족 사태를 미연에 방지하기 위해서는 기존의 댐 건설 등 공급위주 정책에서 벗어나 지속가능한 가뭄정책을 수립해야 한다. 예컨대, 하수처리수의 재이용, 노후 상수관 정비, 빗물관리 등을 통한 '물순환 선도도시 조성' 등 종합적인 물 관리 정책 마련이 시급한 실정이다.

물은 인류에게 가장 중요한 자원 중 하나다. 수자원을 사용하는 우리에게 중요한 것은 물의 수급이다. 물의 공급과 사용에 대한 상황을 정확하게 실시간으로 알 수 있다면 작금의 물관리 문제는 상당 부분 해결될 수 있을 것이다.

먼저 물의 공급에 있어 중요한 것은 수자원의 효율적 관리다. 우리나라 기후는 여름에 습하고, 겨울에 건조하다. 사계절은 변화무쌍하다. 연평균 강수량은 세계 평균의 1.6배(1,277㎜, 1987~2007년 평균)에 이르지만 여름에 집중되어 실제 가용수량은 1인당 연 강수총량 2,660㎥/년/인 중 가용수량 1,553㎥/년/인으로 58%에 불과하다.[25] 지형조건도 수자원 관리에 불리하다. 국토의 65%가 산지여서 홍수가 나기 쉬운 지형이다. 따라서 우리나라는 먹는 물 공급을 위해 수자원을 효율적으로 관리해야 한다.

물의 공급과정을 보면 강에서 취수관을 통해 정수장에 전달된

---

25. 국토해양부, 수자원장기종합계획(2011-2020), 2011

물은 사람이 안전하게 마실 수 있는 수준으로 만들어져 상수관을 통해 사용자에게 전달된다. 국민이 안심하고 깨끗한 물을 마실 수 있게 하려면 물의 공급과 사용과정을 실시간으로 알 수 있도록 관리할 필요가 있다. 이를 위해서는 수급과 부족 상황을 지역별로 실시간으로 측정할 수 있는 인프라 구축이 필요하다.

과거 우리나라의 물관리는 환경부, 국토교통부, 행정안전부, 농림축산식품부, 산업자원부 5개 부처에서 나누어 담당했다. 그중 환경부와 국토교통부 간의 이해관계가 첨예하게 대립하는 경우가 적지 않았다. 우리나라의 물관리는 물 흐름을 고려한 유역단위의 관리가 아니라 행정구역단위로 관리되고 있다. 이러한 행정편의적인 방식은 운영의 효율성과 국가경쟁력을 떨어뜨리게 된다.

예를 들어 상류와 하류 간의 물분쟁이 발생하면 갈등조정이 쉽지 않다. 수량과 수질을 관리하는 부처가 달라 의사결정이 지연되기도 하고 서로 배치되는 주장을 하는 사례가 발생하기도 한다. 예컨대, 수량을 확보하기 위해 상류에 댐을 건설하면 하류의 수량이 줄어 하천이 메마르게 되고 수질이 쉽게 나빠진다. 하류의 수질이 나빠지면 상류 댐이나 보의 수문을 열어 물을 방류하여 오염된 물을 밀어내는 플러싱flushing도 수량과 수질 간의 문제다.

우리나라는 수질관리는 환경부가, 수량관리는 국토해양부가 담당했다. 이 같은 담당부처의 이원화가 4대강 녹조문제 해결을

부처별로 분산된 물관리 기능 현황

구분	국토해양부	환경부	농림축산식품부	행정안전부	산업통상자원부
담당업무	수량관리 홍수관리 수자원 개발 하천정비 광역상수도관리	수질·위생관리 오염원관리 토지이용규제 생태하천 복원 지방상수도 (지방자치단체)	농업용수	재해관리	수력발전

어렵게 하는 한 원인이다. 또한 홍수나 가뭄 등의 재해는 행정안전부가 관리했으며, 물의 수요와 공급 관리에 따른 수요 예측은 환경부가, 공급 예측은 국토해양부가 관장했다. 이로 인해 홍수와 가뭄 대책의 효율적 추진이 어려웠다. 이에 2017년 5월 정부가 물관리정책을 환경부로 일원화하기로 결정함에 따라 종전보다 효율적인 물 문제 대응과 관리가 가능할 것으로 기대된다.

물에 대한 분산된 정부부처의 기능과 역할 문제는 우리나라만이 겪어온 문제는 아니다. 물관리 담당부처 조율은 대부분의 국가가 겪어온 과도기적 문제였으며, 수자원관리 기능의 통합은 선진국에서도 고민했던 이슈였다.

물관리 선진국인 영국의 경우 제2차 세계대전 이후 64개 지자체별로 상수도 및 하수시설, 하천 정비 등 물관리 사업에 약 1,600개에 이르는 정부부서가 관련되어 있었다. 영국은 1963년 수자원법Water Resources Act을 제정하여 32개 하천위원회를 29개의 하천청River Authority으로 통합했고, 1973년 물관리법Water Act으로 개정하여 10개 물관리청Water Authority을 설립하였으며, 1989년 지역단위로 분할된 국가하천청NRA을 설립했다. 중앙수자원자문위원회CAWC는 1970년 연구보고서를 통해 과도하게 많은 하천관리기구의 비효율성, 관리기구들 간의 책임 분할의 필요성 등을 지적하며 영국 물 관리 제도의 개선을 촉구했다.

호주의 경우 '머리-달링Murray-Darling 협약'으로 유역통합관리를 추진했다. 협약 이전에는 지역이기주의로 지역 간 갈등이 심했지만, 심한 가뭄을 겪으면서 생존을 위해 양보하며 협력의 길을 선택했다.

이처럼 선진국의 물관리는 유역 중심으로 이루어지고 있으며, 주무부처는 미국의 경우 환경청EPA, 영국은 환경식품부 DEFRA, 독일은 환경부BMU로 일원화하여 운영되고 있다.

유역이란 '하늘에서 내린 비가 하나의 수계로 모아지는 영역'[26]을 의미한다. 물은 높은 곳에서 아래로 흘러 하천, 강, 호수로 흘러들어간다. 이렇게 흘러들어가 모이는 주변 영역인 유역은 물의 흐름에 있어서 연결된 하나의 단위체다. 상류, 중류, 하류가 하나의 유역 안에 포함된다. 우리나라의 유역은 한강권역, 낙동강권역, 금강권역, 영산강권역, 섬진강권역, 제주도권역으로 나뉜다.

효과적인 물관리를 위해선 우리나라도 미국 등 선진국처럼

---

26. 환경부 물환경정보시스템

구분	수계
한강권역	한강수계, 안성천수계, 양양남대천수계, 삼척오십천수계, 강릉남대천수계, 한강서해권수계, 한강동해권수계
낙동강권역	낙동강수계, 형산강수계, 태화강수계, 영덕오십천수계 서낙동강수계, 회야강수계, 낙동강동해권수계, 낙동강남해권수계
금강권역	금강수계, 삽교천수계, 만경강수계, 동진강수계, 금강서해권수계
섬진강권역	섬진강수계, 섬진강남해권수계
영산강권역	영산강수계, 탐진강수계, 영산강서해권수계
제주도권역	제주도수계

자료: 한국하천일람

물관리를 유역 중심 관리로 개선하고 주무부서의 일원화를 추진하는 것이 바람직하다.

∷ 부영양화 차단으로 4대강 녹조문제를 해결하자

녹조현상은 녹조류가 물 속에서 증식하는 현상이다. 녹조현상은 온도에 많은 영향을 받아 수온이 상승하는 여름철에 주로 발생하며 겨울철에는 자연스럽게 사라지는 현상이다. 비가 많이 오는 장마철에는 녹조류가 씻겨 내려가기도 한다.

녹조가 발생하고 사라지는 현상은 자연과 인간에 의한 복합적인 인과관계로 발생한다. 기후변화 등으로 인한 한반도의 평균 온도 상승은 녹조현상을 더욱 심화시킬 수 있으며, 과다한 퇴비 사용으로 인한 하천의 부영양화, 또는 하천에 설치된 보가 유속을 감소시켜 녹조문제를 악화시키기도 한다.

녹조류 번식에 중대한 영향을 주는 것은 영양분과 온도다. 매년 반복적으로 발생하는 녹조의 핵심원인은 결국 부영양화이다. 부영양화를 야기하는 요인은 크게 두 가지로, 하천 내 영양분 유입과 영양분의 농축이 그것이다.

4대강 사업은 보를 건설하여 물의 유속을 느리게 했다. 하천의 유속이 느려졌고 유입되는 오폐수는 영양분이 가득한 채로 남아 하천수에는 영양분이 자연스럽게 농축됐다. 플랑크톤의 먹이가 많아졌고 녹조는 불어났다. 2014년에는 큰빗이끼벌레, 깔따구, 실지렁이 등 4급수의 썩은 물에서 자라는 생물이 4대강에서 발견되기 시작했다. 그중 낙동강이 가장 심각했다. 간 질환을 일으키는 독성물질인 마이크로시스틴Microcystin이 낙동강 어류에서 농축되어 발견되기도 했다. 낙동강은 다른 강 유역과 달리 1,300만 인구가 직접 마시는 상수원이기에 그 문제는 더욱 심각하다.

┃ **4대강에서 새로 발견된 생물들**

큰빗이끼벌레   깔따구

자료: 환경부, "큰빗이끼벌레 체계적 조사·연구 추진", 2014.7.16

녹조문제가 4대강 사업 때문이라는 지적은 일부는 맞고 일부는 사실이 아닐 수 있다. 4대강의 보 건설로 유속이 느려졌지만, 만약 영양분의 유입도 줄어들었다면 녹조는 심해지지 않았을 것이기 때문이다. 4대강 녹조문제의 해결은 하천의 유량과 유속을 증가시키는 대책과 부영영향화를 줄이는 정책을 동시에 병행 실시해야 한다.

녹조문제 해결의 관건은 하천 부영양화의 차단이라 할 수 있다. 녹조 발생의 근본적 원인은 하천의 부영양화이기 때문이다. 하천의 부영양화는 오폐수 배출 관리 및 하수처리 방류수 기준 상향, 유역 질소비료 사용 규제, 축산농가의 관리 강화, 고랭지 채소재배 방식의 개선 등 비점오염원[27] 관리와 하천으로 공급되는 영양염류를 감축해야 차단이 가능하다.

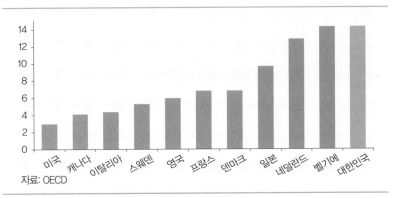

| OECD 주요 국가별 질소비료 사용량　　　　　　단위: 톤/km²

자료: OECD

---

27. 비점오염원(非點汚染源)이란 도시, 도로, 농지, 산지, 공사장 등으로 불특정장소에서 불특정하게 수질오염물질을 배출하는 배출원을 의미(수질 및 수생태계 보전에 관한 법률 제2조제2호)

예컨대, 우리나라는 OECD 국가 중 질소비료 사용량이 가장 많다. 프랑스, 덴마크에 비해 2배에 달하며 미국과 비교해도 4배 이상이다. 이러한 화학비료 사용으로 인해 공급되는 질소는 하천으로 자연스럽게 흘러들어가 플랑크톤의 먹이가 된다. 즉 녹조, 적조의 직접적인 원인이 되는 것이다.

녹조를 해결하는 또 하나의 방안은 하천 유량과 유속을 증가시키는 것이다. 이를 위해서는 댐·저수지 방류, 일부 보의 철거 등을 추진할 필요가 있다. 예컨대, 정부에서 이미 구체적으로 검토하고 있는 댐-보-저수지 연계 운영을 통한 방류 방안이 그것이다. 하천에 물이 풍부할 때 댐과 저수지의 물을 비축하여 방류하고, 녹조 등 수질문제 발생 시 보를 개방하여 물의 흐름을 빠르게 하는 등 탄력적으로 방류량을 조절하는 방법이다. 댐-보-저수지 연계 운영을 통해 하천 유량과 유속을 증가시킴으로써 물과 영양염류의 체류시간을 감소시켜 녹조 발생을 줄일 수 있다. 정부의 연구용역 결과에 따르면 낙동강에서 댐-보-저수지 연계 운영 시 보 수위를 74일간 지하수 제약수위[28]로 운영하면 낙동강 중·하류 5개보의 남조류 세포 수가 22%에서 최대 36%까지 감소하는 것으로 나타났다.[29]

한편, 보의 철거는 많은 비용이 수반되는 방안이다. 4대강에

---

28. 지하수 제약수위란 보 수위 저하로 주변 지하수에 영향을 미치는 수위를 의미
29. 국토부·환경부·농식품부 보도자료, "댐-보-저수지 연계운영 방안 연구용역 결과 발표", 2017.3.20

설치된 보를 모두 철거할 필요는 없을 것으로 보인다. 4대강 유역별로 녹조의 발생 정도와 원인을 파악하여 반드시 보를 철거해야 하는 경우에만 선별적으로 추진하되 유속 상승뿐만 아닌 안전문제도 고려하여 추진해야 할 것이다. 특히 4대강 보 가운데 강둑과 강바닥이 침식되는 역행침식 현상이 나타나거나, 강물의 흐름으로 바닥이나 기슭의 토사가 씻겨 패는 세굴 현상 등으로 인해 안전위험이 발생한 보의 경우는 녹조문제를 떠나 사고의 위험성이 있기 때문에 보의 보수 또는 철거를 우선적으로 고려해야 할 것이다. 감사원은 이와 같은 역행침식과 세굴 현상으로 인해 4대강 16개 보 가운데 6개가 안전위험이 있다고 이미 지적한 바 있다.[30]

4대강 문제는 수질 개선과 생태계 보호에 초점을 두어 해결방안을 찾아야 한다. 보를 그대로 둔 상태로, 고여 있는 물에서 녹조를 해결하는 것이 아니라 '사용 가능'하고 '건강'한 물의 확보 관점에서 해결해야 한다. 전국의 강과 하천을 모두 1급수로 만들 수는 없다. 따라서 권역별로 수생태계 상황과 물의 이용목적에 맞는 관리방향을 설정해야 한다. 아울러 가뭄·홍수 등에 대처할 수 있도록 해야 한다. 물은 어느 누구의 이해관계 때문에 이용당해서는 안 된다. 우리의 생명과 직결되는 것이기 때문이다. 수질·수량·생태 분야 전문가들이 사심 없이 모여 정확

---

30. TBS교통방송, 김어준의 뉴스공장, 2017.3.9

대한민국 4대강 유역

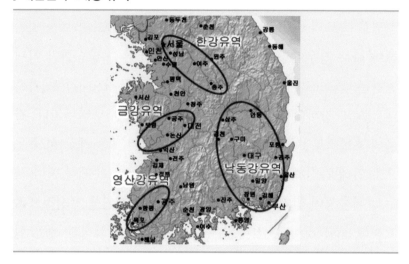

히 문제를 분석하여 관리 가능한 수준을 설정하고 최선의 대안을 찾아야 한다.

'4대강'은 한강, 낙동강, 금강, 영산강을 의미한다. 크게 5개 권역으로 나뉘는 국가 하천 중 수량이 적은 섬진강을 빼고 4대강이라 일컫는다. 4대강 개발은 1966년 실시된 4대강 하천 유역조사로부터 시작되어 오늘에 이르렀다.

'4대강 정비사업'은 2008년 12월부터 2012년 4월까지 22조 원의 예산으로 추진되었다. 4대강을 준설하고 보를 설치하여 하천의 저수량을 늘려 하천 생태계를 복원하는 것이 주 목적이었다. 그러나 사업이 종료된 2017년 현재, 4대강은 녹조 등 하천 생태계 파괴와 안전 문제가 대두되었다.

모든 문제 해결의 시작은 그 원인을 규명하는 데 있다. 따라서 4대강의 현황과 문제점을 정확히 진단해야 한다. 16개 개별 보의 상태, 기능, 환경 연계성, 안전 등을 조사하고 보 설치 이전과 이후의 수질, 수량, 악취, 지하수, 하천 생태계 등의 변화를 분석해야 한다. 이를 토대로 비용효율적인 해결책을 찾아야 할 것이다. 현재의 과학기술로 녹조 발생을 억제하는 것은 가능하다. 그러나 근본적 문제를 해결하지 않은 채 조급하게 접근하다 보면 또다시 천문학적인 예산을 낭비할 수도 있음을 유의해야 한다.

:: 가뭄과 홍수 문제 해결은 상하수도와 연계해 추진하자

상수 누수율이 높은 지역은 가뭄 피해 발생도 높다. 가뭄은 기상현상이며, 자연재해다. 우리는 치수를 통해 가뭄의 피해를 최소화하려고 노력한다. 그러나 물이 부족한 곳에 물을 보내는 상수관이 파손돼 누수되면 가뭄 해갈을 위한 물 공급이 어려워진다.

실제로 노후 상수관로의 누수율이 높은 지역과 가뭄 피해지역이 일치하고 있다. 2008~2009년 가뭄 발생 시에 피해가 컸던 강원, 경북, 경남, 전남 지역은 모두 상수관 누수율이 20% 이상인 지역이었다. 가뜩이나 부족한 물이 중간 누수로 인해 효과적인 대응이 어려웠다. 가뭄은 자연재해이나 가뭄으로 인한 피해는 준비하지 않았기 때문에 발생하는 인재人災다. 이에 누수

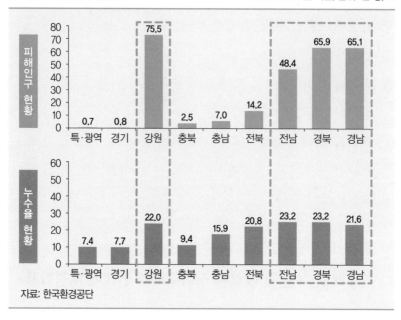

| 가뭄 피해지역 현황   2008~2009년 기준, 단위: 천 명, %

자료: 한국환경공단

율이 높으면서 가뭄 피해가 컸던 지역을 중심으로 우선적으로 상수관망 정비사업을 추진할 필요가 있다.

도심의 홍수 현상도 치수시설의 문제로 발생한다. 2010년 광화문, 2012년 강남, 2014년 부산 등 도심 한복판에 홍수가 났다. 하수관로 용량이 부족하여 집중 강우를 대비하지 못해 생긴 침수였다. 서울시는 강남역 일대의 침수 원인을 조사하여 발표했다. 폭우 시 상습침수 원인은 항아리 지형, 강남대로 하수관로 설치 오류, 반포천 상류부 통수능력 부족, 삼성사옥 하수암거 시공 오류 등 4가지라는 것이다. 이 같은 판단근거를 토대로 합리적인 대책을 마련하였다.

▶ 서울시가 발표한 강남역 상습침수 원인과 대책 ◀

- 항아리 지형: 강남역 일대 지형 자체가 주변보다 17m 이상 낮아 비가 많이 오면 고일 수밖에 없는 구조
- 강남대로 하수관로 설치 오류: 저지대 빗물은 하수관로 → 빗물펌프장에서 인공적으로 펌핑 → 반포천으로 흐르도록 관을 연결하나, 시뮬레이션 결과 일부 저지대 하수관로가 펌프장을 거치지 않고 바로 반포천으로 흐르도록 잘못 설치됨
- 반포천 상류부(고무래길) 통수능력 부족: 서초 1~4, 역삼, 논현 6개 지역 하수관에서 한꺼번에 배출하는 빗물 수용능력 부족
- 강남역 삼성사옥 하수암거 시공 오류: 일부가 역경사로 시공돼 물 흐름이 막혀 폭우 시 침수 피해 가중

3대 긴급 대책

① 강남역 인근 역경사관로 흐름 개선
   (고지대 역삼동~강남역 하수관로에 분리벽을 설치해 빗물 분산)
② 용허리 빗물 저류조 유입관로 추가 신설(저지대 아파트 빗물 처리 범위 확대)
③ 고지대 빗물유입시설 확충
자료: 서울시 보도자료 "서울시, '강남역 일대 종합배수개선대책' 발표", 2015.3.17

▎서울시 주요 침수 취약지역 사업 추진 현황

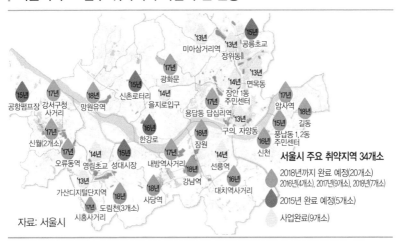

자료: 서울시

따라서 각 지자체의 도심 침수문제 해결은 투수면 확대, 빗물 저장시설 확충 등과 함께 서울시의 도심 침수대책을 벤치마킹하여 전국적으로 확대 실시하는 것이 바람직해 보인다.

:: 도시 물순환체계를 개선하자

우리나라는 세계에서 가장 빠른 도시화가 진행되었다. 도시화로 인해 집과 도로, 공공시설 주변의 토양이 시멘트와 아스팔트로 뒤덮였다. 빗물은 땅 속으로 스며들어야 하는데, 이러한 투수면은 점차 사라졌다. 물이 스며들지 않는 불투수면이 증가해 온 것이다.

불투수면이 늘어나면 자연의 물순환체계가 왜곡된다. 물흐름이 원활해지지 않으면서 수질이 악화되고 하천의 생태계가 파괴된다. 생물종이 줄어들고 개체 수가 감소한다. 또한 장마철 강우량이 많아지면 물이 지하로 스며들지 못하고 도시가 침수되며 지하수로 저장되지 못한다. 날이 조금만 가물면 하천은 메말라 바닥이 드러난다. 또한 시멘트와 도로의 열저장으로 인해 도시열섬현상을 악화시키고 식생지역의 감소로 증산작용이 줄어 상대습도가 낮아진다. 흙속의 토양 생태계가 파괴되는 것은 말할 것도 없다. 물의 흐름과 자연을 고려하지 않은 불투수면화의 어두운 그림자다.

환경부 조사결과에 따르면, 2012년 우리나라 불투수면적률

순위	지역	불투수면
1	서울특별시	54.39
2	부산광역시	30.25
3	광주광역시	27.03
4	대구광역시	23.28
5	인천광역시	22.30
6	대전광역시	22.00
7	울산광역시	17.22
8	경기도	13.73
9	세종특별자치시	12.41
10	제주특별자치도	8.74
11	충청남도	8.26
12	경상남도	7.77
13	전라북도	6.99
14	전라남도	6.78
15	충청북도	6.57
16	경상북도	5.06
17	강원도	3.18

자료: 환경부 보도자료, "전 국토 대상 첫 조사결과, 불투수 면적률 전국 평균 7.9%", 2013.10.7

은 7.9%다. 1970년에는 3%에 불과했지만 그동안 2배 이상 증가했다. 서울특별시의 불투수면적률은 54.4%로 전국에서 가장 높으며, 그 다음으로 부산광역시 30.3%, 광주광역시 27.0%, 대구광역시 23.3% 순이다. 지방자치단체별로는 경기도 부천시 61.7%, 서울시 54.4%, 경기 수원시 49.3%, 전남 목포시 46.3%, 경기 광명시 43.9% 순으로 높다.

하천별로는 불투수면적률이 가장 높은 소권역은 서울의 청계

순위	소권역	불투수면
1	청계천	71.49
2	공촌천	67.26
3	안양천 하류	66.47
4	홍제천 합류천	61.54
5	진천천	60.96
6	홍제천	59.69
7	동천	59.64
8	부산천	59.54
9	한강대교 수위표	58.59
10	화정천	54.64
11	태화강	52.29
12	굴포천	52.02
13	신천 하류	51.99
14	유등천 하류	51.20
15	옥서면	49.24

자료: 환경부 보도자료, "전 국토 대상 첫 조사결과, 불투수 면적률 전국 평균 7.9%", 2013.10.7

천이다. 전체 면적 중 71.49%가 물이 스며들지 못하는 불투수면이다. 시멘트 포장 등으로 물이 스며들 수 없는 구조로 만들어졌기 때문이다. 청계천 다음으로 빗물이 땅 속으로 흘러들어가기 어려운 하천은 인천의 공촌천, 서울의 안양천 하류 등이다. 이들 지역의 장마철 범람이나 열섬 방지를 위해서는 투수면을 높이기 위한 정책을 추진해야 한다.

선진국의 경우 도시 물순환체계를 개선하기 위해 저영향개발기법LID, Low Impact Development를 도입하고 있다. 저영향개발기법이란, 자연의 물순환에 미치는 영향을 최소로 하여 개발하는 기법을 의미한다. 이러한 저영향개발기법은 1990년 미국 메릴랜드 프린스조지카운티Prince George's County, Maryland에서 처음 시작되어 전 세계로 확산되고 있다. 이와 유사한 제도로는 독일의 DRMDecentralized Rainwater Management, 영국의 SUDSSustainable Urban Drainage System, 호주의 WSUDWater Sensitive Urban Design, 뉴질랜드의 LIUDDLow Impact Urban Design and Development, 일본의 SWCNPSound Water Cycle on National Planning 등이 있다. 이처럼 선진국은 도시 불투수면을 관리하여 환경친화적인 도시를 조성하고자 노력하고 있다. 예컨대, 불투수 면적에 대해 부과하는 빗물요금제나 불투수면적률 상한을 설정하여 관리하는 불투수면총량제 등을 시행한다. 그리고 빗물을 저장하고 토양으로 침투시키는 우수저류 침투기술도 활용하고 있다.

미국 코네티컷Connecticut은 2007년 미국 최초로 이글빌하천Eagleville Brook에 불투수면 총량제를 시행하고 불투수면적률을 11% 이내로 유지하도록 했다. 이 조치는 불투수면과 하천의 수질 간의 관계에서 지역 내 125개 소유역 중 불투수면적률이 12%를 넘는 하천유역이 모두 수질기준에 미달했기 때문이었다.[31]

미국 워싱턴D.C.Washington D.C.는 2015년부터 5천 제곱피트 이

31. Bellucci, "Stormwater and Aquatic Life: Making the Connection between impervious cover and aquatic life impairments for TMDL Development in Conneticut Streams", 2007

| 미국 시애틀의 식생체류지 | 독일 크론스베르크의
식생수로–침투 트렌치 연계 시스템 |

자료: 환경부[32]

상의 토지개발로 인해 만들어지는 불투수면의 경우 손실되는 빗물량을 산출하여 부지 내 저장이나 자연지반 침투, 재이용 등을 의무화했다. 빗물저장증서거래제 또한 도입했다. 할당된 빗물량 이상을 저장하는 부지 소유주에게 초과량에 대한 빗물저장증서를 발급한다. 할당량을 채우지 못한 다른 부지 소유주는 이 증서를 구입하여 빗물저장의무를 만족시키는 것이다.

　시애틀Seattle도 2016년 1월 750제곱피트 이상의 토지개발 행위에 대해 빗물관리를 의무화했다. 그 결과 도심에 나무 등이 심어진 식생체류지가 증가하고 주거환경이 개선되는 등 효과를 거두고 있다.

　독일 크론스베르크Kronsberg는 빗물이 흘러가는 우수관을 제

---

32. 환경부 보도자료, "광주광역시, 대전광역시 등 5개 도시, 수질오염 기후변화에 강한 도시로 탈바꿈", 2016.6.3

거하고 도로 옆으로 도랑을 만들어 식생수로와 침투 트렌치를 연결하여 단지 개발 이전 수준으로 물 순환량을 확보하였다. 베를린도 이와 같은 개선으로 여름철 기온을 최대 3℃ 가량 낮추었다.

독일 함부르크Hamburg는 불투수면 관리를 위해 2013년부터 하수요금을 개편했다. 하수요금을 인간이 물을 사용하고 배출하는 오수와 빗물 유출수로 분리하여 부과했다. 예를 들어 과거에는 수돗물 사용량 1㎥당 연간 2.75유로를 부과했지만 제도 개편 후 수돗물 1㎥당 연간 2.75유로, 빗물 유출수에 대해 불투수면 적률 1㎥당 연간 0.73유로를 부과했다. 일종의 빗물세를 만들어 소유주가 자발적으로 불투수면을 관리하도록 한 것이다.

자연스러운 것이 지속가능한 것이다. 물도 마찬가지다. 지속가능한 도시는 수자원의 순환을 촉진해야 한다. 2016년 환경부는 광주광역시, 대전광역시, 울산광역시, 경북 안동시, 경남 김해시 등 5개 도시를 물순환 선도도시로 선정했다. 선정된 도시에서는 2017년부터 4년간 총 1,231억 원 규모의 물순환 개선 시범사업이 추진될 예정이다. 투수블록, 옥상녹화, 식생수로, 빗물정원 등 기존 저영향개발기법에 머무르지 않고 한 걸음 더 나아가 우리나라 현실에 알맞은 효과적인 기법을 찾아야 할 것이다.

저영향개발 기술의 예

명칭	기술개요	모식도
식생체류지	토양에 의한 여과, 생화학적 반응, 침투 및 저류 등의 방법으로 강우유출수를 조절하는 식생으로 덮인 소규모의 저류시설	
옥상녹화	강우유출수를 옥상에서 채집하여, 여과, 증발, 저류함으로써 도시화된 지역의 유출을 저감하는 기술요소. 도심 내 열섬 해소효과, 휴게공간 제공 등 부가적인 편익 창출	
나무여과장치	가로수 하부에 여과부가 포함된 구조물(콘크리트 박스)을 매립하여 강우 시 유출되는 우수를 유입시킨 후 여과, 침투 유도	
식물재배화분	도심 녹지공간이나 기존 수목이 식재된 화분 등의 공간을 활용하여 우수를 저류, 체류할 수 있는 시설물로 땅을 덮는 지피식물, 관목류 등의 식재를 통해 녹지기능과 빗물 관리기능을 확보	
식생수로	배수 구조물로서 토양에 의한 여과, 생화학적 반응, 침투 및 저류 등의 방법으로 강우유출수를 조절하는 식생으로 덮인 수로	
식생여과대	자갈 및 식생활착이 유리한 토양으로 구성되며 강우유출수를 감소시키고 사면안정과 함께 여과기능을 수행, 수질개선 및 도심 내 녹지공간 역할	
침투도랑	자갈, 쇄석 등 공극이 많은 재료로 채워진 형태의 도랑으로 강우 시 유출수를 담아두고 토양으로 침투시키는 역할	
침투통	자갈 또는 돌 등으로 채워져 있고 건축물의 홈통과 연결되어 있거나 불투수면의 유출수가 유입될 수 있도록 설치되어 토양으로 침투시키는 역할	
투수성 포장	빗물 유출수와 오염물질 저감을 위해 다공성 아스팔트 콘크리트·투수블록 등과 쇄석의 공극을 통과하여 강우유출수를 토양에 침투시키고 오염물질을 저감하는 역할	

자료: 환경부

:: 하수처리 방류수 수질기준을 선진국 수준으로 높이자

인간이 살아가기 위해선 물이 반드시 필요하며, 도시는 물과 함께 발전한다. 단순히 먹고 마시는 용도로만 물이 필요한 것이 아니라 농업과 산업활동에도 필요하다. 인간이 물을 사용하는 과정에서 오수, 폐수가 발생한다. 이들을 총칭하여 '하수'라고 부른다. 자연에서 가져온 물을 사용하고 다시 자연으로 깨끗하게 되돌려 보내기 위한 하수처리는 지속가능한 사회를 만들기 위한 기본이다.

정부는 1976년 서울의 청계천하수처리장을 시작으로 전국에 600여 개의 공공하수처리장을 설치했다. 정부의 하수도 업무도 1994년 건설교통부에서 환경부로 이관되었으며 국가차원의 하수처리의 환경적 중요성이 점차 인식되기 시작했다. 그러나 우리나라의 하수처리의 질적 수준은 아직 선진국에 비해 낮은 편이다.

하천 수질개선을 위해서는 우선 공공하수처리시설의 방류수

| 주요국별 방류수 수질기준 단위: mg/L

	BOD	T-N	T-P
한국	10	20	0.2~2
EU	25	10~15	1~2
미국	5~30	0.5~18	0.1~7.5
일본	10~15	10~20	0.5~3

주 : BOD(Biochemical Oxygen Demand): 생물화학적 산소요구량
　　T-N(Total Nitrogen): 총 질소
　　T-P(Total Phosphorus): 총 인
자료: 환경부, 「하수처리시설 수질기준 선진화 계획수립 연구」, 2013

수질기준을 단계적으로 강화해야 한다. 2017년 방류수의 총 질소량 기준은 리터당 20mg이다. 일본의 리터당 10mg의 2배이며 독일 13mg, 미국 0.5~18mg보다 느슨한 기준이다.

방류수 총 질소량 기준을 적어도 일본 수준인 리터당 10mg으로 강화해야 심각해지고 있는 녹조문제 등을 해결하는 데 기여할 수 있을 것으로 보인다. 4대강(특히 낙동강)을 비롯한 모든 하천 녹조문제의 근본적인 해결방안도 강구해야 한다. 녹조는 앞서 말했듯 부영양화와 관계가 깊다. 물속에 영양분이 많으면 녹조류가 왕성하게 증가하여 하천과 강이 녹색으로 뒤덮여 버린다. 그 영양분은 질소다. 하수처리시설의 방류수에 포함된 총 질소량이 절반으로 줄어든다면 자연스럽게 녹조도 줄어들 것이다.

2014년 현재 전국에는 587개소 공공하수처리시설이 있다.[33] 각 시설은 정부에 설계방류수질계획을 보고하고 있다. 이들 시설의 계획치보다 규제수준을 리터당 10mg로 올리면 85%에 달하는 497개소가 수질을 충족하지 못하게 된다.[34] 하수처리방류수 기준 개선은 녹조를 포함한 우리나라 물 환경 문제를 해결하는 데 반드시 필요하다. 특히, 낙동강은 다른 수역과 달리 지역 주민들이 상수원으로 사용하고 있다. 상류에서부터 하류까지 낙동상주, 낙동구미, 낙동왜관, 금호강, 낙동고령, 낙동밀양, 낙

---

33. 처리규모 500톤/일 이상, 6개월 이상 가동 시설 기준
34. 「2014년 공공하수도운영결과 조사표」(환경부) 자료를 기반으로 분석

낙동강 지류 흐름과 주요 하수처리시설의 위치

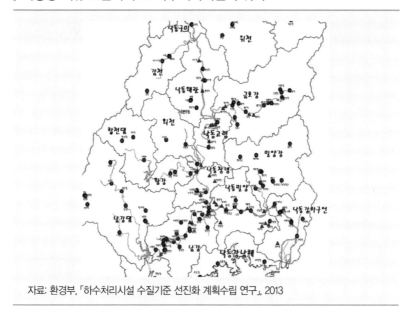

자료: 환경부, 「하수처리시설 수질기준 선진화 계획수립 연구」, 2013

동강하구언 순으로 내려오면서 물은 오염되기 쉽다. 상류에 위치한 하수처리시설에서 방류한 물을 하류에서 또다시 정수하여 사용한다. 따라서 상류에 위치한 하수처리시설일수록 더 엄격한 수질기준을 정하는 등 단계적이고 맞춤형 하수처리정책을 시행할 필요가 있다. 미국도 자치단체별·위치별·처리기술별·계절별로 방류수 수질기준을 상이하게 적용하고 있다. 우리나라도 상류지역은 더 높은 수질기준을 설정할 필요가 있다. 또한 평균기온이 높은 여름철에는 더 강화된 수질기준이 적용되어야 녹조 발생을 억제할 수 있을 것이다.

미국의 주요 지역별 방류수 수질기준

단위: mg/L

지 역		BOD	TSS	T-N	T-P	비 고
Chesapeake Bay Tributaries Maryland		−	−	8.0	2.0	−
Puget Sound Budd Inlet, Washington		30	30	4.0[1]	−	−
Florida, AWP[2]		5	5	3	1	−
Pad Dam, MWD[3] San Diego, Southern California		−	−	10(겨울) 1(여름)	1.0(겨울) 0.1(여름)	−
Great Lakes Drainage Basin		−	−	−	1	−
Lower Susquehanna River Basin		−	−	−	2	−
Lower Potomac River Basin		−	−	−	0.2	−
Hookers Point WWTP[4] Florida		5	5	3(연평균)	7.5	−
Reno-Sparks WWTP, Florida		20	20	5	0.4	월평균
River Oaks AWT, Florida		2	2	1.2	0.4	총량규제
Largo WWTP, Florida		5	5	8(연평균) 12(월평균) 18(주평균)	−	NH3-N 2(월평균) 3(주평균)
Fayetteville WWTP, Arkansas	4~11월	5	5	−	1	2
	12~3월	10	10	−	1	5
Landis Sewerage Authority WWTP, New Jersey		30	30	0.5(NH3-N) 10(NO3-N)	−	월평균
Palmetto WWTP, Florida		5	5	3	1	월평균
Eastern Service Area WWTP, Florida		5	5	3	−	월평균
		8	8	5	−	월평균

주: 1) Total Inorganic Nitrogen 2) Advanced Wastewater Treatment
　　3) Municipal Waste Discharge 4) Wastewater Treatment Plant

출처: 1) Reardon, R.D., "Overview of Current Practice in Biological Nutrigent Removal",
　　　 1993(personal communication)
　　 2) Sedlak, R. I.(editor), "Phosphorus and Nitrogen Removal from Municipal
　　　 Wastewater", Lewis Publishers, 1991

자료: 환경부, 「하수처리시설 수질기준 선진화 계획수립 연구」, 2013

:: TMS 등을 이용한 수질관리 보완대책이 필요하다

하수와 산업폐수는 24시간 연중 방류될 수 있기 때문에 그 관리가 어려웠다. 수질관리 담당 기관의 직원이 직접 현장에 방문하여 실측을 하는 방식으로는 수질관리 실효성이 매우 떨어졌다. 이에 한국환경공단은 하수와 산업폐수를 보다 체계적으로 관리하기 위해 수질원격감시체계TMS를 개발하여 보급했다. 최종 방류구에 자동 측정장치를 설치하여 방류수 속에 포함된 오염물질에 대한 수치를 중앙 관리기관에 원격 전송하는 것이다. 2016년 6월 말 기준으로 공공하수처리시설, 공공폐수처리시설,

▌**수질 TMS 권역별 부착 현황**   2016년 6월 말 기준, 단위: 개소(방류구)

권역	소계			공공하수		
	계	본격가동	시험가동	계	본격가동	시험가동
수도권	329(353)	309(330)	20(23)	214(229)	204(217)	10(12)
충청권	200(220)	192(207)	8(13)	96(101)	92(25)	4(6)
영남권	237(246)	223(232)	14(14)	148(149)	142(143)	6(6)
호남권	163(174)	157(167)	6(7)	108(109)	103(104)	5(5)
소계	929(993)	881(936)	48(57)	566(588)	541(559)	25(29)

권역	공공폐수			배출사업장		
	계	본격가동	시험가동	계	본격가동	시험가동
수도권	24(24)	21(21)	3(3)	91(100)	84(92)	7(8)
충청권	42(45)	41(44)	1(1)	62(74)	59(68)	3(6)
영남권	33(33)	29(29)	4(4)	56(64)	52(60)	4(4)
호남권	15(15)	15(15)	–	40(50)	39(48)	1(2)
소계	114(117)	106(109)	8(8)	249(288)	234(268)	15(20)

자료: 한국환경공단

폐수배출사업장 등 전국 929개소 방류구에 TMS가 설치되었다.

그러나 문제는 수질 TMS를 불법 조작하는 데 있다. 지난 2017년 2월 구속된 충북 음성 하수처리장 위탁업체는 TMS 측정치를 조작하는 방법으로 폐수를 1년 4개월간 무단 방류했다. 원격으로 자동측정된 오염물질 수치는 한국환경공단에 자동 전송하도록 되어 있지만, 일부 업체에서는 시료 채취 펌프 작동을 중단시킨 상태에서 증류수를 채취조에 섞어 수질측정치를 조작하기도 한다.[35]

산업 현장에서 빈발하고 있는 수질 TMS 조작을 막기 위해 수질 조작에 대해 벌금 부과를 강화하고 3진 아웃제 도입 등을 통한 영업정지나 사업장 폐쇄 등의 강도 높은 단속이 필요하다. 다행히 최근 한국환경공단에서는 TMS 조작을 못하도록 통신표준규격 변경 작업을 진행 중이다.

∷ 하수처리시설을 고도화하고 에너지 생산기지로 활용하자

도시가 형성되고 인구가 밀집된 곳에는 하수처리시설이 필요하다. 하수에는 각종 유기물이 포함되어 있다. 도시화율이 높아지면서 처리할 하수의 양이 증가하고 환경에 대한 인식이 높아지면서 하수처리 수준도 고도화되고 있다. 하수는 버려야 할

---

35. 세계일보, "정화 안한 오폐수 1200t씩 233회 방류… 11명 불구속 기소", 2017.2.8

물이기도 하지만 동시에 자원으로 재활용할 수 있는 중요한 자원이다.

하수에 섞인 음식물 폐기물, 슬러지sludge 등 찌꺼기가 미생물에 의해 분해되는 과정에서 에너지가 생산된다. 하수처리장은 인간과 미생물이 공생하는 장소다. 하수를 정화하는 작업은 물 속에 공기를 불어넣어 산화작용과 호기성(친산소성) 미생물의 소화작용을 통해 유기물을 제거하는 것이다. 하수 내 유기물이 미생물에 의해 분해되면서 에너지가 생산된다. 하수처리장(시설)은 에너지 사용시설인 동시에 에너지 생산시설인 셈이다. 과거에는 기술 수준이 부족하여 하수에 포함된 유기물을 활용하는 것이 비효율적이었다. 그러나 기술의 발전과 더불어 에너지 자원의 중요성이 증대되면서 선진국을 중심으로 하수 내 유기물을 에너지원으로 사용하는 방안이 적극적으로 활용되고 있다.

또한 하수찌꺼기 해양배출을 금지하는 런던협약으로 인해 하수 슬러지 처리비용에 대한 부담이 커졌다. 하수찌꺼기에서 바이오가스를 생산하면 최종 배출 찌꺼기가 감소하여 처리비용이 절감되고 에너지를 생산할 수 있다.

이러한 시대적 흐름에 부응하기 위해 하수처리 고도화 기술과 고효율 에너지변환기술 등에 대한 기술개발과 실증을 위한 정책적 지원이 필요하다. 예를 들어 우리나라보다 수질 기준이 높은 국가에서 적용하고 있는 하수처리기술을 우리나라 실정

▎기존 하수처리방식과 아나목스 방식의 질소흐름 비교

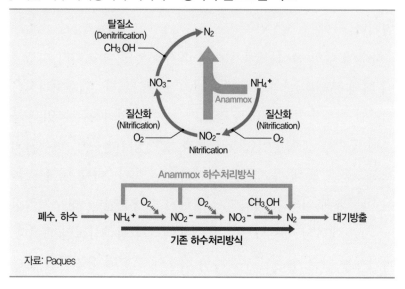

자료: Paques

에 맞게 적용하는 연구개발이 이에 해당될 것이다. 그중에 주
목해야 할 기술이 아나목스Anammox다. 아나목스는 'Anaerobic
ammonia oxidation'의 약자로 미생물을 이용하여 하수에 포함
된 암모늄($NH4+$)을 기존 방식보다 효율적으로 질소로 전환, 방
출시키는 수질정화기술이다. 기존 하수처리방식에 비해 산소
가 적게 필요하여 공기공급용 송풍기 가동에너지가 적게 들고,
메탄올과 소독약 등을 사용하지 않아 운영비용이 저렴하다. 또
한 하수처리과정에서 발생한 생물자원으로 에너지를 추가로
생산할 수 있다. 2014년 기점으로 독일 29개소, 네덜란드 19개
소, 중국 13개소, 스위스 12개소, 미국 8개소, 핀란드 4개소, 스
페인 4개소, 영국 4개소 등 다수의 선진국 하수처리시설에서 이

기술을 도입했다.[36] 우리나라의 하수처리시설도 방류수 수질을 더 깨끗하게 하는 것뿐만 아니라 에너지까지 생산할 수 있도록 아나목스 등 하수처리고도화 기술의 도입을 적극 검토할 필요가 있다.

우리나라는 에너지의 대부분을 해외에서 수입하는 화석연료에서 생산하기 때문에 하수처리시설에서 발생하는 에너지 자원을 활용하는 것은 더욱 의미가 있다. 정부는 2010년 '하수처리시설 에너지자립화 기본계획'을 수립하고 안산, 일산 등 8개 하수처리장을 대상으로 하수찌꺼기에서 바이오가스 생산을 추진하고 있다.

또한 하수처리시설의 에너지 사용량을 줄이는 방안도 검토할 필요가 있다. 하수처리 공정에서 가장 많은 전력을 소비하는 장치는 공기를 불어넣어주는 송풍장치이다. 에너지 자립형 하수처리시설을 만들기 위해서는 소비전력을 줄이고 생산전력을 높여야 할 것이다. 이를 위해 전체 전력소비의 40%를 사용하고 있는 송풍기를 기존보다 30% 가량 에너지 절약이 가능한 터보 블로워 등 고효율 설비로 교체하는 것이 바람직하다. 이는 신규뿐만이 아니라 기존 하수처리시설에도 적용할 수 있는 방안이다. 하수처리시설에서 송풍기는 연중 사용되어야 하기 때문에 1%의 효율 향상만으로도 사용전력량을 대폭 줄일 수 있다.

36. Ali and Okabe, Anammox-based technologies for nitrogen removal: Advances in process start-up and remaining issues, Chemosphere, 2015 Dec;141:144-53

하수처리시설 단위 공정별 전력사용 비율

구분	전체 대비 비율
포기(공기 공급)조 송풍기	40.1%
유압펌프	21.3%
슬러지 탈수설비	6.4%
슬러지 이송펌프	3.6%
방류펌프	2.3%
소화조 가스교반기	1.4%
기타	23.9%

자료: 환경부, 「에너지 자립화 기본계획」, 2010

또한, 하수처리시설의 에너지 자립률(총 전력사용량 중 자급비중)을 높이는 노력이 필요하다. 하수처리과정에서의 소화가스, 소수력, 하수열을 활용하거나 풍력·태양광 발전으로 자체 전력을 생산하는 방법 등을 적극 강구할 필요가 있다.

일본의 경우 유기물이 미생물에 의해 대사분해되어 발생하는 소화가스를 이용한 발전시스템을 1984년부터 도입하여 2005년 총 26개 처리장에서 운영 중이며, 전체 하수처리장 전력 소비량의 1%를 충당하고 있다. 특히 가나가와현 북부오니자원화센터는 소화가스 발전시설을 이용하여 에너지 자립률을 69%까지 끌어 올렸다.

우리 정부는 2016년 '스마트 물산업 육성전략'을 수립하고 2017년에는 이를 효율적으로 수행하기 위한 방안을 강구하고 있다. 이제는 하수처리장이 더러운 물을 처리하는 곳이 아니라 에너지를 생산하는 곳이라는 인식과 산업화 노력이 필요하다. 미국은 하수처리에서 발생하는 바이오매스와 바이오가스 등 에너지원을 자체 활용하는 에너지 자립화와 발전시설 구축에 적극 투자하고 있다. 우리나라도 기존 하수처리시설의 개보수와 신규 설치 시 이러한 선진 기술을 적극 활용하여 에너지를 생산하는 공간으로 만들 필요가 있다.

:: 수자원 이용의 지역 간 격차를 줄여 나가자

우리나라는 1908년 뚝도정수장을 건설한 이후, 경제발전과 함께 상수도망의 구축도 확대해 왔다. 상수도 보급률은 1960년 16.8%에서 1990년 78.4%, 그리고 2014년 98.6%로 세계 최고수준에 이르렀다.

우리나라의 상수도 시장은 1960년대부터 1990년대까지의 양적 확장기를 지나 질적 성숙단계를 거쳐 이제 급속하게 노후화 단계로 접어들고 있다. 2014년 기준 20년 이상 노후관의 비율은 31.4%에 달한다. 20년 이상 된 정수장도 286개소로 전체 정

| 세계 주요국 상수도 보급률　　　　　　　　　　2010년 기준, 단위: %

국가	영국	독일	스위스	일본	핀란드	한국
상수도 보급률	99.6	99.3	99.2	97.5	91.2	97.9 (2014년 98.6)

자료: 한국환경공단

	2007년	2009년	2010년	2012년
단수사고	20,614	23,113	27,160	27,846
피해주민	65	312	385	401

자료: 한국환경공단

수장의 58.8%에 이른다. 상수도 시설의 노령화는 단수사고와 누수의 원인이 되고 있다. 매년 단수사고는 증가하고 있으며, 사고 원인의 97.7%는 관망의 노후화다. 앞으로 노후관의 비율이 증가할수록 단수사고도 더욱 증가할 것이다.

급수관과 송배수관에서 누수되는 물의 양도 2014년 기준 연간 6억 9,000만 톤에 이른다. 이는 팔당댐 저수용량의 3배 규모이며 부산광역시와 대구광역시 2개 대도시 전체에서 사용하는 수돗물 양보다 많다. 연간 경제적 손실도 6천억 원에 달한다. 특히 제주특별자치도의 누수율은 전국 평균 11%보다 월등히 높은 43.0%에 이른다. 공급하는 수돗물의 절반 가까운 양이 사용자에게 도달하지 못한 채 새고 있는 것이다. 강원도는 전국에서 가장 생산원가가 높은 지역임에도 누수율이 21%에 달한다. 생산원가가 가장 저렴한 서울의 누수율은 2.5%로 전국에서 가장 낮다.

전국 상수도 보급률은 99%에 근접했지만, 농어촌과 도서 지역 등 지방·광역 상수도 보급률은 2016년 기준으로 76.3%에 머물러 있다. 이들 지역의 상수도 서비스는 아직 1980년대 수준인 셈이다.

우리나라 급수량과 누수 현황

	급수량 (천㎥/년)	누수량 (천㎥/년)	누수율 (%)	생산원가 (원/㎥)
전국	6,214,230	691,274	11.1	876.5
서울특별시	1,153,160	29,008	2.5	639.3
부산광역시	366,317	14,664	4.0	941.1
대구광역시	282,254	13,401	4.7	657.4
인천광역시	351,506	23,426	6.7	669.1
광주광역시	171,970	18,310	10.6	636.8
대전광역시	194,334	11,009	5.7	587.0
울산광역시	122,021	9,566	7.8	901.0
세종특별자치시	17,422	4,099	23.5	1,154.1
경기도	1,442,545	98,203	6.8	765.5
강원도	227,439	48,092	21.1	1,542.1
충청북도	223,590	25,796	11.5	951.6
충청남도	258,477	42,136	16.3	1,174.9
전라북도	251,346	55,528	22.1	1,183.8
전라남도	214,196	55,968	26.1	1,303.3
경상북도	288,265	98,722	24.7	1,207.6
경상남도	390,224	79,668	20.4	1,075.7
제주특별자치도	148,164	63,678	43.0	945.5

자료: 환경부, 2014 상수도통계

수자원의 관점에서 도시와 지방 간 격차는 현저하다. 먼저 누수율 격차가 크다. 1997년의 경우 일반 시·군지역의 누수율이 서울이나 광역시보다 낮았다. 그러나 2014년에는 그 격차가 역전되어 서울과 광역시의 상수도 서비스의 질이 월등히 좋다. 또한 단수사고와 누수율도 서울시와 광역시보다 시·군지역이

지역별 단수사고 및 누수율

단위: 건 수, %

	단수사고	누수율
특·광역시	2,965	4.5
일반 시·군	16,209	28.8
차이	5.5배	6.4배

자료: 한국환경공단

국가 상수도 선순환 구조

자료: 한국환경공단

각각 5.5배, 6.4배 많은 것으로 나타났다. 생산원가 측면에서도 군지역은 1,831원/㎥로 서울과 광역시 695원/㎥의 2.6배 수준이다.[37] 상수도 요금도 단계적으로 생산원가 수준으로 현실화해야 한다. 그러나 이 과정에서 지역 간 격차는 갈등을 증폭시킬 수 있다. 기본 재정이 열악한 지방자치단체는 낮은 상수도 요금으로 수도사업 적자가 심화되어 재정난이 더욱 가중될 수 있다. 상수도관망 개보수를 위한 예산 편성도 쉽지 않다. 정부는 시·군지역 상수 생산원가와 누수율 등을 종합적으로 분석한 후 우선순위를 정하여 수도사업을 정상화시켜야 할 것이다.

---

37. 한국환경공단 자료

:: 사고예방형 운영체계를 수립하자

하수관로 문제는 지반침하를 발생시키고 씽크홀을 만들어 국민의 안전을 위협한다. 하수관로에 구멍이 나거나 파열되면 물이 새어나가고 이로 인해 주변 토양이 유실되어 동공洞空이 생기고 지반침하가 일어난다. 2015년에 발생한 지반침하 중 54%가 하수관 손상으로 인해 발생한 것으로 추정된다.

환경부의 자료에 따르면 전국의 하수관로 중 파손과 이격 등으로 지반침하 사고의 주요 원인인 동공 발생 개연성이 높은 결함이 발견된 곳은 무려 7만 6,166개소에 이른다. 1킬로미터당 4.9개가 발견된 셈이다. 균열누수 등 소규모 결함은 23만 3,253개소로 모두 합치면 전국에 30만 개소의 하수관로 결함이 있다.

이러한 하수관로 지반침하 문제의 중심에는 노후화가 있다. 상수관로처럼 하수관로도 노후화가 심각하다. 2014년 기준 20년 이상 된 하수관로는 전체의 38.3%, 30년 이상은 20.7%에 이

| 최근 5년간 하수관로 손상으로 인한 지반침하 발생 현황　　　단위: 건

구분	2012	2013	2014	2015	2016
계	10	15	59	151	238
특·광역시	–	3	35	125	198
시·군	10	12	24	26	40

238
151
59
10　15
2012년 2013년 2014년 2015년 2016년

주: 2015년 발생한 지반침하 중 하수관 손상에 의한 침하는 54%로 추정, 국토해양부, 2016.8
자료: 환경부, 2017.3

하수관로의 구조적 결함

단위: 개소

합계	관 파손·천공	관 붕괴·단절	변형·라이닝 결함	복합균열	표면손상
76,166 (100%)	31,888 (41.9)	10,628 (14.0)	4,755 (6.2)	2,610 (3.4)	26,285 (34.5)

합계	이음부 불량	연결관 불량	관침하	균열	장애물 등
233,253 (100%)	114,450 (49.1)	77,574 (33.3)	6,998 (3.0)	13,637 (5.8)	20,594 (8.8)

자료: 한국환경공단

른다. 2020년이 되면 이 비율은 각각 51.4%, 29.8%가 된다. 국가 전체 하수관로의 절반이 20년 이상이 되어 잠재적 사고 원인이 된다.

또한 사고를 예방하고 국민불안을 해소하기 위해서는 노후 하수관로의 정비와 함께 하수관로 예방점검 의무제와 일본식 장수명화 지원제도의 도입 등 예방형 관망 운영체계 수립이 필요하다. 사후 땜질식이 아닌 선제적 사고 예방형 상하수관망 운영체계를 갖추어야 한다. 파열, 누수 등 결함이 발생하는 패

하수관로 노령화 추이

단위: km, %

경과 년수	기준연장	2014년	2020년	2025년	2030년
20년 비율	132,690	50,879 (38.3)	68,195 (51.4)	85,755 (64.6)	113,494 (85.5)
30년 비율		27,437 (20.7)	39,523 (29.8)	52,784 (39.8)	68,195 (51.4)

자료: 한국환경공단

자료: 한국환경공단

턴을 분석하여 문제가 생기기 전에 개선을 하는 패러다임의 전환도 필요하다.

하수관로 준설이나 정비 등의 관리 이력을 쉽게 파악하고 체계적으로 관리할 수 있는 ICT 기반 '하수관로 운영 관리 시스템'을 구축하는 것도 필요하다. 이미 구축된 하수관로 GIS를 이용하여, 운영 관리 이력 데이터베이스를 연계하고 표준화를 위해 한두 개 지자체에 시범사업을 추진하는 방안을 검토할 필요가 있다. 시범사업 이후 2021년까지 전 지자체에 구축할 수 있도록 기존 계획을 앞당겨 실시할 필요가 있다(1개 지자체 시스템 구축비용 약 5억 원 소요 예상). 이밖에 정보통신기술 기반의 '상하수관로 운영관리 시스템' 구축과 함께 물의 파동을 이용하여 누수지점을 파악하는 하이드로폰 센서기술 등을 상하수관 유지보수에 활용할 필요가 있다.

일본의 경우 하수관로 노후화 문제를 어려움을 겪었던 적이 있다. 30년 이상 된 노후 하수관로가 전체의 23%를 차지하고 있었다. 2005년에는 연간 6,600건의 도로함몰이 발생했다. 일본 국토교통성은 이에 대한 대책으로 하수관로의 예방점검 의무화와 하수도 장수명화 지원제도를 마련했다. 이후 2013년 도로함몰 발생건수가 3,500건으로 절반 가까이 줄었다. 선제적 대응으로 하수도시설의 수명이 늘어나 도로함몰, 관로파손 등 사고 발생이 줄어들고 전과정비용LCC 또한 감소하는 효과를 거두었다.

> ▶ 일본 하수도 장수명화 제도 도입과정 ◀

공공인프라에 자산관리 개념이 도입된 제도로 효율적·체계적 관리로 서비스 수준을 유지하면서 자산가치를 상승시켜 잔존수명을 극대화한 것이다.

- 2008년: '하수도 장수명화 지원제도' 신설 및 「하수도 장수명화 지원제도에 관한 지침(안)」 마련
- 2011년: 「하수도시설 자산관리 수법에 관한 안내서」 공포
- 2013년: 「자산관리에 기초한 하수도 장수명화 계획 책정 안내」 발간
- 2015년: 「하수도 사업의 자산관리 실시에 관한 지침」 제정

자료: 한국환경공단

:: 하수 재이용 촉진대책을 강구하자

물을 상수원에서부터 취수하여 도시의 최종 사용자까지 이르게 하는 과정에서 많은 에너지와 자원, 비용이 사용된다. 한 번 사용한 물을 재사용하면 한정된 수자원을 효율적으로 사용할 수 있다. 1977년 청계천하수처리장을 시작으로 하수도 보급률은 2013년 92.1%까지 향상되었다. 그러나 하수처리수 재이용률은 2013년 12.6%로 낮은 수준에 머물러 있다.

사막기후 지역에 위치한 쿠웨이트의 물 재이용률은 91%, 이스라엘은 85%에 이른다. 수자원이 부족한 국가들은 이용수를 중요한 수자원으로 인식하고 있다. 그러나 '금수강산' 대한민국은 아직 이러한 인식이 부족하다. 정부는 2020년까지 하수처리수의 재이용률을 30%까지 높일 계획이다.[38] 재이용의 용도에 있어서도 우리나라는 하천유지용수로 사용하는 비중이 높다. 미국, 유럽 등에서는 하수 재이용수를 농업용수와 지하수 충전

| 국가별 하수처리 재이용수 용도   단위: %

	공업용수	농업용수	하천유지용수	지하수 충전용수	기타
한국	7	5	72	0	16
미국 플로리다	8	45	7	18	22
미국 캘리포니아	5	46	4	14	31
유럽	4	70	5	17	4

자료: 환경부

---

38. 환경부, 「물 재이용 기본계획(2011~2020)」, 2010

에 활용하는 비중이 높다. 최근에는 지하수 충전을 통한 간접 음용수원 확보 등 다양한 방법으로 하수 재이용수를 활용하고 있는 것이다. 우리나라도 하수를 하천으로 방류하는 것보다 좀 더 생산적인 용도인 농업용수나 지하수 충전용수 등으로 사용 비중을 확대할 것을 검토해야 한다. 또한 지자체별로 처한 환경을 고려하여 하수처리수 재이용률과 활용방식을 차별화할 필요가 있다.

'돈을 물 쓰듯 한다'는 말이 있다. 돈을 소중히 여기지 않고 매우 헤프게 쓴다는 뜻일 것이다. 역으로 이야기하자면 물은 소중하지 않으므로 마구 써도 괜찮다는 말이 된다. 이는 물이 제 값을 받지 못하기 때문에 일어나는 현상이다. 물은 생명유지를 위한 매우 귀한 것으로 돈보다 귀중한 자원이다. 물을 소중히 생각하고 물환경을 보전하려는 의식을 높이려면 물이 제값을 받아야 한다. 하지만 우리나라의 상수도 요금은 일본의 50%, 독일의 20% 수준에 불과하다.

하수관로 교체와 보수 이력 관리 등 자산관리시스템 구축과 물 산업 관련 투자 재원 마련을 위해서는 상수도 요금 인상이나 정부의 정책적 배려가 불가피하다. 우리나라의 상수도 요금은 일본의 50%, 독일의 20% 수준에 불과하다. 이로 인해 물 관련 사업에 대규모 자금이 필요하지만 상수도 요금이 낮아 사업경제성 확보가 사실상 불가능한 실정이다. OECD에서도 우리나라의 상수가격 정상화가 필요하다고 지적하고 있다.

| OECD 국가별 수도요금 비교

단위: 배

구분	대한민국 (기준)	일본	미국	프랑스	영국	독일	덴마크
수도요금 비교	1	1.9	2.3	3.8	3.9	5.1	6.3

자료: 한국수자원공사

상수요금의 인상은 적어도 2014년 상수 생산원가 876.5원을 초과하는 수준으로 이루어져야 한다. 또한, 물절약전문기업 WASCO, Water Saving Company에 환경정책자금 지원을 확대할 필요가 있다. 물절약전문업은 수자원 낭비를 줄이고 물절약산업을 활성화하기 위해 환경부가 한국환경공단을 통해 지원하고 있는 산업이다. 물절약전문업자가 누수저감, 절수기 설치 등 물 절약을 위한 사업에 우선 자기자본을 투입하고, 이후 운영 시 발생하는 물 절감액만큼을 수익으로 받아 투자된 원금을 회수하는 방식인데 이러한 시장메커니즘을 활용하면 중소기업이나 공공시설 등의 물절약시설 투자가 촉진될 수 있다.

'규제'와 '투자'는 동전의 양면과 같다. 규제를 강화하고 상수도 요금을 올리면 사업성이 생기나, 국민여론이 요금 인상을 받아들이기 어려울 것이다. 그러나 규제 대신에 상하수도 요금 인상과 WASCO 등 인프라를 개선하면 물 절약을 유도하면서 관련산업 육성과 일자리 창출에도 기여하게 될 것이다.

만약 상수도 요금 인상을 통한 노후 하수관로의 정비를 위한 재원 마련이 어렵다면 민간투자를 활용하는 방안도 강구할 필

▎WASCO 사업 수익 개념도

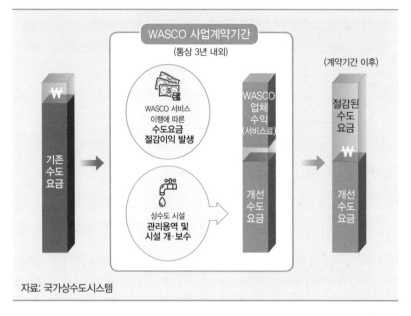

자료: 국가상수도시스템

요가 있다. 환경부가 추정한 향후 20년간 30년 이상 경과된 노후 하수관로 정비자금은 2020년까지 3조 8,571억 원, 2021년부터 2030년까지 13조 524억 원, 2031년부터 2040년까지 33조 6,643억 원에 달한다. 그러나 복지지출 증가, 경제성장 둔화 등으로 재정충당능력이 약화되고 있는 상황에서 정부로서는 막대한 노후관로 재투자재원을 확보하기가 쉽지 않을 것이다. 따라서 원인자 부담원칙에 입각하여 하수도사용료 인상을 추진하거나 민자유치방안 강구가 불가피한 실정이다.

만약 민자유치 시에는 우선 지역별 누수율, 누수량, 손실비용, 안전사고 발생 위험도 등을 종합적으로 분석하여 투자대비

효과가 높은 순으로 재원을 조달하여 노후 하수관로 정비를 추진할 필요가 있다.

자원순환은
시대정신이다

어떤 제품을 생산하기 위해서는 원자재가 필요하고 가공에 사용할 에너지 자원이 필요하다. 자원을 채취하고 생산하며 유통과 소비, 그리고 폐기하는 과정에서 경제가 성장한다. 더 많은 제품을 생산하여 수출입하는 등 부가가치를 창출하는 혁신과정에서 대량생산과 대량소비 사회가 만들어졌다.

문제는 폐기물이다. 사용되고 폐기되는 제품이 쓰레기가 되면 경제활동을 하면 할수록 국가와 지구는 쓰레기장이 될 수밖에 없다. 그래서 지속가능한 경제성장과 환경보호를 위해서는 폐기물을 다시 자원으로 사용하는 자원순환사회로의 전환 노력이 중요하다.

:: 폐기물 제로화로 자원순환형 사회를 실현하자

선진국은 경제성장을 위한 자원사용량을 줄이기 위해 즉, '순환경제'를 실현하기 위해 많은 노력을 기울이고 있다. 예컨대, 일본은 정부가 앞장서서 기업의 3R 운동을 촉진하고 있으며, 매립되는 폐기물의 제로화를 추진하기 위해 강력한 정책을 추진하고 있다. 유럽연합도 최종 매립되는 자원의 제로화를 추진하고 있다. 독일은 2020년까지 매립 제로를 목표하고 있으며, 매립과 소각에 부담금을 부과하는 방향으로 정책이 추진되고 있다.

우리나라는 에너지 자원의 97%, 광물자원의 90%를 해외에 의존하고 있다. 하루 1조 원, 연간 371조 원에 달하는 양이다. 이같은 자원빈국임에도 불구하고 매립과 소각되는 폐기물의 56%가 회수 가능한 자원일 정도로 낭비가 심하다. 더욱이 밀집된 주거형태로 인해 수도권 매립지는 이용가능 면적이 고갈되어 가고 있고 추가 매립지 확보도 어려워 매립 폐기물의 양을 줄여야 하는 상황이다.

이와 같은 국내외 여건에 비추어 볼 때 우리나라도 폐기물의 발생을 근원적으로 감축시킬 수 있는 자원순환 문화를 조성하고 유해성 및 순환 이용성 평가[39] 등을 통해 자원순환 산업을 육성해야 한다. 또한 최종적으로 발생되는 폐기물은 에너지로 이용하여 천연자원의 투입을 최소화하는 자원순환사회 실현을

---

39. 유해성 및 순환이용성 평가란, 건강과 환경에 유해하다고 의심되거나 순환이용성이 떨어지는 제품 등에 대한 평가를 의미함

위해 힘써야 한다.

:: 산업계의 4R운동을 추진하자

자원순환 선진국인 일본이 자원순환에 관심을 갖은 이유는
자원이 부족한 섬나라이기 때문이다. 해외로부터 수입한 자원
을 최대한 효율적으로 사용하고, 재사용하고, 재활용한다. 수
출 등으로 어렵게 벌어들인 돈을 해외자원 수입을 위해 다시
해외로 유출하는 것은 어리석은 일이라고 생각한다. 즉, 자원
을 낭비하고 쓰레기로 버리는 것은 일본 사회에서는 있을 수 없
는 일이라는 것이다. 이러한 배경에서 일본은 자원순환체계에

| 일본의 3R 개념도

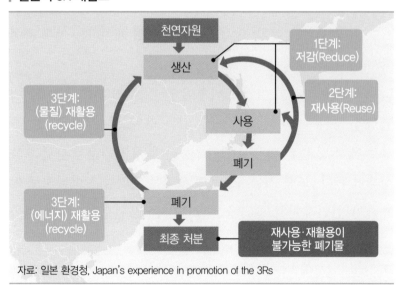

자료: 일본 환경청, Japan's experience in promotion of the 3Rs

환경과 경제를 양립하는 '3R'운동이 추진되었다. 3R이란 저감 Reduce, 재사용Reuse, 재활용Recycle으로 이를 통해 자원순환사회를 만들자는 것이다.

일본은 3R 정책 추진으로 자원순환에 의미 있는 성과를 거두고 있다. 총사용자원량은 2000년 214억 톤에서 2010년 161억 톤으로 25% 감소했다. 최종 폐기물량은 5,600만 톤에서 1,900만 톤으로 66% 감소했다. 그리고 재활용량은 2억 1,300만 톤에서 2억 4,600만 톤으로 15% 증가했다. 일본은 여기에서 한 발 더 나아가 2020년까지 단위 투입자원당 GDP생산액을 2000년 대비 2배 가까이 증가시키기 위해 노력하고 있다.[40]

우리나라의 총사용자원량은 같은 기간 17% 증가했고, 폐기물량은 60% 증가했다. 늘어난 자원사용량보다 폐기물량이 월등히 증가했다. 우리나라의 국내물질소비량DMC, Domestic material consumption을 GDP로 나눈 값인 자원사용 효율성DMC productivity은 2015년 기준 kg당 1.93달러로 OECD 국가 중 중간 수준이다. 일본은 우리의 2배인 3.75달러, 스위스는 4.3달러로 세계에서 가장 효율적인 자원사용 국가다.

우리나라는 일본보다 심각한 자원빈국으로 일본이나 스위스처럼 자원사용의 효율성을 높이고 지속가능한 발전을 위해 노력해야 하는 나라다. 우리나라도 일본의 3R운동 등을 본받아

---

40. Ryutaro Yatsu, Japan's international cooperation on 3R promotion, Nagoya Public Forum on 3R, 2014.4.24

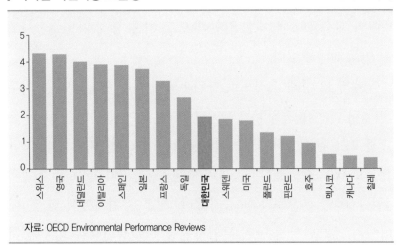

| 국가별 자원사용 효율성 | 단위: USD/kg |

자료: OECD Environmental Performance Reviews

자원순환사회 실현을 앞당길 필요가 있다.

우리나라는 일본이 추진하고 있는 3R에 추가로 폐자원의 에너지화Recovery와 자원사용체계의 재디자인Redesign을 추가한 '4R' 또는 '5R' 정책을 전향적으로 추진할 필요가 있다.

리디자인은 자원의 에코디자인으로 자원이 제품으로 사용되고 폐기되는 전 생애주기를 고려하여 환경적 영향을 최소화하는 '자원활용 흐름의 재구조화'를 의미한다. 현재 사용되는 휴대폰을 폐기할 때 재사용과 재활용의 비중을 높이는 것에 머무르는 것이 아닌, 제품을 기획하고 생산할 때부터 생산 공정상에 투입되는 자원과 에너지를 최소화하고 사용 이후에 폐기되는 부분을 최소화하는 것까지를 고려하는 것이다. 또한 소각이나 매립 시의 환경영향을 고려하여 유해물질의 사용을 최소화하는 것이다.

　이러한 4R 내지 5R의 개념을 사회 전반에 확산하여 폐기물이 발생하지 않는 사회를 구현하기 위해서는 현행 자원순환기본법 또한 이와 같은 개념을 촉진하는 방향으로 보완하는 것이 바람직하다. 폐기물 소각 시에도 에너지 회수를 의무화할 필요가 있으며, OECD의 권고대로 효율이 낮거나 환경오염물질을 다량 배출하는 소각시설은 폐쇄하거나 개보수할 필요가 있다. 소각과 매립은 제로에 가까울수록 좋다. 보다 강력한 정책을 추진하기 위해서는 매립과 소각에 대한 세금을 무겁게 부과하여 재활용 비용과 차이가 없게 만들면 될 것이다. OECD는 '2017 대한민국 환경성과 평가'에서 에너지 회수가 적용되지 않는 소각과 재활용 가능한 폐기물의 매립을 중단할 것을 권고했다.

　현재 수도권 매립지는 포화상태여서 활용이 가능한 폐기물은 매립을 최소화해야 한다. 수도권 매립지의 재사용 방안을 강구하여 매립물질로 인한 2차 환경오염도 예방해야 할 것이다.

　자원순환정책은 환경의 거대한 문제를 효과적으로 해결하는 길이다. 도처에 흩어져 있는 자원을 가공하거나 서로 연결시켜 재사용하고, 더 이상 가치가 발생하지 않을 경우 에너지화하거나 자원 효율적인 방법으로 소각이나 매립하는 방향으로 전환해야 한다.

:: 4R 활성화로 산업 폐기물의 제로화를 추진하자

일본의 3R운동을 벤치마킹하여 기업의 제품개발, 생산, 포장, 유통, 판매 및 회수 등의 전 과정Life cycle에서 발생하는 산업용 폐기물이 거의 발생하지 않도록 유도할 필요가 있다. 또한 불가피하게 폐기물이 발생한 경우에도 재사용이나 리사이클이 가능하도록 리디자인을 활성화하고 인센티브제도와 생산자 의무제도를 강화해야 한다. 그리고 더 이상 사용할 수 없는 폐기물은 에너지자원으로 활용하여 매립을 제로화하는 정책을 적극 추진할 필요가 있다.

다만, 4R를 추진하는 주체는 민간기업이므로 이들의 자발적 참여를 유도하기 위해서는 당근과 채찍을 사용하는 세련된 정책의 추진이 필요하다. 특히, 소비자의 인식개선과 감시활동을

| 4R의 각 단계별 의미

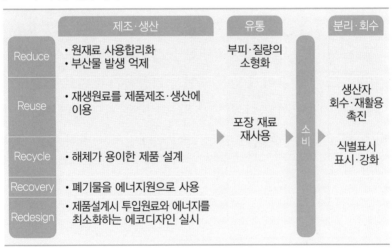

통해 4R 정책은 더욱 실효를 거둘 수 있다.

우리가 사용하는 각종 가전제품은 철, 구리, 알루미늄, 플라스틱, 유리 등 재활용이 가능한 소재들로 구성되어 있다. 에어컨의 경우에는 철과 철합금의 구성비가 약 45.9%에 달한다. 세탁기의 경우에도 50.1%나 된다. 에어컨은 철과 철합금 45.9%, 구리와 구리합금 17.0%, 플라스틱 17.9%, 알루미늄과 알루미늄합금 10.0%, 기타 9.2%로, 그리고 브라운관 텔레비전은 유리 61.7%, 플라스틱 14.4% 등으로 구성되어 있다. 이러한 소재를 최대한 재활용하는 것이 자원 순환 관점에서 중요하다.

▎가전제품의 소재 구성

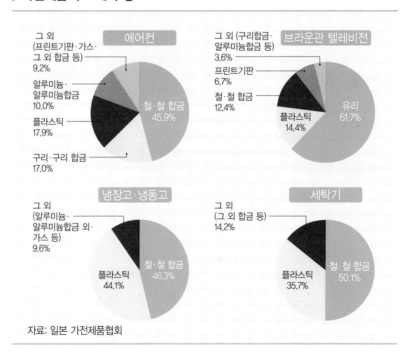

자료: 일본 가전제품협회

용기와 포장제품 폐기물 재활용의 경우도 자원순환사회 실현에 중요하다. 유리제 용기, PET병, 종이제 용기포장, 플라스틱제 용기포장재 등의 폐기물의 재활용은 재사용하거나 리사이클링을 하게 되면 산업폐기물을 크게 줄일 수 있다. 우리나라도 일본의 용기와 포장제품 폐기물 재활용이나 리사이클링 방법을 적극 활용할 필요가 있다.

▎용기·포장 폐기물 재활용의 예

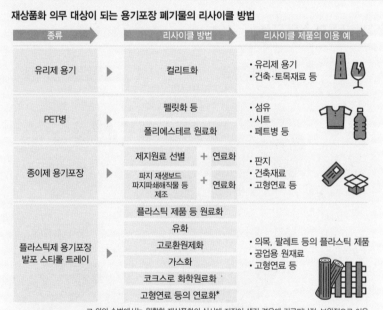

재상품화 의무 대상이 되는 용기포장 폐기물의 리사이클 방법

종류	리사이클 방법	리사이클 제품의 이용 예
유리제 용기	컬리트화	• 유리제 용기 • 건축·토목재료 등
PET병	펠릿화 등 폴리에스테르 원료화	• 섬유 • 시트 • 페트병 등
종이제 용기포장	제지원료 선별 + 연료화 파지 재생보드 파지파쇄해직물 등 + 연료화 제조	• 판지 • 건축재료 • 고형연료 등
플라스틱제 용기포장 발포 스티롤 트레이	플라스틱 제품 등 원료화 유화 고로환원제화 가스화 코크스로 화학원료화 고형연료 등의 연료화*	• 의목, 팔레트 등의 플라스틱 제품 • 공업용 원재료 • 고형연료 등

그 외의 수법에서는 원활한 재상품화의 실시에 지장이 생길 경우에 긴급피난적, 보완적으로 이용

주: 스틸캔, 알루미늄캔, 종이팩, 골판지도 용기포장 리사이클법의 대상이 되는 용기이지만,
현재는 리사이클(재상품화)이 의무화되지 않음
자료: 「일본의 자원순환법 제도 및 3R 동향 자료집」

폐차량 재활용 용도 현황

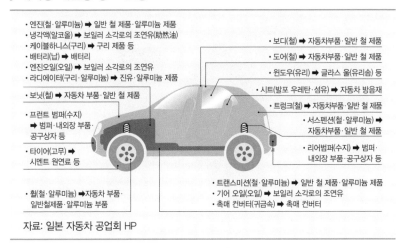

- 엔진(철·알루미늄) ➡ 일반 철 제품·알루미늄 제품
- 냉각액(알코올) ➡ 보일러 소각로의 조연유(助燃油)
- 케이블하니스(구리) ➡ 구리 제품 등
- 배터리(납) ➡ 배터리
- 엔진오일(오일) ➡ 보일러 소각로의 조연유
- 라디에이터(구리·알루미늄) ➡ 진유·알루미늄 제품
- 보닛(철) ➡ 자동차 부품·일반 철 제품
- 프런트 범퍼(수지) ➡ 범퍼·내외장 부품·공구상자 등
- 타이어(고무) ➡ 시멘트 원연료 등
- 휠(철·알루미늄) ➡자동차 부품·일반철제품·알루미늄 부품

- 보디(철) ➡ 자동차부품·일반 철 제품
- 도어(철) ➡ 자동차부품·일반 철 제품
- 윈도우(유리) ➡ 글라스 울(유리솜) 등
- 시트(발포 우레탄·섬유) ➡ 자동차 방음재
- 트렁크(철) ➡ 자동차부품·일반 철 제품
- 서스펜션(철·알루미늄) ➡ 자동차부품·일반 철 제품
- 리어범퍼(수지) ➡ 범퍼·내외장 부품·공구상자 등
- 트랜스미션(철·알루미늄) ➡ 일반 철 제품·알루미늄 제품
- 기어 오일(오일) ➡ 보일러 소각로의 조연유
- 촉매 컨버터(귀금속) ➡ 촉매 컨버터

자료: 일본 자동차 공업회 HP

건설폐기물을 대폭 줄이기

한국은 2014년 1인당 2,910킬로그램의 쓰레기를 배출했다. 2010년 대비 71% 증가한 양이다. 특히 건설 폐기물은 같은 기간 2,880톤에서 6,770톤으로 2배 이상 증가했다.

우리나라에서 배출하는 전체 폐기물의 48%가 건설 폐기물이다. 그 다음이 제조업에서 발생하는 폐기물로 전체의 28%에 해당한다. 제조업 폐기물 중 가장 큰 비중을 차지하는 것은 상대적으로 손쉽게 재활용할 수 있는 금속 폐기물이다.

건설 폐기물과 금속 폐기물, 이 두 가지만 우선적으로 재활용을 활성화해도 단시일 내에 국내 폐기물 발생 총량을 대폭 줄일 수 있다. 건설 폐기물을 줄이기 위해서는 건설 폐기물의 재활용을 활성화해야 한다. 순환골재의 생산과 판매, 그리고 고부

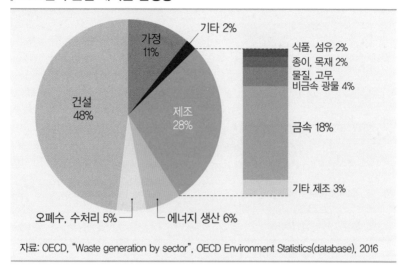

가정
11%

기타 2%

식품, 섬유 2%
종이, 목재 2%
물질, 고무,
비금속 광물 4%

건설
48%

제조
28%

금속 18%

기타 제조 3%

오폐수, 수처리 5%

에너지 생산 6%

자료: OECD, "Waste generation by sector", OECD Environment Statistics(database), 2016

가가치 용도로 재활용할 수 있도록 정책적으로 배려해야 한다.

| 음식물류폐기물 재활용하기 |

우리나라의 식사 문화는 반찬이 다양하고 국물 요리가 많은 특징이 있다. 음식이 남아 버리더라도 푸짐하게 '상다리가 부러지도록' 상차림을 하는 것이 미덕이었다. 이러한 음식문화 등으로 음식물류폐기물이 많이 발생하고 있다.

음식물류폐기물이란, 음식 재료 또는 음식물의 생산·유통·가공·조리·보관·소비과정 등에서 발생되는 쓰레기와 남겨져 버리는 음식물을 의미한다. 2015년 기준으로 남은 음식물류는 하루 1만 4,220톤으로 생활폐기물 발생 총량의 28%를 차지한다.

지자체 중 남은 음식물폐기물 비중이 가장 높은 곳은 광주 42%이며, 가장 낮은 곳은 제주도 17%이다.

1995년 쓰레기종량제 실시 이후 폐기물 재활용 체계가 구축되어 발생되는 음식물류폐기물 총량의 97%가 재활용되고 있다. 그러나 음식물이라는 특성상 배출·수거·운반 과정에서 악취, 폐수, 오물 발생 등 2차 환경오염문제가 발생하고 있다. 이러한 처리과정에서 연간 8,000억 원 이상의 경제적 손실이 발생하고 폐기되는 음식물을 조리하고 유통하는 데 사용되는 에너지 낭비 등 보이지 않는 환경비용도 크다.

정부는 폐기되는 음식물쓰레기를 재활용하는 것을 원칙으로 하고 있다. 음식물류폐기물 처리시설은 전국에 총 308개소(공공 99개소, 민간 209개소)가 있다. 이곳에서 사료·퇴비·바이오가스화 등으로 재활용된다.

전국적으로 97%, 서울, 부산, 광주시 등은 100% 재활용하고 있지만 실제로 재활용되는 양은 적은 것으로 알려지고 있다. 수분이 대부분을 차지하는 음식물류폐기물을 100% 수거해도 수분 때문에 음폐수가 발생한다. 또한 수분을 가득담고 있는 폐기물을 운반하기 위해 투입되는 에너지 비용도 상당하다. 음폐수의 해양배출도 금지되었기 때문에 처리과정에서 추가 발생할 수 있는 비용도 적지 않다. 따라서 음식물류폐기물의 보다 효과적인 재활용을 위해서는 폐기물이 발생하는 장소에서 수분을 제거하는 감량화가 중요하다.

이를 위해서는 음식물류폐기물 발생량을 원천적으로 감소시키기 위한 정책과 발생한 음식물류폐기물을 감량화하고 재활용을 촉진하는 정책을 추진할 필요가 있다.

먼저 음식물폐기물 종량제 보급 확대가 필요하다. 2013년 시행된 음식물폐기물 종량제는 배출한 양만큼 정확히 요금을 부과하는 제도이다. 전용봉투, 납부칩, RFID(무선주파수 인식기술) 방식 등을 이용하여 운영되고 있다. 이 중 종량제의 편의성과 효과, 통계관리의 선진화가 가능한 RFID 방식을 좀 더 활성화할 필요가 있다. 현재 전국 146개 지자체 중 103개 지자체에서 RFID 방식을 도입해 음식물폐기물 발생량을 감소시키고 있다. 이를 전국으로 확대하고 사물인터넷 등 첨단기술을 적용할 필요가 있다.

그리고 음식물폐기물 감량과 재활용을 촉진할 필요가 있다. 우선 음식물류폐기물의 발생량 자체를 감소시켜야 한다. 즉 발효, 건조, 탈수 등을 통해 음식물류폐기물의 무게와 부피를 줄여야 한다. 우리나라 음식물류폐기물은 수분이 약 70%다. 부패와 음폐수 발생을 막기 위해서라도 수분제거는 필요하다.

제주도는 2015년 '제주특별자치도 음식물류 폐기물의 발생 억제·수집·운반 및 재활용에 관한 조례' 시행규칙을 개정했다. 이를 통해 개별 가정집과 민간에 음식물 쓰레기 감량기기 설치를 지원하여 공동시설은 자부담 10%를 포함하여 개소당 최대 4,500만 원까지, 개별시설은 자부담 10%를 포함하여 가구당 70만 원까지 지원한다. 음식물쓰레기 감량기를 통해 음

식물쓰레기를 처리하고 남은 부산물은 퇴비로 재활용할 수 있게 되었다.[41]

　이러한 제주도의 사례를 전국 지자체로 확대 실시하는 방안을 강구해야 한다. 2017년 1월 서형수 의원 등은 폐기물관리법 일부 개정법률안에서 신축 공동주택에 대한 음식물 감량기기 설치를 의무화하고 국가는 동 기기 구입비용을 지원하도록 하는 법률개정안을 발의한 바 있다. 이러한 정책은 음식물 폐기물 처리비용을 줄이고 환경오염 피해를 최소화하며 자원을 재활용하는 데 기여할 것이다. 정부는 사람들이 많이 거주하는 공동주택에 음식물 폐기물을 발효, 건조, 탈수 등을 하여 부피를 줄일 수 있는 감량기기 설치 의무화를 적극 검토할 필요가 있다.

　그리고 음식물폐기물 발생 특성에 따른 적절한 재활용 방법 적용을 적극 검토할 필요가 있다. 음식점, 학교, 구내식당, 숙박시설 등에서 대량으로 음식물류폐기물이 발생하는데 대체로 폐기물의 성분이 비슷한 경우도 많다. 발생폐기물의 특성에 따라 사료·퇴비로 재활용하거나 재활용으로서의 가치가 낮은 경우 바이오가스 생산 등 에너지화를 유도할 필요가 있다.

　현재 전국에서 운영 중인 250여 개의 음식물류폐기물 사료화·퇴비화 시설도 노후화와 운영 효율을 전수 조사하여 개선이 필요한 시설은 바이오가스화시설로 개량하는 것도 검토할 필

---

41. 매일경제, "제주 읍·면 가정집에 음식물쓰레기 감량기 설치 지원", 2015.9.11

요가 있다.

:: 빈병 재활용 제도를 4R 촉진수단으로 활용하자

2003년 이후 독일은 페트병, 유리병, 음료수캔 등을 환불해주는 '판트Pfand' 제도를 시행하고 있다. 개당 0.08유로에서 0.25유로를 환불해준다. 독일의 마트 입구에서 흔히 발견할 수 있는 공병 회수기계는 높은 공병회수 보증금과 함께 빈병회수율을 높이는 효자노릇을 하고 있다.

우리나라도 빈용기보증금 제도를 4R을 촉진하는 정책수단으로 활용할 필요가 있다. 우리나라는 연간 약 53억 병이 출고되어 95%에 해당하는 50억 병이 회수된다.[42] 문제는 가정용이

┃독일 병 보증금 시스템 DPG Deutsche Pfandsystem GmbH

독일 병 보증금 시스템 DPG의 로고(좌), 병(중앙), 보증금 반환 기계(우)

---

42. 한국순환자원유통지원센터, 빈용기보증금제도 설명자료, 2016.12

다. 음식점, 주점 등에서 사용되는 업소용 빈 용기는 대부분 회수되지만 가정용은 일부만 회수되어 회수율이 낮은 편이다. 현재 가정용으로 판매되는 17.8억 병 중 24%만 사용 후 소매점에 의해, 64%는 공병상에 의해 회수되고, 나머지 12%는 파손되어 회수되지 못하고 있다. 우리나라의 공병 보증금은 지난 22년간 동결되었다. 이로 인해 보증금이 신병 가격의 30% 수준으로 떨어졌다. 소비자는 자연스럽게 빈병을 반납하고 보증금을 돌려받는 것에 관심이 적어졌다. 핀란드와 독일의 신병 대비 공병 보증금 비율은 각각 97%와 77%에 이른다. 우리나라도 빈병 회수율을 선진국 수준으로 높이기 위해서는 공병 보증금을 계속해서 인상해 나갈 필요가 있다.

우리나라는 2017년 1월부터 공병 보증금을 소주병은 40원에서 100원으로, 맥주병은 50원에서 130원으로 인상했다. 이 같은 인상으로도 공병회수율이 높아지지 않으면 추가적인 인상방안도 강구할 필요가 있다. 공병 미회수율을 '12%'에서 '0%'로 만들겠다는 각오가 필요하다. 이 같은 조치와 병행하여 공병 보증금 인상을 악용하여 제품가격을 올려 폭리를 취하려는 생산자들의 도덕적 해이를 미연에 방지하는 제도적 보완조치도 강구해야 할 것이다.

또한 회수 후 재사용되는 횟수의 경우도 캐나다, 일본, 핀란드, 독일은 15~40회 이상인 반면, 우리나라는 8회에 불과하다. 재사용 횟수를 높여 재활용률을 85%에서 90% 이상으로 높이는

| 빈용기 재사용률, 재사용 횟수 등 비교

구분	한국	캐나다	독일	핀란드	일본
회수율	95%	98%	98%	99.5%	98%
재사용 횟수	8회	15~20회	40회 이상	30회	28회
재사용률	85%	96%	95%	98.5%	94%

자료: 한국순환자원유통지원센터

방안을 강구해야 할 것이다.

:: 영세 폐기물 수거업체를 양성화하자

우리나라의 폐기물 수거와 재활용 시장은 그동안 상당수의 '고물상'등 영세한 업체가 큰 비중을 차지했다. 정부의 관리와 통제의 영역에서 벗어나 있기 때문에 재활용 과정에서 환경오염이 발생할 수 있었고, 불법 수출에도 노출되어 있다. 그렇다고 비공식 재활용 업체를 폐업시키거나 폐기물 수거를 차단하기보다는 양성화시키는 정책이 바람직하다. 전국에 분포하는 크고 작은 폐기물 및 재활용 업체를 정식 자원순환 업체로 등록시키는 방안을 강구해야 한다. 사업을 영위하는 데 필요한 환경교육을 정부에서 철저히 시켜 업계를 양성화해야 한다. 그리고 자원순환기본법에서 생산자 책임방식으로 개선되는 재활용 시장의 체계를 이들과도 함께 논의해가며, 새로운 시스템에 순응하도록 유도해야 한다. 정부가 자원순환업의 사업흐름과 이해관계자를 면밀히 조사·분석한 후 우리나라에 적합한 체계를 만들어야 한다. 사업장에서 너무 멀리 떨어져 있으면 재활용하는 것이 더 환경에 악영향을 준다는 점을 인식해야 한다.

: : 자원순환기본법을 보완하자

2018년 1월이면 '자원순환기본법'이 시행된다. 이를 통해 자원의 해외 의존도를 줄이고, 재활용 시장을 확대 및 활성화하게 되면 일자리도 창출될 것이다.

우리나라의 자원순환 관련법은 1986년 '폐기물관리법' 제정 이래 1992년 '자원재활용법'과 '폐기물국가간이동법', 1995년 '폐기물시설촉진법', 2003년 '건설폐기물법', 2007년 '전자제품 등 자원순환법'이 차례로 제정되었다. 그리고 합리적인 자원순환 정책 추진을 위해 이들 폐기물 관련 법령체계를 통합 개편하여 '자원순환기본법'을 만들었다.

이제 자원순환기본법이 골격을 갖추었지만 자원순환을 활성화하기 위해서는 재활용 관리제도를 '어떤 품목만 재활용이 된다'가 아니라 '어떤 품목만 재활용이 안 되고 모두 된다'라는 '네거티브negative' 방식으로 전환하여 운영해야 한다. 자원의 매립을 최소화하고 자원화를 최대화해야 한다. 그리고 궁극적으로는 폐기물 직매립을 제로화해야 한다. 독일은 2020년까지 폐기물 매립을 제로로 하는 목표를 설정하고 정부가 적극적으로 자원순환을 촉진하고 있다. 우리나라도 자원순환을 활성화하여 자원의 해외 의존도를 줄이고, 재활용 시장을 창출하고 일자리도 확충해야 한다.

자원순환사회 실현을 위해 OECD가 권고한 사항들은 조속히 시행방안을 마련하여 추진할 필요가 있다. 예컨대, 2차 원재료 및 재활용품 시장을 통합 및 강화, 물질과 제품, 가치사슬의 전체 생애주기를 고려하여, 자원순환 비즈니스 모델을 구축하고, 산업의 자원 생산성과 함께 폐기물 발생 억제를 더욱 촉진하는 정책은 자원순환시장 육성 관점에서 조속히 추진하면 좋을 것이다.

OECD 환경성과 평가

폐기물, 물질 관리 및 순환경제에 대한 권고사항

- 재활용 및 재활용 시스템의 효율성을 더욱 향상시킨다.
- 2차 원재료 및 재활용품 시장을 통합 및 강화한다.
- 물질과 제품, 가치사슬의 전체 생애주기를 고려하여, 자원순환 비즈니스 모델, 산업의 자원 생산성과 함께 폐기물 발생 억제를 더욱 촉진한다.
- 비용을 절감하고 생산자 부담 원칙에 부합하는 경제 도구를 보다 잘 활용하여, 지속가능 물질관리의 경제적 효율성을 더욱 향상시킨다.
- 폐기물 회수 및 처리의 환경적 효과성을 지속적으로 개선한다.
- 의사결정을 지원하고 정책 효율성을 평가하며 대중에게 정보를 제공하기 위해 폐기물과 물질에 관한 기존 데이터를 보다 잘 활용한다.

국민의 건강과
안전을 보호하자

"모든 국민은 건강하고 쾌적한 환경에서 생활할 권리를 가지며,
국가와 국민은 환경보전을 위하여 노력하여야 한다."

- 대한민국 헌법 제35조 1항 -

요즘 우리 사회는 빛, 층간소음, 악취 등 감각공해로 인한 민원이 증가하고 있다. 빛공해를 저감하고 생활악취를 개선하는 등 도시 쾌적성Amenity 제고를 위한 정책을 추진하고 있다. 예컨대, 국토 면적의 89.4%에서 발생하는 빛 공해를 해소하기 위해 빛 공해방지법의 법적구속력을 강화하고 에너지고효율 조명의 사용을 권장하는 방안을 강구하고 있다. 또한 생활악취 개선을 위해 200인조 이상의 정화조에 공기공급장치 등 악취저감시설 설치를 의무화하는 한편, 주요 관광지의 하수도 악취개선사업 등을 추진하고 있다.

구분	한국	일본
빛 공해	원인	인공조명의 새는 빛(대상영역 밖으로 새는 빛), 장해광 (잘못된 빛의 양과 방향)
	현상	인간과 동식물의 생체리듬 방해, 수면 방해, 인지·감각 장애, 발암, 차량/선박/비행기 사고, 에너지 낭비
소음 공해	원인	공장, 공사소음, 교통, 일상생활, 기계, 층간소음, 거주 지역 내 늦은 상업 활동
	현상	소음 발생, 층간소음, 수면방해, 작업능률 저하
악취 공해	원인	하수, 사업장, 음식물쓰레기, 정화조, 소각시설, 음식점 밀집지역(먹자골목), 은행 등 특정 식물
	현상	생체기능 이상

자료: 한국과학기술기획평가원, 「KISTEP이 바라본 지속가능한 발전을 위한 공해·오염 대응 10대 미래유망기술」, 2017

하지만 아직 갈 길이 멀다. 우리나라의 빛 공해는 사우디아라비아 다음으로 세계 두 번째로 심한 나라이고, 아파트 층간 소음문제로 주민 간 갈등이 끊이지 않고 있으며, 하수도 악취수준은 외래 관광객의 혐오대상이다.

하지만 우리나라의 감각공해 관리 수준은 선진국 수준에 크게 미흡한 실정이다. 특히, 감각공해로 인한 갈등요인은 커지고 있지만 님비현상의 상존과 갈등관리시스템의 취약 등으로 감각공해 해결이 쉽지 않은 실정이다.

:: 빛 공해 방지대책을 수립하자

2007년 세계보건기구WHO 산하 국제암연구기구는 빛 공해를 발암물질로 볼 수 있다고 인정했다. 빛 공해는 생태계 교란, 수면 방해, 면역력 약화, 에너지 낭비, 시야 방해 등 안전사고문제 등의 원인으로 알려지고 있다. 그러나 우리나라는 빛 공해 문제에 가장 많이 노출된 국가 중 하나이다. 2016년 6월《사이언스 어드밴스Science Advances》는 대한민국을 선진국G20 중 사우디아라비아 다음으로 가장 빛 공해가 심한 나라로 평가했다.[43]

빛 공해는 '불필요하거나 필요 이상의 인공 빛이 인체나 자연

│ 선진국 중 가장 빛 공해가 심한 국가 중 하나인 대한민국

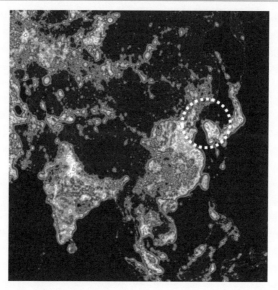

주: 원으로 표시된 부분이 대한민국
자료: Falchi et al. The new world atlas of artificial night sky brightness, Sci. Adv. 2016;2:e1600377

43. Science Advances, "The new world atlas of artificial night sky brightness", 2016.6.3

해외 빛 공해 방지 규정의 형태와 내용

국가 지역 도시	규정 형태	시행 연도	적용 범위	주요 내용	적용 대상	기대효과
미국 아리조나주 프래그스태프	조례	1958	시	서치라이트 금지	서치라이트	천문관측대 주변 밤하늘 보호
미국 아리조나주 프래그스태프	법률	1989/ 2011	시	lumen/acre	도로조명	천문관측대 주변 밤하늘 보호
스위스 루체른	조명 콘셉	2008	시	조명 레벨 23시 소등 색온도 3000K	파사드조명 상업조명 도로조명	양질의 조명설계 환경보호 에너지 절감
독일 베를린	법령	2010	시	광도 저하 온백색광 파사드조명 0시 소등	도로조명 파사드조명	양질의 조명설계 환경보호 탄소배출 저감
캐나다 앨버타주 캘거리	조례	2002/ 2008	시	사용전력 감축 하향 조사	도로조명	에너지 절감 글레어 저감 밤하늘 보호
이탈리아 롬바르디아주	법	2000	주	풀컷오프 조명기구 휘도 〈 1cd/㎡ 0시 이후 30% 조광	도로조명 파사드조명	천문관측대 주변 밤하늘 보호 에너지 절감
스페인 카나리아 제도 라팔마	법령	1988	주	풀컷오프 조명기구 청색광 함유 〈 15%	옥외조명	천문관측대 주변 밤하늘 보호
스페인 안달루시아	법령	2008	주	조명구역설정 조명구역(E1)에서 상향광속률(ULR) 〈 1%	도로조명	환경보호 및 경관보호 천문관측대 주변 밤하늘 보호
이탈리아 알토아디제주	법	2011	주	풀컷오프 조명기구 0:00~6:00 조광 휘도 〈 2cd/㎡ 색온도 〈 4000K	도로조명 파사드조명 스포츠조명	환경보호 및 경관보호 에너지 절감
슬로베니아	법령	2007	국가	상향광 0% 전력사용 〈 50kWh/주민	도로조명 파사드조명	밤하늘 보호 에너지 절감
프랑스	법령	2012	국가	1:00~6:00 소등	광고조명	에너지 절감 탄소배출 저감
프랑스	법령	2013	국가	1:00 소등 사무공간 사용종료 후 1시간 이내 소등	파사드조명 사무공간 조명	에너지 절감 탄소배출 저감
독일	권장안	1993	지역 별	거주지 창면조도 1 〈 lux 글레어 방지	공공조명 이외의 조명	장해광 저감

자료: 안소현, 「국외의 빛공해 관리체계와 평가기법」, 조명전기설비학회지 제30권 제3호 2016.5

환경 등에 피해를주는 현상'[44]으로 소득수준이 높아지면서 인식되는 공해 유형이다.

영국, 미국, 독일, 스위스 등 선진국은 1950년대부터 법규와 조례를 제정하여 빛 공해에 대응하고 있다. 영국은 건축심의 시 조명 환경영향평가가 포함되며, 경관 및 시각적 평가, 조명 관련 규정 준수여부 등을 명시하여야 한다. 미국은 1972년 애리조나주를 시작으로 캘리포니아주, 플로리다주, 텍사스주 등 지방자치단체 차원에서 상향광 제한, 차단막 사용, 조명기구 규제 등으로 빛 공해를 예방하고 있다. 일본 역시 1972년부터 빛 공해 관련 가이드라인을 제작하여 1989년 오카야마현에서 광해방지조례를 제정하여 적용했다.

우리나라에서도 감각공해를 점차 새로운 공해원으로 인식하고 있다. 서울시의 빛 공해 관련 민원은 2009년 330여 건에서 2013년 700여 건으로 2배 이상 증가했다. 빛 공해로부터 벗어나고 싶다는 시민들의 욕구가 증가했다는 반증이다.

환경부는 '인공조명에 의한 빛 공해 방지법(이하 빛 공해 방지법)'에 따른 분야별 대책을 담은 '제1차 빛 공해 방지 종합계획'을 수립하여 시행해오고 있다. 동 계획에 따라 2013년도 빛 공해 기준 초과율 27%를 2018년도까지 절반인 13%로 낮추기로 하였다. 이를 위해 정부는 매년 20억 원 수준의 예산을 투입하

---

44. 환경부 발간물, 「별이 빛나는 밤하늘, 빛공해에 대하여」

여 빛 공해 관리체제 구축 및 합리화, 교육 및 홍보 강화, 기술 기반 강화 및 중장기 R&D 추진, 빛 공해 관리기술 산업화 및 국제적 빛 공해 방지 선도 등의 사업을 추진해오고 있다.[45]

빛 공해 방지법은 도심의 밤하늘에서도 별을 볼 수 있는 환경을 만드는 것을 목표로 하고 있다. 이를 위해 좁은 골목길에서 주거지로 바로 비추어 수면장애를 일으키는 빛, 하늘로 향하면서 에너지를 낭비하는 빛 등을 줄여 국민의 건강을 보호하고 에너지를 절약하자는 것이다.

최근 빛 공해에 대한 인식이 점차 높아지면서도 한편에서는 빛 공해 저감이 어두운 도시환경을 조성하여 범죄가 유발된다는 등 빛 공해에 대한 오해가 정책 추진을 어렵게 하는 요인이 되기도 했다. 좋은 빛 환경조성 시범사업은 전국의 빛 공해가 심하고 왕래인구가 많은 지역의 조명기구를 교체하여 단순히 빛을 줄이는 것이 아니라 필요한 곳에 적절한 빛을 사용하는 정책임을 홍보해 오고 있다.

그동안 거리의 화려한 네온사인이 고도경제 성장의 상징으로 여겨지는 동안 과도한 인공조명의 부작용은 간과되어 왔다. 쾌적한 삶에 대한 요구가 점차 높아지는 것에 발 맞추어 빛 공해 방지를 위한 다양한 정책도 병행해 추진할 때가 되었다. 울산시의 경우 2017년 3월 '빛 공해 방지 위원회'를 구성하여 자체적

---

45. 관계부처합동, 빛 공해 방지 종합계획(2014~2018), 2014.4

으로 빛 공해 대책 마련에 나섰다.

빛 공해는 센서기술을 활용하여 피해방지가 어렵지 않은 공해이다. 움직임 측정센서를 달아서 아무도 지나가지 않을 때는 밝기를 어둡게 했다가 사람이 나타나면 다시 밝아지도록 하는 것은 적용사례의 한 예라고 할 수 있다.

2017년 한국과학기술기획평가원KISTEP은 'IoT 기반 상황인식형 조명기술'을 '지속가능한 발전을 위한 공해·오염 대응 10대 유망기술'로 선정했다. 대다수 감각공해의 경우 센서기술을 활용한 대책마련이 유효한 정책수단이 될 수 있을 것이다.

현재 광역지자체의 경우 조명환경관리구역 지정을 위한 빛 공해 환경영향평가를 실시하도록 되어 있지만 아직 빛 공해 검사 및 전문기관이 부재한 상황이므로 관련 전문기관 육성 등 인프라 구축에 정부가 나서야 할 때다.

∷ 선진국형 소음 해결방안을 강구하자

우리나라의 층간소음에 관한 법적 규제는 공동주택관리법 제20조에 명시되어 있다. 그러나 현행 층간소음 방지법은 규제수준이 이행 권고수준에 머물러 있어 층간소음으로 인한 갈등문제의 해결에 한계를 드러내고 있다. 동 법상 층간소음 문제는 '노력', '권고', '요청', '협조', '조정', '교육'의 방법으로 해결하도록 선언적 규정에 그치고 있기 때문이다.

문제가 발생해도 해결할 수 있는 강제 이행수단이 미흡하다. 층간소음 피해를 입은 입주자는 '공동주택관리 분쟁조정위원회나 환경분쟁조정법 제4조에 따른 환경분쟁조정위원회에 조정을 신청'하는 방식으로 분쟁을 해결해야 한다. 이웃 간 소음 문제를 분쟁조정방식으로 해결할 수 없는 피해자가 분노를 참지 못하고 폭력사태의 가해자가 되기도 하는 것이 현실이다.

▶ 층간소음에 관한 법적 규제 – 공동주택관리법 제20조 ◀

제20조(층간소음의 방지 등)

① 공동주택의 입주자 등은 공동주택에서 뛰거나 걷는 동작에서 발생하는 소음 등 층간소음(인접한 세대 간의 소음을 포함하며, 이하 "층간소음"이라 한다)으로 인하여 다른 입주자 등에게 피해를 주지 아니하도록 노력하여야 한다.

② 제1항에 따른 층간소음으로 피해를 입은 입주자 등은 관리 주체에게 층간소음 발생 사실을 알리고, 관리 주체가 층간소음 피해를 끼친 해당 입주자 등에게 층간소음 발생을 중단하거나 차음조치를 권고하도록 요청할 수 있다. 이 경우 관리주체는 사실관계 확인을 위하여 세대 내 확인 등 필요한 조사를 할 수 있다.

③ 층간소음 피해를 끼친 입주자 등은 제2항에 따른 관리 주체의 조치 및 권고에 따라 층간소음 발생을 중단하는 등 협조하여야 한다.

④ 제2항에 따른 관리 주체의 조치에도 불구하고 층간소음 발생이 계속될 경우에는 층간소음 피해를 입은 입주자 등은 제71조에 따른 공동주택관리 분쟁조정위원회나 「환경분쟁조정법」 제4조에 따른 환경분쟁조정위원회에 조정을 신청할 수 있다.

⑤ 공동주택 층간소음의 범위와 기준은 국토교통부와 환경부의 공동부령으로 정한다.

⑥ 관리 주체는 필요한 경우 입주자 등을 대상으로 층간소음의 예방, 분쟁의 조정 등을 위한 교육을 실시할 수 있다.

⑦ 입주자 등은 필요한 경우 층간소음에 따른 분쟁의 예방, 조정, 교육 등을 위하여 자치적인 조직을 구성하여 운영할 수 있다.

그렇다고 건축물을 모두 리모델링하는 것은 현실적으로 불가능하다. 따라서 층간소음에 대한 법적 규제수준을 높여 강제력을 동원해 해결할 수 있도록 해야 할 것이다.

2015년 11월 1일 현재 전체 주택에서 아파트가 차지하는 비중은 59.9%, 공동주택 비중은 74.5%이다. 인구의 대부분이 '한지붕 다가족' 형태로 살고 있다. 그리고 우리나라 전체 주택의 절반은 20년 전에 건설되었다. 전체 주택 중 30년 이상(1985년 이전 건축)된 주택은 267만 호(16.3%), 20년 이상(1995년 이전 건축)된 주택은 716만 호(43.8%)다.[46] 1999년 이전 건설된 주택은 당시 바닥슬래브 두께 규정이 120㎜였기 때문에 소음에 취약하다. 현존하는 우리나라 주택 중 60%의 바닥슬래브는 120㎜ 두께 규정으로 건축되었다.

아파트 층간소음 문제가 사회문제로 대두되면서 환경부는 2014년 '공동주택 층간소음기준에 관한 규칙'을 제정했다. 이후 주택 바닥 두께는 210㎜로 늘어났지만, 벽체 내 흡음재나 소음차단재에 대해서는 규정이 없다. 전체 층간소음 민원접수 중 가장 높은 비중을 차지하는 주택은 1999년 이전 준공한 공공주택들이다. 윗집의 바닥은 아랫집의 천정이다. 층간소음은 '한지붕 다가족'으로 인해 발생하는 소음공해다.

한국환경공단에서는 '층간소음 이웃사이센터'를 운영하고 있

---

46. 2015 인구주택총조사

다. 그러나 근본적인 문제를 해결해주기보다는 소음문제 해결 절차를 안내해주는 수준에 그치고 있다. 현행법상 층간소음에 대한 처벌규정이 없기 때문에 센터의 담당직원도 민원인의 답답함을 해결해주기 어려운 실정이다.

또한 이웃사이센터의 소음측정이 무료로 이루어지지만 지금까지 분쟁조정위원회에서 이웃사이센터의 소음측정 결과를 인정하지 않았다는 것도 문제다. 실제 배상까지 이어지려면 측정 결과가 인정되는 '유료업체'를 통해 소음을 측정해야 한다. 층간소음 강도를 측정할 경우, 24시간 기준으로 약 70만 원의 비용이 드는 것도 문제다.[47]

층간소음 민원에 대한 효과적인 대응체제 구축의 일환으로 사물인터넷을 활용한 층간소음 측정센서를 개발하여 층간소음으로 고통받는 민원인이 쉽고 편리하게 근거자료를 수집할 수 있도록 하면 좋을 것이다. 센서를 집에 설치하여 저렴한 비용으로 실시간 측정하고 모아진 데이터를 전담기관에서 분석하여 실제 법적대응에 활용하게 한다면 국민의 소음공해 대응에 도움이 될 것이다.

공사장 소음 문제도 개선이 필요하다. 건설현장에서 발생한 소음 민원 중 61.5%가 공사장 소음이다. 중앙환경분쟁조정위원회(이하 분쟁위)는 공사장 소음관련 분쟁조정에서 원인제공

---

47. 시사저널, "24시간 집 비우고, 돈 내라고 하는데 누가 층간소음 측정하겠어요?", 2016.7.7

| 소음으로 인한 양봉 피해 배상판결 웹툰

자료: 환경부

자 배상책임주의 입장을 취하고 있다.

한 예로 분쟁위는 공사장에서 발생한 발파 소음과 진동으로 인해 인근에서 겨울잠을 자던 꿀벌이 죽은 환경분쟁사건에 대해 원인 제공자에게 배상 결정을 내렸다. 분쟁위는 농업용 저수지의 둑을 높이기 위한 사업장에서 발생하는 발파소음과 진동으로 인근에서 동면 중이던 양봉벌 폐사 등 피해 배상신청 사건에 대해 그 피해를 인정해 1,700여만 원을 배상하도록 2017년 2월 26일 결정했다.[48]

---

48. 환경부 보도자료, "겨울잠 자던 꿀벌 죽자 인근 공사장 소음 피해 원인 결정", 2017.3.16

이밖에 자동차 소음을 줄이기 위해서는 '타이어 소음성능 표시제'를 도입하여 저소음 타이어 보급을 유도할 필요가 있다, 한편, 주택단지 인접 간선도로의 저소음 포장을 의무화하여 교통소음을 줄이는 대책을 강구해야 할 것이다.

:: 악취 대응체제 구축이 시급하다

국민의 환경과 삶의 질에 대한 인식이 높아지면서 악취에 대한 대응이 중요해지고 있다. 2005년부터 2015년까지 악취에 대한 민원은 3.6배 증가했다. 소득수준의 향상으로 그만큼 국민들의 악취 개선에 대한 요구가 증가하고 있다는 의미이다.

그러나 우리나라의 악취 관리는 개선할 점이 적지 않다. 현행 악취방지 관리는 사업장 위주로 이루어지고 있다. 그러나 국민이 느끼는 악취의 심각성은 생활악취와 축산악취에 있다. 주거지와 도로하수구 등에서 발생하는 생활악취는 도시쾌적성을 저하시키고 삶의 질을 떨어뜨린다. 우리나라를 방문하는 외국인들에게 불쾌한 경험을 주어 관광객 유치에도 부정적 영향을

| 연도별 악취 민원 추이   단위: 건, 개소

구분	2005년	2006년	2007년	2008년	2009년	2010년	2011년	2012년	2013년	2014년	2015년
민원	4,302	4,797	4,864	5,954	6,297	7,247	8,372	9,941	13,103	14,816	15,573
업소	2,046	2,621	2,007	2,862	3,356	3,512	4,383	5,761	6,204	6,426	6,948

자료: 환경부

생활악취 등 비규제시설 민원

단위: 건

구분	계	생활악취					규모 미만			
		소계	음식점	정화조·하수구	비료시비	기타	소계	축사	퇴비	기타
2010년	2,929	1,752	264	33	144	1,311	1,177	727	80	370
2011년	2,763	1,765	299	235	42	1,189	998	511	31	456
2012년	3,737	2,245	312	173	123	1,637	1,492	568	20	904
2013년	3,483	2,159	334	120	93	1,612	1,324	776	15	533
2014년	3,515	2,318	410	136	190	1,582	1,197	557	7	633
2015년	4,454	2,722	314	180	332	1,896	1,732	699	54	979

자료: 환경부

주기도 한다.

2015년 기준, 음식점·정화조·하수구 등에서 발생하는 생활악취는 전체 악취 민원의 17.4%에 해당하며, 소규모 축사·퇴비 등에서 발생하는 민원은 11.1%로 전체 악취 민원의 29%가 규제대상 밖의 시설에서 발생하고 있다.

생활악취, 소규모 축사 등 규제대상 외 시설에서 발생하는 악취를 해결할 수 있도록 정책적 대응이 필요하다. 예컨대, 경기 오산시는 이러한 문제를 인식하고 음식물 배출 거점장소 및 하수맨홀 등 생활악취 저감을 위해 악취저감 용역사업을 2017년 6월 5일부터 시행했다. 생활악취는 오산시에서 매년 증가하는 전체 악취 민원 중 36%를 차지하고 있다. 그러나 지자체별로 대응하는 것은 한계가 있을 수 있다. 국가 차원의 생활악취 및 축산악취 저감을 위한 대책을 수립하여 추진할 필요가 있다.

이를 위해 해외 선진국의 악취 대응체제도 참고하면 좋을 것이다. 독일은 악취예방 대응체제를 구축하여 운영하고 있다. 독일은 주요 악취 배출시설에 대해 설립 이전에 악취 발생과 주변 영향을 분석하는 제도를 도입했다. 이와 같은 사전방지 방식을 채택함에 따라 컴퓨터 모델링으로 악취 영향도를 예측하고 사전 평가하는 제도를 시행하고 있다. 해당 시설의 설립허가 단계에서 악취 발생을 예방할 수 있도록 제도화한 것이다. 우리나라도 독일의 사례를 참고하여 주변에 일정 이상 악취 피해를 줄 것으로 예상되는 시설에 대해 방지시설 설치를 의무화하는 등 적극적인 대책을 강구할 필요가 있다. 이를 위해서는 악취 배출시설 분류기준의 재정비, 악취발생 분석체계 표준화 등을 추진해야 한다.

악취 측정 지점의 개선도 필요하다. 우리나라는 사업장 배출구, 부지경계에서 악취를 측정하고 있다. 오폐수 등에서 발생하는 악취는 관리의 사각지대에 있다. 반면 일본은 배출구와 부지경계선, 배출수 등 3개 지점에서 악취를 측정하고 있고, 독일은 악취 영향지역 전반에 걸쳐 포괄적인 측정을 하고 있다. 우리나라도 악취 측정대상을 일본과 같이 배출수에도 확대 적용하거나 독일 모델을 도입할 필요가 있다. 사물인터넷 등 ICT 기술을 활용하는 것도 악취문제를 저감하는 데 기여할 것이다.

:: 가축 환경사고는 국가적 환경사고다

최근 들어 조류독감[AI]과 구제역은 우리나라의 중요한 환경사고가 되었다. 조류독감, 구제역 등을 국가적 환경사고로서 규정하고 신속 대응체계를 수립할 필요가 있다. 현행과 같은 집단사육 구조에서는 매년 감염병이 발생할 가능성이 크기 때문이다.

정부는 감염병이 발생하면 대대적인 살처분으로 대응하고 있다. 그러나 가축의 살처분은 토양오염, 매몰지 침출수 유출로 인해 지하수 오염, 악취, 질병 전파 등의 각종 환경문제를 일으킨다.

2015년 5월 감사원의 환경감사 결과에 따르면, 매몰지는 침출수 유출로 인한 오염으로 일반토양 대비 암모니아성 질소가 7~60배, 세균과 대장균은 기준치 이상이 검출된 것으로 나타났다.[49] 가축 감염병으로 인한 살처분 매몰방식은 환경에 악영향을 준다. 또한 지하수 오염을 일으켜 지역주민의 건강에 악영향을 주기도 한다. 감염된 가축을 살처분하여 매립하는 경우 환경영향을 평가하고 대응방안을 강구할 필요가 있다. 또한 자연분해 매몰방식 등 환경부담을 줄이는 효과적인 살처분 방식의 활용도 검토할 필요가 있다.

경기도의 경우 2010년부터 2017년 2월까지 구제역, 조류독감 등 가축전염병으로 2,000만 마리 이상의 가축과 가금류를 2,500여 매몰지에 매립하였다.[50] 현재와 같은 집단 감염이 매년

---

49. 경인일보, "경기도내 가축매몰지 증가, 토양 등 2차 피해 확대", 2017.3.2
50. 경인일보, "농촌은 지금 가축 공동묘지", 2017.3.2.

발생한다면 농촌지역이 가축 공동묘지로 변하는 것은 시간문제이다.

단기적으로 가축 환경사고 대응은 현장에서 벌어지고 있는 문제를 정확하게 파악할 필요가 있다. 현행 가축감염병에 대한 방역과 살처분, 매몰 작업은 전문용역업체가 수행하고 있다. 이들 업체는 인건비 문제와 열악한 노동환경 때문에 전문성이 떨어지는 일용직 근로자를 고용하는 경우가 적지않다.[51] 현장에서는 한국어 의사소통조차 어려운 외국인 근로자에게 현장 투입 당일에 방역과 살처분 교육을 하고 인체 감염을 예방하기 위한 백신을 접종한다는 것이다. 과거에는 해당 지역의 군병력을 방역과 살처분, 매몰, 위생, 안전 등에 대한 교육을 시켜 현장에 투입하였지만, 이 역시도 부모 반발 등의 이유로 점차 어려워지고 있다.[52] 방역당국이 정한 매뉴얼에 따라 체계적 방역과 살처분, 매몰 등이 현장에서 제대로 이루어지는지 철저히 현장 확인할 필요가 있다.

장기적으로는 가축 환경사고가 발생하지 않도록 근본적인 대책을 마련해야 한다. 우선, 가축의 집단 사육을 점차 줄여 나가야 할 것이다. 조류독감이나 구제역 등의 가축 감염병은 현대 사회의 공장식 고밀도 집단 사육의 부작용이라 할 수 있다. 본래 자연이 그러하듯이 산과 들에서 방목하여 가축을 키우면 햇

---

51. MBC뉴스, "눈 뜨고 못 보겠다, AI 살처분 현장 정신적 고통 호소", 2016.12.30
52. 연합뉴스, AI 살처분에 군인투입 거부 논란…국방부 "부모반발 때문에", 2016.12.29

단위: %, 건

구분	밀집 사육 비율	농장 사육·방목 비율	조류독감 발생 건수
인도	100	0	108
중국	90.0	10.0	130
대한민국	98.5	1.5	112
일본	95.2	4.8	32
프랑스	68.0	32.0	22
영국	52.0	48.0	3
독일	10.8	89.2	8
스웨덴	21.6	78.4	1

자료: 국제계란위원회, 세계동물보건기구, 농림축산식품부, 중앙일보 재편집

빛과 바람으로 생명체 스스로의 저항력이 생긴다. 세계식량농업기구FAO는 공장식 밀집 사육방식을 조류독감 확산의 첫 번째 원인이라고 지목했다.

우리나라는 대부분의 가축이 축사에서 밀집 사육되고 있다. 밀집사육 비율은 무려 98.5%에 이른다. 이는 독일의 9배, 스웨덴의 5배나 높은 수준이다.

우리나라도 선진국처럼 검역책임 수의사 제도에 기반한 사전 예방 제도를 도입할 필요가 있다. 세계 최대의 돼지고기 수출국인 덴마크는 사전예방 원칙에 입각하여 가축방역을 실시하고 있다. 덴마크의 농장들은 수의사와 계약을 맺고 이를 토대로 매일 자체적으로 가축을 검사하여 전염병 발생과 전파를 예방하고 있다.

가축 감염병 대책은 기본 위생관리가 중요하다. 수의사는 농장의 위생과 가축의 건강상태를 체크하여 질병 발생 시 지역 방역기관에 보고하도록 하고 있다. 또한 발생한 전염병의 확산을 막기 위해 특정 농장에서 가축과 접촉한 사람은 48시간 동안 다른 농장 방문을 금지하고 있다. 농장주는 수의사, 사료 공급자, 손님, 수정사 등 모든 농장 방문객들의 방문사항을 기록으로 남겨야 한다. 또한 덴마크 당국은 가축의 종류, 이동 날짜 등에 관한 정보를 데이터베이스로 만들어 중앙에서 관리한다. 이와 같은 농장과 수의사, 농장과 정부 간의 체계적인 관리시스템이 덴마크를 구제역 청정국으로 만들었다.

우리나라도 덴마크의 사례를 본받아 구제역 관리정책을 개편할 필요가 있다. 대규모 농장에는 책임 수의사를 배정하여 관리하고, 소규모 농장은 그룹단위로 수의사를 배정하여 관리하도록 하면 각종 가축 전염병을 예방하고 사고발생 시 신속히 대응할 수 있을 것이다. 조류독감이나 구제역 등의 발생이나 수습 시 방역당국에 즉시 보고하도록 가축농가와 수의사의 의무를 강화하고, 신고의무 위반 시 처벌을 강화할 필요가 있다. 2017년 6월 군산, 부산과 제주 등지에서 발생하여 전국에 확산된 조류독감은 일부 축산농가가 조류독감의 발생사실을 숨긴 데서 비롯된 인재라 할 수 있다.

또한 전염병이 본격적으로 확산되기 전의 골든타임을 지켜야 한다. 감염병 발생이 확인되면 확산되기 전에 소독 등 초기

| 우리나라 조류독감 발생 현황

	시기(일수)	살처분(가축 수)	재정지출
2003~2004년	102	528만 5천	874억 원
2006~2007년	104	280만	339억 원
2008년	42	1,020만 4천	1,817억 원
2010~2011년	139	647만 3천	804억 원
2014~2015년	669	1,937만 2천	2,381억 원
2016년	13	1만 2천	4억 원

자료: 농림축산식품부, 심각단계 격상에 따른 AI 방역 조치 강화, 2016.12.19

| 우리나라 구제역 발생 현황

	시기(일수)	살처분(가축 수)	재정지출
2000년	23일	2,216	2,725억 원
2002년	53일	160,155	1,058억 원
2010~2011년	202일	3,535,792	2조 8,695억 원
2014년	15일	2,009	17억 원
2014~2015년	147일	172,798	638억 원
2016년	44일	33,073	59억 원

자료: 농림축산식품부, 구제역 방역대책 추진상황, 2017.3.22

방역대책을 즉시 수행하여 신속히 조치를 취해야 한다. 그러나 국내에서는 가축 감염병이 발생하면 소독보다는 이동제한 조치만 취한다. 선진국에서는 즉시 소독작업 등 방역조치가 이루어지는 것과는 대조적이다.[53]

---

53. 데일리메디, "골든타임 놓친 AI, 부처 간 이기주의 극복 필요", 2016.12.16

:: 가습기살균제 사고에서 무엇을 배울 것인가

우리는 화학제품이 가득한 세상에 살고 있다. 석유화학기술로 생산된 대규모 화학제품은 인류 역사상 어느 때보다도 풍요로운 삶을 살 수 있게 해주었다. 그러나 편리한 만큼 안전문제에 대한 우려도 커지고 있다. 가습기 살균제, 불산 누출 등 잇다른 사고는 우리가 화학물질의 혜택을 누리는 데만 관심을 갖고 위해요인을 예방하는 데 소홀했음을 돌아보게 만들었다.

우리 주변의 각종 화학제품에 대한 이해와 발생할 수 있는 사고를 예방하는 것은 국민건강과 안전보호를 위해 필요하며, 역점을 두어야 할 정책적 과제이다.

가습기살균제 사고는 생활화학제품의 안전관리가 얼마나 중요한지를 보여주는 대표적인 사례다. 인체에 유독한 물질이 법의 사각지대에서 관리되지 않은 채 사용되면서 국민의 건강과 생명을 위협해왔다.

1994년부터 2011년까지 지난 8년간 가습기살균제가 국민에게 판매되었다. 2006년 2월, 의료계는 어린이들의 원인미상 급성 폐질환에 주목했다. 그리고 다시 5년이 지난 2011년에 이르러서야 비로소 가습기살균제가 영유아 사망과 폐질환의 원인으로 추정된다고 밝혔다. 2016년 5월까지 266명이 사망했고, 총 1,848명의 피해자가 나왔다. 정부에 신고되지 않은 환자까지 포함하면 그 수는 더 늘어날 것이다. 서울대 보건대학원 직업환경건강연구실의 2015년 12월 자체 조사 결과에 따르면 총

1,087만 명이 가습기살균제를 사용했고, 이 가운데 최대 227만 명이 피해를 입었을 것으로 추정했다.

가습기살균제에는 PHMG(폴리헥사메틸렌 구아디닌), PGH(염화올리고에톡시에틸구아니딘), CMIT(클로로 메틸이소티아졸린)-MIT(메틸이소티아졸린) 성분 중 하나가 사용되었다. 이들이 버젓이 유통될 수 있었던 이유는 화학물질 관리의 사각지대에 놓여 있었기 때문이다.

연간 1톤 이상 유통되는 화학물질은 약 7,000종에 이른다. 소량 유통되는 물질까지 감안하면 수 만 종 단위로 늘어난다.

현재 환경부는 국내 유통 중인 기존 화학물질 가운데 등록대상을 매 3년마다 선별 지정하여 2018년까지 510종, 2024년까지 1,000종을 등록하도록 하고 있다. 현실적인 한계를 인정하고 단계적으로 등록을 하겠다는 것이다.

하지만 더 큰 사고가 다시 발생하기 전에 신속하게 유해화학물질의 사각지대를 제거해야 한다. 유해성과 유통량 기준으로 우선순위를 정하여 고위험군부터 신속하게 등록하도록 해야

▶ 사고를 일으킨 가습기살균제 화학 성분 ◀

- PHMG(폴리헥사메틸렌 구아디닌): 옥시싹싹 뉴가습기 당번, 와이즐렉(롯데마트 PB상품), 좋은상품(홈플러스 PB), 코스트코의 PB 제품
- PGH(염화올리고에톡시에틸구아니딘): 세퓨, 아토오가닉
- CMIT(클로로 메틸이소티아졸린)-MIT(메틸이소티아졸린): 애경 가습기메이트, 이플러스 가습기 살균제(이마트 PB상품)

한다. 또한 2024년까지 5,000종 이상 등록이 가능하도록 목표를 상향조정할 필요가 있다.

특히 유통량이 연간 1톤 미만이더라도 위해성이 큰 화학물질에 대해서는 별도 지정하여 가습기살균제 사고와 같은 재앙이 다시 발생하지 않도록 관리해야 한다. 가습기살균제 사고의 원인물질인 PHMG, PGH는 연간 유통량이 1톤 미만인 화학물질이다. 기존 '화학물질의 등록 및 평가(화평법)'는 연간 유통량 1톤 이상인 물질을 대상으로 관리하고 있다. 여기에서 사각지대가 발생한 것이다.

또한 생활화학제품 전수조사를 통해 성분별로 위해성 평가를 실시하여 살생물질이 포함된 것에 대해서는 피부, 경구, 흡입 등 발생가능한 상황별로 안전성을 검증하고 국민 건강을 위협하는 제품은 조기 퇴출시킬 수 있도록 조치해야 한다. 또한 눈 스프레이, 인주, 도장잉크, 수정액, 성인용 비눗방울액, 오존 발생기, 칫솔살균제, 가정용·차량용 매트, 차콜, 모기팔찌·패치 등의 제품은 환경부의 관리대상에 포함되어 있지 않다. 실제로 가습기 살균제 성분 PHMG 등은 피부나 경구 독성은 낮아 관리되지 않았고, 흡입에 대한 위해성은 정부 관리의 사각지대에 있었다.

사고대비물질 지정에도 사각지대가 존재한다. 화학물질관리법 제2조 제6호에서는 사고대비물질을 "급성독성·폭발성 등이 강하여 사고발생의 가능성이 높거나 사고가 발생한 경우에 그

피해규모가 클 것으로 우려되는 화학물질로서 사고 대비·대응 계획이 필요하다고 인정되어 제38조에 따라 대통령령으로 정하는 것"으로 정의하고 있다. 그러나 우리나라 생산량 상위 10개 화학물질 중 자일렌, 에틸벤젠 등은 유독물임에도 불구하고 사고대비물질에 포함되어 있지 않다.[54] 이들을 사고대비물질로 추가 지정하여 사고대비 관리를 강화해야 한다.

이러한 사각지대를 찾아내어 국민건강을 위협할 수 있는 소지를 사전 차단해야 한다. 또한 안전관리에 대한 기업의 책임을 강화하고 제품성분 전체 공개를 의무화하는 것도 검토할 필요가 있다.

화학물질 등록 확대와 성분 공개 등은 기업과 정부의 재정적 부담을 초래하게 한다. 특히 제조 및 수입량이 연간 1~10톤 수준인 2,600여 종의 화학물질을 다루는 업체는 대부분 규모가 영세하기 때문에 정부 차원의 지원이 필요하다. 정부 역시 대규모 예산 확보에 어려움이 있을 수 있다. 정부의 부담완화를 위해 유럽화학물질청, 미국환경청, WHO, 국제암연구소 등 해외 전문기관에서 생성한 자료를 적극 활용할 수 있도록 제도를 개선해야 한다. 또한 화학 관련 정부출연연구소를 활용하는 방안도 현실적인 대안이 될 수 있다.

이러한 조치는 국민건강을 위협하는 관리상의 사각지대를 제

---

54. 환경부, 「화학물질 배출량 조사결과보고서」, 2014

거하고 위해를 예방하는 데 기여할 것이다. 또한 제품에 대한 국민 신뢰를 높이고 장기적으로는 관련 업계의 사업위험 축소에도 기여할 수 있다.

한편으로는 좀 더 장기적인 관점에서 현행 화평법, 화관법의 현실적 한계를 인정하고 통합적 정책 추진을 위해 '화학안전기본법(가칭)'을 제정하는 방안도 강구할 필요가 있다.

:: 화학물질 안전관리 체계를 강화하자

화학물질로 인해 발생하는 사고는 폭발이나 화학반응의 형태로 일어나 단시간에 대규모 피해를 입힐 수 있다. 2012년 9월 휴브글로벌 구미 공장의 불산 누출사고는 부실한 안전관리 때문에 발생한 인재라 할 수 있다. 불산이 누출되어 5명이 사망하고, 18명이 부상을 당했다. 주변 농작물 212ha가 오염되었고 가축 1,870마리도 피해를 입고 살처분되었다. 2015년 6월에는 OCI 군산 폴리실리콘 공장에서 사염화규소$SiCl_4$가 누출되어 인근 주민 105명이 건강에 피해를 입고 농경지 8만㎡가 훼손됐다. 2016년 6월에는 충남 금산군 램테크놀로지 공장에서 불산이 누출되어 주변 산지 895㎡가 훼손되었다. 2016년 6월에는 울산 울주군 고려아연 온산제련소에서 황산이 유출되어 근로자 6명이 화상을 입었다. 이렇게 크고 작은 화학사고가 전국에서 발생했다. 2012년부터 지난 5년간 총 391건의 화학사고로 인

우리나라 화학사고 현황

단위: 건, 명

구 분		계	2016년	2015년	2014년	2013년	2012년
사고발생 건수		391	78	113	105	86	9
피해 현황	계	581	54	129	239	81	78
	사망	41	7	8	4	11	11
	부상	540	47	121	235	70	67

자료: 환경부

해 41명이 사망했고 540명이 부상을 당했다.

화학사고는 인재에 가깝다. 생명체에 유해한 화학물질을 취급하는 시설을 제대로 관리하지 않기 때문에 발생한다. 시설 결함, 조작 미숙, 작업 부주의, 안전관리 불감증 등이 복합적으로 작용하여 발생한다. 보호장비 없이 유해물질을 옮기거나, 밸브 등 부품의 노후화와 결함을 방치하거나, 작업 지침대로 작업을 수행하지 않기 때문에 사고가 발생한다.

국민 건강을 위협하고 자연을 훼손할 수 있는 화학물질을 취급하는 시설에 대한 관리가 강화되어야 한다. 기업과 연구소 등 화학물질과 관련된 단체의 실내외 보관시설 관계자에 대한 안전관리 교육을 대폭 강화할 필요가 있다. 취급자 본인의 생명과 안전에 직결된다는 점을 인식시키고 보다 실질적인 사고 예방 교육이 될 수 있도록 개선해야 한다.

또한 센서와 인공지능 등 정보통신기술을 활용하여 사고를 예측하거나 사고 발생 시 신속히 대응할 수 있는 체계를 구축하는 것도 필요하다. 사고 발생 가능성이 높은 밸브, 배관 연결 부위 등에 센서를 부착하여 사고에 대비할 수 있다.

:: 노후 산업단지의 사고를 예방하자

화학물질의 유출은 단순한 폭발사고를 넘어 인적·물적·환경적으로 재난을 초래할 위험이 있다. 사고가 발생한 사업장뿐만 아니라 광범위한 주변 환경과 주민의 생명을 위협할 수 있다.

우리나라 전체 화학물질의 80%가 산업단지에서 취급되고 있다.[55] 그러나 산업단지가 노후화되면서 사고발생 위험성이 증가하고 있다. 대형 사고를 막기 위해서는 노후 산업단지의 개선이 필요하다.

우리나라의 산업단지는 1964년 구로공단을 시작으로 2016년 4분기까지 1,158개가 조성되어 제조업 생산과 수출의 핵심기지 역할을 하고 있다. 그중 착공 후 20년이 지난 노후 산업단지는 2013년 12월 기준으로 103개에 이른다.[56] 특히 배관에 위험한 화학물질이 수송되는 울산, 온산, 여천, 용잠, 용연 단지 등은 1960년대부터 고압가스 화학물질, 유류 등을 이송하는 지하배관을 매설하여 현재까지 사용해왔기 때문에 사고발생 위험성이 높다. 따라서 여수, 울산미포, 온산 등 우리나라에서 가장

---

55. KIET, "노후산업단지 실태분석과 시사점", 2015.8
56. 환경부, 「화학물질 배출량 조사결과 보고서」, 2014

많은 화학물질을 취급하는 3대 산업단지는 신속한 대책 마련이 필요하다.

울산·온산 국가산업단지 지하에 매설된 배관은 가스관 425㎞, 화학물질관 568㎞, 송유관 143㎞로 약 1,136㎞에 이르며 대부분이 매설한 지 20년 내지 50년을 경과했다. 그런데 이들 배관은 부식과 손상여부, 절연상태 등이 정확히 파악되지 않고 있으며 거미줄처럼 얽힌 지하 배관망이라서 정확한 위치 파악도 어려워 사고가 발생하면 대응하기 어려운 실정이다.[57]

이러한 가운데 우리나라의 화학물질 관련 사고는 매년 증가하여 2015년 기준으로 10년 사이에 7배 이상 증가했다. 이 가운데 56%가 사업장 내 유출로 인해 발생했다.[58]

산업통상자원부와 울산시 등은 울산석유화학단지에서 온산단지에 이르는 14.5㎞ 구간에서 통합 파이프랙piperack 구축사업을 추진하고 있다. 파이프랙이란 원료, 제품, 에너지, 물류 등이 흐르는 파이프를 싣는 지상에 설치된 선반을 의미한다. 지하에 매설된 노후배관 문제를 해결하고, 배관손상으로 인한 대형사고를 방지하며, 다양한 용도의 배관을 효율적으로 관리하기 위해서다. 유럽, 일본, 싱가포르 등 선진국에서는 이미 파이프랙을 구축하여 사고를 예방하고 배관을 효율적으로 관리하고 있다. 지상에 위치하기 때문에 파손이나 누출 문제 발생 시 대응

---

57. 산업통상자원부 보도자료, "울산·온산 국가산단 노후 지하매설배관 안전진단 추진", 2015.5.16
58. 환경부, 환경통계연감, 2016

▌화학물질 관련 사고 현황

단위: 건

년도	사고 총계	사업장 내 유출	운반차량 사고	폭발 등에 의한 유출
2006	15	6	8	1
2007	16	7	5	4
2008	17	10	5	2
2009	16	8	7	1
2010	15	5	9	1
2011	12	4	4	4
2012	9	4	1	4
2013	86	56	20	17
2014	105	65	21	19
2015	113	64	21	28

자료: 환경부, 환경통계연감, 2016

▌울산 산업단지 지하배관 파손으로 인한 주요 사고

일시	장소	사고 내용
2014년 1월	용연동 석유화학공단	프로판(LPG) 배관 파손, 40톤 가스 누출
2014년 2월	온산공단 고려아연	직경 20㎝ 자일렌(xylene) 혼합물 이송 배관 파손, 자일렌 3만 리터 유출
2016년 4월	온산공단 일진에너지 앞 도로	질소가스 6만㎥ 누출

자료: 울산소방본부

하기가 용이하기 때문이다. 울산지역뿐만 아니라 여수, 대산 등 석유화학단지에도 파이프랙 적용을 확대해야 한다.

또한 산업단지에 공통적으로 활용할 수 있는 위험도 평가 안 전진단기법을 개발하여 사고를 사전에 예방해야 하며, 지하매설 배관의 위치와 종류, 현황을 정확히 파악할 수 있는 통합관리체계를 구축해야 할 것이다.

∷ 원자력 환경문제 대응체계는 환경부 중심으로 수립하자

한국과 일본, 중국이 위치한 동북아시아는 전 세계에서 가장 원자력발전소가 밀집된 지역이다. 2011년 일본 후쿠시마에서 발생한 원자력발전 사고는 전 세계에 원자력발전소의 안전에 대한 경각심을 일깨워 주었다. 사고가 발생한 지 6년이 지났지만 일본은 아직도 사고를 완전히 수습하지 못하고 있으며 방사능오염물질은 계속 지하수와 바다로 유출되고 있다.

우리나라 원자력 환경문제는 크게 국내 대응과 국제 간 대응으로 나누어 검토할 필요가 있다. 국내 대응은 원자력발전소 사고 또는 방사능 오염에 대한 대응체계 수립에 관한 것이며, 국제 간 대응은 중국 해안지역에 설치된 원자력발전소에 대한 안전문제다.

방사능 오염은 대기오염, 수질오염, 토양오염 등과 같은 환경오염이다. 일본 후쿠시마 원자력발전소 사고에서도 나타났듯이 방사능 오염에 대한 대응체계는 시급하고 정교하게 수립되어야 한다. 원자력 관련 사고는 언제 어떻게 발생할지 예측할 수 없으며, 신속하게 대응하지 못하면 장기적인 국가적 재앙이 될 수 있기 때문이다. 환경부는 원자력안전위원회 등 원자력 관련 기관과 협의를 통해 방사능 오염에 대한 관리체계를 수립해야 할 것이다.

그동안 방사능 오염에 대해서는 원자력안전위원회와 환경부 사이에서 관리 책임에 대해 논란이 있었던 것이 사실이다. 방사성 물질은 라돈과 같은 자연 방사성 물질과 원자력에너지를 사용하면서 발생하는 인위적 방사성 물질로 나뉜다. 인위적인 원인으로 발생하는 방사성 오염물질은 그 발생원인이 전력 생산이나 산업, 혹은 군사적 행위에서 발생한다. 원자력에너지의 사용과정에서 초래되는 안전문제는 원자력안전위원회라는 원자력 관련 전담기관에서 관리해왔다. 또한 환경정책기본법 제34조에는 방사성 물질에 의한 환경오염 및 그 방지는 원자력안전법에 따라 적절한 조치를 취한다고 명시되어 있다. 따라서 그동안 오염물질에 대해 양 기구 간의 책임소재 논란이 있었고, 방사성 물질에 의한 환경오염에 대한 소관부처와 그 책임소재가 불분명한 채로 방치되어 온 것이다.

2014년 10월 22일, 국회 입법조사처는 국회 환경노동위원회 소속 장하나 새정치민주연합 의원의 관련 질의에 대해 방사능 관련 환경보건 책무는 환경부가 이행하는 것이 타당하다는 의견을 밝힌 바 있다. 방사성 오염물질의 발생원인을 떠나 국민 환경보건에 관한 책무는 환경부의 소관이라는 것이다.

원자력안전위원회의 '방사능 누출 사고 위기관리 표준 매뉴얼'에는 아직 방사능 오염에 대한 구체적인 환경사고 대응체계가 제대로 갖추어져 있지 않다. 매뉴얼상에 나타난 방사능 오염물질 유출 대응조치를 보면 환경부의 역할은 제한적이다. 방재 유관기관에서 환경부 소관부서는 수도정책과에 불과하다. 대기나 토양에 대해서는 어떤 대응조치도 언급되어 있지 않다. 상황의 심각성에 따라 구분된 '백색-청색-적색 비상 상황'에서도 먹는물의 방사능 오염에 대한 관리, 검사 준비, 급수 중단, 비상급수체계 확보, 검사지원, 관리검사 등의 조치만 환경부가 하도록 명시되어 있다.[59]

| 방사선 비상발령 종류와 대응조치

구분	정의	대응조치
백색 비상	• 방사성물질의 밀봉 상태의 손상 또는 원자력시설의 안전상태를 유지할 전원 공급기능 손상이 발생하거나 발생할 우려가 있는 등의 사고 • 방사선 영향이 원자력시설 건물 내에 국한될 것으로 예상되는 비상 상태	• 비상발령 보고, 상황 전파 • 사고 확대방지 응급조치 • 원자력사업자 비상 대응시설의 운영 • 지역방재대책본부 발족 운영(상황실 및 연합 정보센터)
청색 비상	• 백색비상에서 안전 상태로의 복구 기능의 저하로 원자력시설의 주요 안전기능에 손상이 발생하거나 발생할 우려가 있는 사고 • 방사선 영향이 원자력시설 부지 내에 국한될 것으로 예상되는 비상 상태	• 백색비상 대응조치 수행 • 원자력사업자 비상대책본부 발족운영 • 중앙방사능방재대책본부 발족 운영 • 현장방사능방재지휘센터 발족 운영 • 기술 및 의료 지원 조직 운영 • 지역방재대책본부 확대 운영
적색 비상	• 노심의 손상 또는 용융 등으로 원자력 시설의 최후방벽에 손상이 발생하거나 발생할 우려가 있는 사고 • 방사선 영향이 원자력시설부지 밖으로 미칠 것으로 예상되는 비상 상태	• 청색비상 대응조치 수행 • 방사능재난 발생 선포 검토 • 원자력시설 주변 주민에 대한 보호 조치 실시

자료: 원자력안전위원회, 「방사능 누출 사고 위기관리 표준 매뉴얼」, 2016

---

59. 원자력안전위원회, 「방사능 누출 사고 위기관리 표준 매뉴얼」, 2016

환경부는 원자력안전위원회와 함께 방사능 누출사고 발생으로 인한 대기, 물, 토양 등 환경 전 영역의 방사능 오염에 대한 구체적인 표준 대응체계를 수립해야 한다. 부처 간의 협의가 어렵다면 법 개정을 통해서라도 환경부가 통합관리하는 방안을 강구할 필요가 있다. 또 다른 대안으로는 원자력안전위원회의 위상과 독립성을 강화하여 방사능 오염으로 인한 환경문제를 주관하도록 하는 것이다.

국내 방사능 오염 모니터링 부문에서는 사물인터넷 기술을 적용하여 국가환경방사능 관측망을 강화하는 방안도 검토가 필요하다. 대기, 강수, 식용수 등의 방사능을 감시하고 모니터링하여 유사 시 신속한 대응이 가능하도록 해야 한다. 모니터링 과정에서 이상 수치가 나타나면 지자체별로 전문가를 파견하여 신속하게 시민을 보호할 수 있도록 매뉴얼과 실전 훈련을 상시적으로 실시해야 한다. 또한 논란이 되고 있는 고준위, 중저준위 폐기물 관리 대책도 하루 빨리 마련해야 할 것이다.

원자력발전소와 관련한 국제 간 협력과 공조는 좀 더 민감한 사안이다. 일본 후쿠시마 원전사고를 거울삼아 우리나라도 유비무환의 자세로 대비해야 한다. 더욱이 우리나라는 서해바다 건너편에 중국이라는 세계 최대의 원자력발전소가 해안지역에 밀집해 있다. 지금은 중국에서 날아오는 황사와 미세먼지를 걱정하고 있지만, 서해안을 따라 건설된 중국 원자력발전소에서 어떤 사고라도 발생하면 그것은 한반도에 돌이킬 수 없는 대재

앙이 될 것이다. 가까운 미래에 중국 해안에는 100여 기의 원자력발전소가 가동될 것이다. 만일의 사태에 대비하여 원자력 환경문제에 대한 대응체계를 수립해야 한다. 원자력 관련 기관과 전문가들은 원자력 환경문제에 대해 국가수호 차원에서 열린 마음으로 국제 공조방안을 마련해야 할 것이다.

《블룸버그Bloomberg》 등 외신은 빠르게 확장하고 있는 중국 원자력발전소의 안전문제에 대한 우려를 표명한다. 프랑스 아레바Areva와 프랑스국영전력공사EDF는 중국에서 건설되고 있는 원자력발전소의 펌프, 증기발생기 등 주요 부품의 안전상태가

▌중국 원자력발전소 분포도　　　　　　2016년 1월 기준

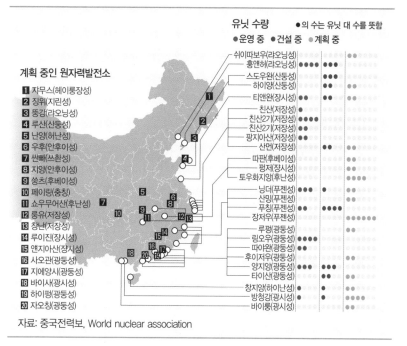

자료: 중국전력보, World nuclear association

부적절하다고 발표하기도 했다. 또한 홍콩《프로페셔널커먼즈 The Professional Commons》에서도 중국 원자력 안전관리는 블랙박스와 같이 불투명하다고 지적했다.[60]

중국 원자력발전소의 안전문제에 직접적인 영향을 받는 국가는 우리나라다. 체르노빌 원자력발전소 사고로 인근 국가가 입은 피해를 유념해야 한다. 사고로 인해 발생한 방사능 낙진으로 러시아, 벨라루스, 우크라이나를 포함한 유럽 전역에 걸쳐 오염피해가 확산되었다. 인근 국가인 벨라루스는 전 국토의 22%가 방사능에 오염되었다. 우크라이나는 전체 삼림의 40%가 오염되었으며 어린이 갑상선암 발병률이 급격히 증가하기도 했다. 이렇게 원자력발전소 사고는 인근 국가에 치명적인 피해를 가져다 준다.

우리 국민의 안전과 한반도 전역의 피해방지를 위해 중국 원자력 안전문제에 대한 대책을 서둘러 마련해야 할 때다. 이제부터라도 중국과 일본을 포함한 동북아시아 국가들과 원자력발전소 운영 및 환경문제 등과 관련한 정보 공유는 물론 협력을 강화해야 할 것이다.

---

60. Bloomberg, "China Regulators 'Overwhelmed' as Reactors Built at Pace", 2014.6.20

:: 환경오염피해 구제 시스템을 구축하고 환경집단소송제 시대에 대비하자

우리 국민은 가습기살균제 사고, 불산 누출사고, 세계적 자동차 회사들의 배기가스 조작 사건 등 일련의 국내외 환경사고의 수습과 피해구제 과정을 지켜보았다. 이를 통해 미국 등 선진국의 국민들에 비해 우리나라 국민들이 일부 환경을 경시하는 기업들로부터 어떻게 홀대받고 있고 국가차원의 환경사고 대응이나 피해보상절차와 보상수준이 얼마나 열악한지 잘 알게 되었다. 이제 하루라도 빨리 국민건강과 안전을 최우선으로 하는 선진국 수준의 소비자 피해구제 시스템을 구축해야 할 것이다. 그래야 우리 국민이 위해제품이나 환경사고 등으로부터 안전을 보호받고 피해발생 시에도 신속한 피해구제와 합당한 피해보상을 받을 수 있기 때문이다.

세계 최고의 자동차 회사인 독일의 폭스바겐Volkswagen은 배기가스 조작으로 발생한 미국 소비자 집단 피해에 대해 총 147억 달러, 원화환산가치 17조 4,000억 원의 배상금을 지급하기로 했다. 일부 피해자가 대표소송을 하여 얻은 판결로 모든 피해자가 배상을 받을 수 있게 되는 집단소송제도 덕분이었다. 반면 우리나라는 폭스바겐이 판매한 배출가스 조작 차량의 피해자가 5,100명에 달하지만 제대로 배상을 받지 못하고 있다. 폭스바겐 측은, 미국과 다른 법체계를 갖고 있는 우리나라에는 배상의무가 없다는 것이다. 개별 또는 공동소송을 해야 배상금을 받을 수 있다. 그래서 폭스바겐 등 자동차 회사들도 늦장 대응할 수밖에 없었다. 회사의 주인은 주주이기 때문에 이들 주주의 대리인인 경영진은 합당한 근거 없이 소비자 피해를 보상해 줄 수는 없는 처지이다. 이로 인해 국내 소비자들의 피해 보상은 제대로 이루어지지 못하고 보상금 수준 또한 극히 미미하였다. 이러한 차이는 집단소송제로부터 발생하며, 이로 인해 정부의 환경정책에 대한 국민적 불만이 커지는 계기가 되었다.[61]

또 다른 한 사례를 보자. 2016년 2월, 다국적 제약사인 존슨앤존슨Johnson&Johnson의 땀띠용 파우더가 난소암을 유발할 수 있다는 이유로 미 법원은 620억 원의 '징벌적 배상' 판결을 내렸다. 소비자에게 파우더에 쓰이는 성분의 유해성을 제대로 알리지 않았던 것이 배심원들의 인정을 받았던 사례이다. 아직 최종심 판결이 남아 있긴 하지만 이같이 큰 액수의 손해배상이 인정되게 된 것은 징벌적 손해배상제도 덕분이다. 이 또한 한 개인에게 내려진 배상판결이어서 우리나라의 옥시 가습기 살균제로 인한 소비자 피해구제와는 너무나 대비가 된다.

만약 미국에서 가습기 살균제와 같은 사고가 발생했다면 지금 우리나라처럼 이렇게 오랫동안 방치되지 않고 생산 및 판매업체에 의해 신속히 자발적인 구제조치가 이루어졌을 것이다.

---

61. 조선비즈, "[법안속으로] '나도 폭스바겐 탄 미국인처럼 17조 달라'…박영선 집단소송 전면 도입法 발의", 2016.7.27

이는 바로 징벌적 손해배상제도가 갖고 있는 억지력 효과 내지는 교정적 효과일 것이다.

지금 우리나라는 이러한 제도가 극히 제한적으로만 시행되다 보니 한국옥시가 1,100여 명의 피해자에 대해 일반적인 민사소송으로 안이하게 대처할 수밖에 없었던 것으로 보인다. 가습기 살균제 등 환경사고나 문제를 야기한 기업을 대신해 여러 정부 부처가 나서서 진상조사를 하고, 피해자 구제와 갈등관리를 도맡아 하는 우리나라의 모습은 너무 안타깝고 국가자원을 잘못 사용하고 있다는 생각마저 들게 한다.

우리나라의 집단소송제와 징벌적 손해배상제도는 제한적인 영역인 증권집단소송 영역에서만 시행되고 있다. 이마저도 남소방지를 위해 엄격히 시행하다 보니 실제 국내에서 제기된 증권집단소송 건수는 거의 없는 실정이다. 한편, 징벌적 손해배상제도와 관련해선 2013년 3배의 손해배상제도가 하도급거래 제도에 도입되었으며, 2016년 7월부터 개인정보와 관련된 유출이나 이런 유사한 사례들에 대해서도 3배의 손해를 배상하는 제도가 시행되기 시작하였다. 징벌적 손해배상제도가 제한적으로나마 시행되고 있는 셈이다. 또한 미국과 같은 징벌적 손해배상제도는 국회 차원에서 논의되어 왔다. 2006년 사법개혁 추진위원회에서도 거래나 제조물, 식품, 환경, 보건과 같은 다수의 피해자가 나올 수 있는 사례의 경우에는 징벌적 손해배상제도를 도입할 필요가 있다는 의견이 제시된 바 있다.

이보다 더 강력한 소비자 구제수단인 포괄적 집단소송제 도입논의 또한 2017년 3월 24일 국회에서 이루어졌다. 국회 법사위는 포괄적 집단소송법 제정을 위한 공청회를 열어 증권·제조물책임·공정거래·환경·금융 등을 아우르는 종합적인 형태의 '집단소송제 관련 단일법' 제정방안에 대해 전문가의 의견을 수렴한 바 있다.[62]

한편, 기존 환경피해 구제관련 법체계상 문제점 가운데 하나는 소비자가 피해를 입었을 때 소송을 제기하면 피해자에게 입증책임이 주어진다는 점이다. 법제의 성격상 손해를 입은 사람이 손해를 주장하고 입증해야 되는 것이 기본적인 원칙이기 때문이다. 그런데 문제는 기업과 소비자 간에 정보의 비대칭성이 존재한다는 점이다. 기업이 제품이나 유통과정 등에 대한 정보를 가지고 있는 데 반해 소비자는 이들에 대한 정보가 거의 없다 보니 기업의 책임을 입증하기가 매우 어렵다. 그래서 이 부분에 대해서는 2016년부터 민사소송법에서 입증책임을 일부 완화하는 형태의 개정법이 시행되었다. 하지만 소비자들의 정보비대칭성으로 인한 문제는 여전히 상존하고 있다.

따라서 환경사고나 제품의 유해성 등으로 인한 소비자들의 피해를 미연에 방지하고 피해발생 시 신속하고 충분한 보상이 이루어지도록 하기 위해서는 우선 제한적인 형태로 옥시 사태

---

62. 국회정책세미나, 「포괄적 집단소송법 제정을 위한 공청회」, 2017.3.24

와 같이 보건·환경·식품이나 제조물과 관련된 소비자 피해, 대량의 소비자 피해가 발생할 수 있는 분야에 대해선 미국과 같은 형태의 징벌적 손해배상은 아니더라도 10배 내지 20배 정도의 징벌적 손해배상제도를 도입할 필요가 있다.

나아가 남소방지대책을 강구한다는 전제하에 소비자집단소송이나 포괄적 집단소송제를 도입하여 소송에 참여하지 않은 피해자들도 구제받을 수 있는 조치가 필요하다. 특히, 다국적 기업의 경영진은 법적 근거와 합당한 보상절차에 따른 것이어야 의사결정을 신속하게 할 수 있음을 주목할 필요가 있다.

물론 징벌적 손해배상제도나 집단소송제를 남용하는 경우 소송을 남발할 우려가 있고 이로 인해 기업활동을 위축시킬 위험이 있는 것은 사실이다. 그러나 징벌적배상제나 집단소송제 도입은 시간문제일 뿐 우리나라도 관련 제도의 도입을 추진할 수밖에 없는 상황이다.

이러한 제도 도입에 대비해 국내 기업들도 지속가능발전 차원에서 기업 자체적인 위기대응시스템을 구축해야 한다. 이를 통해 환경사고 등을 미연에 방지함은 물론 만에 하나 환경사고가 발생하는 경우에는 신속한 사고수습과 소비자 보상대책 등을 강구할 수 있어야 한다.[63]

세계적 자동차 회사들의 자동차연비 조작 사건, 소니Sony 플

---

63. 이병욱, 『사업의 길』 pp163~169 참조

레이스테이션 II 케이블의 카드뮴 검출 사건, 옥시의 가습기살균제 사건, 존슨앤존슨의 타이레놀 독극물 사건, 삼성중공업의 서해안 기름 누출 사고 등 기업들이 직면하는 환경 및 보건과 관련한 위기의 형태는 매우 다양하다.

언제 어떻게 발생할지 모르는 사건과 위험에 대비하기 위해서는 상시적인 위기관리시스템 구축과 자체 훈련이 필요하다. 특히 위기상황이 발생하면 신속히 문제해결에 나서고 이해관계자는 물론 조직 내 구성원 간에 원활히 소통할 수 있는 시스템과 조직문화를 구축해야 한다.

통상 기업조직에서 위기대응관리를 잘 하는 기업들은 다음과 같은 조치들을 단계적으로 취한다.

첫째, 기업의 위기는 이해관계자와 국민이 회사를 심판하는 재판의 과정으로 인식한다. 회사에 위기가 발생하면 이해관계자나 일반 국민이 어떻게 받아들이는지를 생각해야 한다. 이를 토대로 회사의 이미지를 근본적으로 개선할 수 있는 방향으로 행동원칙을 수립한다.

둘째, 위기 발생 시 초기 24시간이 가장 중요하다. 사람들이 만날 때 첫인상이 중요하듯이 위기 발생 후 24시간을 잘 관리해야 위기를 기회로 전환할 수 있다. 위기관리에 실패하는 기업들은 첫 24시간을 제대로 관리하지 못했다. 옥시는 가습기살균제 사건에 대해 영국 본사 대표가 즉시 사과하고 문제해결에 나선 것이 아니다. 사건을 축소·은폐하려다 5년이 지나서야 한국

법인 대표가 해명에 나섰고, 이에 피해자 가족과 국민들의 분노만 더 사고 말았다.

셋째, 위기 발생 시 24시간 내에 신속하고 유연하게 대응하기 위해서는 미리 팀을 구성하고 적절한 교육과 훈련·관리 프로세스를 갖추어야 한다.

넷째, 위기 발생 시 조직 구성원을 최우선으로 보살피고, 이들을 활용해야 한다. 특히, 사업장 내 사고 등에 있어서는 근로자들의 안전과 피해구제가 우선이다. 또한, 대외발표에 앞서 조직 구성원들 간 공감대 형성을 통해 일사불란한 위기대응을 해야 한다.

다섯째, 진정성이 담긴 좋은 스토리를 만들어야 한다. 좋은 스토리는 위기를 기회로 바꿀 수 있다.

여섯째, 스토리와 시스템으로 소통해야 한다. 위기관리는 소통의 과정이고, 대화와 설득의 과정이다. 대내외 이해관계자를 대상으로 다양한 매체를 통해 소통이 이루어져야 한다.

일곱째, 언론을 회피하기보다는 대의명분에 맞는 스토리를 가지고 적극적으로 대처해야 한다.

여덟째, 절대 거짓말을 하면 안 된다. 거짓말은 위기관리에서 가장 흔히 일어나는 실수이자, 가장 어리석은 실수이다. 무엇인가를 숨기는 듯한 인상을 주어서는 안 된다. 그러나 아쉽게도 우리나라의 거의 모든 사건이나 사고에서 대다수 기업이나 협회 등 기관들은 거짓말을 하거나 속인다는 인상을 주는 경향이 있다. 이해관계자 등의 질문에 대한 묵묵부답이나 침묵으로 일관하는 것도 때에 따라서는 진실을 왜곡하거나 속인다는 인상을 준다는 점에서 좋은 대처방식이 아니다.

아홉째, 조직구성원의 형사처벌이 이루어지지 않도록 최대한 노력해야 한다. 특히, 경영진의 형사처벌은 기업의 이미지 훼손은 물론 기업의 위기관리 차원에서 심각한 영향을 줄 수 있다.

끝으로 마무리를 잘해야 한다. 이미 발생한 사건, 사고 등으로 새겨진 부정적인 이미지는 쉽게 사라지지 않는다. 대내외 이해관계자 등과 지속적인 대화와 소통을 통해 서서히 부정적인 이미지를 지워 나가야 훗날 긍정적인 에너지로 반전될 수 있다.

이러한 나름대로의 원칙이나 매뉴얼에 입각하여 위기대응을 함으로써 위기를 기회로 활용한 사례는 존슨앤존슨, P&G와 같은 다국적기업들에서 흔히 찾아볼 수 있다. 국내에서도 음료회사 아리수 등의 위기대응 예가 있다. 이러한 기업들의 위기대응방식은 참고할 만하다.

▶ 존슨앤존슨 위기대응 사례 ◀

1982년 시카고에서 존슨앤존슨의 타이레놀 캡슐을 먹고 48시간 내에 7명이 사망하는 사건이 발생한 적이 있었다. 이때 사망원인이 독극물인 시안화물Cyanide로 밝혀지자 이 회사의 타이레놀 사업(총매출의 7%, 순이익의 17% 차지)은 큰 타격을 입게 되었다. 시안화물은 혈액의 산소수송능력을 떨어뜨려 심장, 폐, 뇌를 손상시키는 물질로 알려져 있다. 동사는 사건발생 1시간 만에 즉각적인 대응책을 마련하여 전 제품을 회수하고 생산과 광고를 일시 중단하는 조치를 취하였다. 또한 언론과의 협조체제를 구축하여 제품의 회수부터 구입자의 복용금지, 의사·병원·유통업자에 대한 경고사항 전달과 대응책 안내 등까지 많은 도움을 받았다. 또한 시카고 근교에 임시 실험실을 설치하여 즉각적인 검사와 함께 각계 전문가 확인 작업에 착수하였다. 이 과정에서 약 10억 달러의 비용을 사용하였다. 사건발생 6주 후에는 미국 전역에 회사의 조치와 입장을 밝히는 기자회견을 하였다. 이러한 신속하고 진정성이 깃든 대응조치의 결과로 존슨앤존슨은 소비자 신뢰를 회복할 수 있게 되었다. 그리고 사건발생 6개월 만에 사건 전 시장점유율(35%)에 가까운 32% 시장점유율을 회복할 수 있었다. 존슨앤존슨은 이 사건을 계기로 회사 차원의 위기관리 및 지속가능성에 대한 인식이 높아져 사건 초기에 구성한 위기관리위원회를 현재까지 운영하고 있다. 또한 1943년 발표된 사내윤리강령 '우리의 신조Our Credo'에 경영환경 변화를 반영하였으며 세계에서 가장 존경받은 기업 중 하나로 좋은 이미지를 유지하고 있다. 회사 내부적 측면에서도 종업원의 책무와 자부심을 높이는 요인으로 작용하여 존슨앤존슨의 직원 이직률은 글로벌 우수기업들 중에서도 매우 낮은 편이다. 존슨앤존슨은 2002년《포춘》선정 '세계에서 가장 존경받는 회사' 7위를 기록하였다. 위기관리능력을 높이 평가받아 미국 PR협회의 실버앤빌상Silver Anvil Award을 수상하기도 했다. 존슨앤존슨의 타이레놀 사건은 나중에 제조 과정상의 실수가 아닌 것으로 밝혀졌지만, 이 회사는 제품의 안전성 확보를 위해 패키지를 교체하였을 뿐만 아니라 최초로 FDA에 의해 의무적으로 규정된 훼손방지 포장을 자발적으로 실행하였다.

자료: 이병욱, 『사업의 길』에서 요약 발췌

인간과 자연이 공존하는
도시생태기반을 만들자

2017년 6월 8일 인천 송도에서 열린 '미래도시 정상회의New cities Summit 2017'의 화두는 '도시 웰빙Well-being'이었다. 세계적으로 급격하게 진행되는 도시화로 안전, 의료, 환경, 교통, 에너지 등 다양한 문제가 발생하고 있기 때문이다. 건강과 안전이 보장되는 도시 웰빙이 미래도시가 추구해야 할 방향이라는 점에 전문가들은 뜻을 모았다.

우리나라 도시도 미세먼지와 환경공해, 생태환경 파괴, 열섬효과 등으로 삶의 만족도가 점차 낮아지고 있다. 도시를 보다 쾌적하고 활력이 넘치게 만들기 위해서 우리나라만의 소중한 자원인 하천을 생태하천으로 복원하고, 도시 투수면 및 빗물저장시설 확대, 도심공원 확대 조성, 녹지공간 확대, 도심 내 차량 통행 제한, 옥상정원 조성, 도시농업에 대한 관심과 투자 확대가 필요하다.

:: 하천과 도랑을 활용해 도시생태휴식공간을 확보하자

도시생태공간의 확보는 미세먼지 제거 등 환경개선과 내수 경기 진작에도 기여할 수 있다.

전체 인구 중 도시에 사는 인구비율을 나타내는 도시화율은 1960년 27.7%에서 2000년 79.6%, 2015년 82.5%으로 급속히 높아졌다. 도시화율이 가장 빨리 진행되고 있는 나라는 가봉이며, 다음은 오만, 세 번째가 한국이다. 우리나라는 중진국 이상 국가 가운데 가장 빠른 속도로 도시화가 진행된 나라이며, 향후 2050년까지 도시화율은 87.6%까지 상승할 전망이다.[64]

우리나라보다 도시화율이 높은 국가는 홍콩, 마카오, 모나코, 싱가포르, 카타르 등 47개국이 있지만 이들 국가들은 대부분 도시국가이거나 중동 사막지역에 위치한 국가들이다. 우리나라와 유사한 환경에서 도시화율이 높은 나라로는 벨기에, 일본, 네덜란드, 브라질, 영국이 있다. 산업화와 도시화로 성장했던 도시는 환경오염 등으로 병들어가고 있다. 도시를 쾌적한 생태도시로 만들 필요가 있다.

영국과 미국 등 선진국도 이미 도시 쇠퇴와 재생의 과정을 겪었다. 이들 국가들은 도시생태계를 재구축하여 도시쾌적성을 높이고 경제를 활성화하고 있다.

우리나라도 지역적·산업적 특성을 고려하여 한국형 도시생

---

64. UN, World Urbanization Prospects: The 2014 Revision

태기반을 조성할 필요가 있다. 다행스러운 것은 다른나라와 달리 우리나라는 하천과 도랑이라는 소중한 자연생태 자원을 보유하고 있다는 점이다.

서울에는 한강, 중랑천, 안양천, 아라천, 홍제천, 도림천, 정릉천, 탄천, 양재천, 우이천, 청계천 등 총 40개의 하천이 있다. 이 가운데 23개 하천이 일부 또는 완전 복개되어 있다. 이들 복개하천을 복원하여 생태하천으로 조성한다면 도심의 미세먼지 제거는 물론 하천 주변의 생태환경 복원으로 다양한 동식물이 서식하게 될 것이다. 또한, 주민들의 산책 등 건강한 여가생활이 가능해지고 지역상권도 활성화될 것이다. 이같이 생태하천 복원은 환경보전, 여가활동 및 지역경제 활성화를 동시에 조화롭게 추진할 수 있는 대안이 될 수 있다. 서울 하천 가운데 자연생태환경이 가장 잘 복원된 사례는 성북천을 들 수 있다. 복개천이었던 성북천의 일부가 2008년 자연상태로 복원되면서 주변의 공기질 개선은 물론 하천변 수풀이 우거지고, 물고기, 오리, 새 등 다양한 생물종이 모여 살게 되었다. 하천 내 달뿌리풀, 물억새 등 수변식물은 수질과 공기질을 정화하여 심각해지고 있는 도심 미세먼지 문제를 완화하는 데 기여하고 있다. 또한 지역주민의 하천변 산책과 운동이 크게 늘고 지역상권이 살아나면서 지역경제가 활성화되는 계기가 되었다.

전국의 하천 가운데 이러한 생태하천으로 만들 수 있는 곳은 2013년 기준으로 3,836개에 달한다. 서울의 경우 하천으로 이어지는 도랑까지 생태천으로 조성하고 관리한다면 뉴욕 센트럴 파크와 같은 생태공원을 서울시에 몇 개 조성하는 효과를 거둘 수 있게 될 것이다.

도랑은 행정용어로 정의되어 있지는 않지만 일반적으로 하천의 상류에 위치하는 폭이 5m 내외, 평균 수심이 최소 10㎝ 이상 되는 마을을 인접해 지나가는 작은 소하천을 의미한다. 한강, 낙동강, 금강, 영산·섬진강 등 4대 수계의 도랑유역은 18만 3,730개에 이른다.[65] 도랑은 하천의 상류이기 때문에 마을에서 발생하는 하수를 하수관로에 연결하는 정비만으로도 하천과 강의 수질을 개선할 수 있다.

이와 유사한 사례는 일본에서도 찾아 볼 수 있다. 일본 간토지방 중서부의 사이타마현 쿠루메하천은 1970년대 택지개발로 인해 생활하수가 도랑에 유입되어 수질이 악화되었다고 한다.

수계별 하천 분포 현황		단위: 개, km
수계	**도랑유역 개수**	**하천 총길이**
한강	72,383	85,546
낙동강	65,799	73,998
금강	25,496	25,062
영산·섬진강	23,441	27,064
전체	183,730	211,669

자료: 환경부, 「2013년 도랑실태조사 및 관리방안 연구」, 2013

65. 환경부, 「2013년 도랑실태조사 및 관리방안 연구」, 2013

권역	유역면적 (㎢)	유역면적별 하천개소수				
		계	10㎢ 이하	10~50㎢	50~200㎢	200㎢ 이상
합계	91,060.82	3,836	1,681	1,579	417	159
한강권역	31,648.30	914	293	425	139	57
낙동강권역	29,987.35	1,185	494	501	136	54
금강권역	15,958.83	877	477	325	75	30
섬진강권역	6,588.17	423	221	164	29	9
영산강권역	5,912.34	377	203	131	34	9
제주도권역	965.83	60	23	33	4	–

자료: 국토교통부, 「한국하천일람」, 2013

그러나 1980년대 이후 하수도 정비를 통해 하수가 하천으로 거의 유입되지 않게 되면서 주변 수생태계가 보전되었다. 또한 지역 환경단체와 학교, 지자체가 협력하여 공원 등 친수공간을 조성하고 하천을 관리하여 지역사회 공동체를 활성화하는 효과도 거둘 수 있었다. 쿠루메하천의 사례는 2012년 '일본 환경단체 하천살리기 발표대회'에서 입상할 정도로 성공적인 모델이다. 우리나라도 이러한 사례를 참고할 필요가 있다.

도시 내 생태휴식공간은 도시쾌적성 확보의 중요한 요소다. 미국 뉴욕의 현재 모습은 도시생태공원으로 인해 가능했다고 해도 과언이 아니다. 그 중심에는 센트럴파크가 있다. 미국 뉴욕주 뉴욕시 맨하탄에 위치한 센트럴파크는 가로 4.1㎞, 세로 0.83㎞에 이르는 도심 속 대형공원이다. 1850년대 뉴욕 도시화

과정에서 시민들에게 자연 속에서 휴식할 수 있는 공간을 제공하기 위해 조성됐다. 조경가인 페드릭 옴스테드Frederick Law Olmsted와 건축가인 칼버트 보Calvert Vaux가 시민들의 편안함과 정서적 휴식을 위해 공간을 설계했다. 저수지와 건축물 등이 녹지 속에 조화롭게 구성되어 있다. 55만 명의 뉴욕시민이 도보로 10분 거리 내에 살고 있을 정도로 센트럴파크는 시민의 직접적인 생활권에 밀접한 공원이다.[66]

센트럴파크는 공원 이상의 의미를 갖는다. 도시 투수면 확장, 물 저장소, 수자원 순환 등 도시생태환경 개선효과를 거두고 있으며, 일자리 창출과 지역경제 활성화에도 크게 기여하고 있다. 공원으로 인해 도시쾌적성이 상승하면서 공원 주변에는 고급호텔과 문화시설, 기업 본사가 자리잡기 시작했다. 뉴욕 시민들은 공원에서 여가, 교육, 문화, 체육 활동을 즐기는 등 유동인구도 많아졌다. 센트럴파크에서는 매년 4,000일 이상의 영화촬영이 진행되고 있다. 매일 10건의 영화가 촬영되고 있는 셈이다. 영화, 텔레비전, 사진촬영, 예술작품 등의 배경이 되면서 일자리와 산업이 만들어졌다. 2007년 현재 센트럴파크에는 3,780명의 풀타임 근로자가 일하고 있다.

이로 인해 자연스럽게 공원 주변 지역의 부동산 가격이 상승하기도 했다. 공원에서 발생하는 수익과 부가가치로 뉴욕시

---

66. Appleseed, 'Valuing central park's contributions to New York city's economy', 2009

는 더 많은 세금을 걷을 수 있게 되었다. 뉴욕시는 2007년 6억 5,600달러(약 7,000억 원)의 세금을 거두었다. 공원에서 창출된 부가가치는 177억 달러에 달한다. 센트럴파크 공원 조성으로 발생한 복합적인 경제부양효과를 두고 '센트럴파크 효과'라는 용어가 생길 정도다. 이처럼 선진국에서는 도심생태공원이 도심의 쾌적성 확보는 물론 지역경제 활성화와 문화콘텐츠 제작 등 고부가가치 문화산업의 터전으로 활용되고 있다.

도시 내 자연에 대한 수요가 증가하고 있지만 우리나라에서는 뉴욕 센트럴파크와 같은 공원을 조성하는 것은 예산 및 부지 확보 문제 등으로 매우 어려운 실정이다. 서울시의 녹지 면적은 전체 면적(605,196,264㎡)의 2.4%에 불과하다.[67] 우리나라의 신규 녹지공간 확보 상황을 보면, 도시공원의 경우 2011년 현재 결정면적 1,283㎢ 대비 실제 조성면적은 385㎢로 전체 계획 대비 33% 수준에 머물러 있다. 하지만 우리나라가 보유하고 있는 하천과 도랑을 생태하천으로 조성하여 도시공원 수요를 대체한다면 센트럴파크의 수십 배에 달하는 생태공간을 확보할 수 있다. 이러한 도시생태공간 확보를 위해서는 복개하천의 복원, 하천의 생태환경 조성이 필요하다.

전주시의 노송복개천의 생태복원사업도 주목할 만하다. 노송천은 1964년부터 복개되어 도로와 전통시장으로 사용되었다.

---

67. 2016 서울 통계

그러나 하천복개로 악취가 심해졌고 도심환경이 황폐해졌다. 전주시는 도시 주민을 위한 여가공간 확충 등 삶의 질을 향상하고 하천생태계 및 하천문화 보전과 재해예방 등 하천의 기능인 이수·치수·환경을 조화롭게 하고자 노송복개천 복원사업을 추진했다. 2008년부터 복원이 시작되어 2017년 2단계 사업까지 완료되었다. 서울시 청계천 복원사업을 참고하여 자연형 하천으로 복원되면서 청결하고 쾌적한 자연환경이 보전되었고 생명력 있는 하천이 조성되었다. 이로 인해 시민들은 청정한 하천공간을 즐길수 있게 되었다. 이 사업의 추진으로 노송천 주변의 도심 미세먼지 감소는 물론 쾌적한 생활환경이 조성되었고 지역활성화에도 기여하고 있다. 다만 유역 내 하천의 수질과 수생태계 건강을 위해 70%가 넘는 청계천 유역의 불투수면 문제를 거울삼아 투수면적 비율을 높이는 것이 좋을 것이다.

이밖에 서울 용산미군기지의 활용방안에 대한 재검토가 필요하다.

▎노송천 생태하천 복원 사례

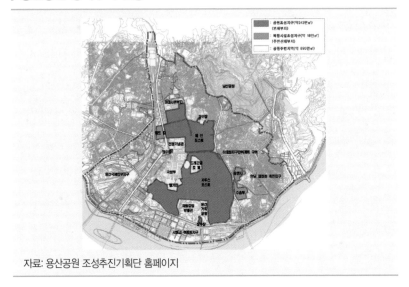

자료: 용산공원 조성추진기획단 홈페이지

하천 및 도랑의 관리방식은 일자리 창출과 공동체 살리기 관점에서 뉴욕의 센트럴파크 관리방식을 일부 벤치마킹할 필요가 있다. 예컨대, 지역주민과 지역기업, 학교 등이 공동으로 참여하는 형태로 운영하면 하천과 도랑의 생태환경 개선에 큰 도움이 되면서도 국가예산의 부담을 줄일 수 있을 것이다.

특히, 서울시의 1교校-1도랑 운동 개념을 확대하여 1사社-1하천 보호운동을 전개하고 이들과 하천이나 도랑을 관리하게 될 '하천관리위원'[68]이 협력하는 모델을 만들어 간다면 지역 자율적인 생태환경 복원은 물론 지역경제활성화에도 기여하게 될

68. 지자체와 지역주민이 협의하여 임명하자는 필진의 제안임

것이다. 예컨대, 하천관리운영위원에 대해서는 국가나 지자체 차원에서 최저임금 수준의 급여와 약간의 관리운영경비만을 지원해 주고 나머지 하천이나 도랑을 살리기 위한 행사비 등 소요경비는 지역주민이나 1사-1하천 사업 참여기업 등의 후원으로 자체 조달하게 한다면 지속가능한 생태하천관리에 도움이 될 것이다.

센트럴파크의 운영방식을 보면 도시를 대표하는 공원의 운영관리를 비영리 민간단체가 주도적으로 운영하고 있다. 1980년 설립된 비영리단체인 센트럴파크관리위원회Central Park Conservancy는 1998년 뉴욕시와 협약을 체결하여 센트럴파크의 운영과 개선활동을 주도해오고 있다. 또한 센트럴파크도시공원보호관리협회Central Park Conservancy Institute for Urban Parks를 만들어 지역사회 구성원의 생태교육과 체험, 교류에도 힘쓰고 있다.[69]

공원은 시민들의 정서적인 휴식을 위해 호수, 잔디 구역, 자연보호구 등이 산책로로 연결되어 있으며 공원 내부의 건축물 등은 문화재로 지정되어 관리되며 생태교육의 장으로 활용되

▶ **서울시 1교校−1도랑 사업 개요** ◀

- 2017년부터 인근 학교와 협의체를 구성하여 환경교육 프로그램을 운영 및 캠페인 전개
- 도랑 체험, 봉사교육을 통한 청소년 의식 고취

---

69. Central Park Conservancy, Annual report 2016

고 있다.

센트럴파크의 2016년 예산은 약 300억 원 수준이다. 센트럴파크관리위원회는 공원경관복구, 시설관리, 유지보수 등 공원관리 사업을 수주하는 형태로 약 90억 원을 정부로부터 지원받고 있다. 그 외의 운영비용은 자체적으로 확보하고 있다. 정부 의존도는 30% 정도에 불과하다. 공공 및 민간 프로젝트 수행, 이벤트 행사 활동, 기금 모집 등의 방식으로 운영재원을 확보하고 있다. 공원에서 만들어지는 다양한 활동은 뉴욕 도심 삶의 질 향상, 환경 및 문화 교육, 일자리 창출로 이어지고 있다.[70] 우리나라의 생태공원 조성사업도 센트럴파크의 운영방식을 참고하여 한국형 생태하천 및 생태공원 운영모델을 만들 필요가 있다.

| 도시 생태공원을 확대·조성하자 |

쾌적한 도시정주여건에 대한 관심이 고조되면서 도시생태공간에 대한 수요가 증가하고 있다. 도심 열섬방지를 위해서도 신규 녹지공간 확보가 필요하다. 하지만 정부와 지자체의 재정 여건상 생태공원 조성은 어려운 실정이다.

우리나라의 1인당 도시공원 면적은 8.8㎡으로 미국, 영국, 프랑스 등 선진국에 비해 적은 실정이다. 미국 뉴욕은 2012년 기준으로 1인당 공원 면적이 18.6㎡로 우리나라의 2배 이상이다.

---

70. Central Park Conservancy, Annual report 2016

국가	한국	미국 뉴욕	영국 런던	일본 동경	프랑스 파리
1인당 면적	8.8 (2015년)	18.6 (2012년)	26.9 (2012년)	4.4 (2012년)	11.6 (2012년)

주: 계산방식은 '도시공원 조성면적 ÷ 도시지역 인구 수'
자료: 국토교통부, 국가주요지표 홈페이지

영국 런던은 26.9㎡로 우리나라의 3배에 달한다. 일본 동경의 경우 우리보다 공원 면적은 작지만 바닷가에 접해 있어 우리나라 서울과 같은 도심열섬효과는 그리 심각하지 않은 편이다.

우리나라의 경우 법으로 규정하고 있는 도시공원 면적기준은 1인당 6㎡ 또는 3㎡이지만 이는 선진국 도시들의 공원 면적에 비하면 지나치게 작은 수준이다.

서울시 1인당 공원 면적은 16㎡다. 그러나 서울대공원, 국립공원, 묘지공원 등 실제 주거지와 거리가 있는 공원 면적을 제외한 실제 체감되는 '1인당 생활권 공원 면적'은 5㎡ 수준에 불과하다. 생활권 공원은 공원이용자들이 근린생활권에서 실제로 접근하기 용이하고 자주 이용하는 공원으로 근린·어린이 소공원, 체육·문화·역사·수변 공원 등을 말한다. 이같이 실제

▶ 도시공원 면적기준 – 도시공원법 시행규칙 제3조 ◀

도시공원의 면적기준: 하나의 도시계획구역 안에 있어서의 도시공원 면적의 기준은 당해 도시계획구역 안에 거주하는 주민 1인당 6제곱미터 이상으로 하고, 개발제한구역·녹지지역을 제외한 도시계획구역 안에 있어서의 도시공원 면적의 기준은 당해 도시계획구역 안에 거주하는 주민 1인당 3제곱미터 이상으로 한다.

서울시 1인당 공원 면적

2016년 1월 1일 기준, 단위: ㎡/인

행정구역	1인당 공원 면적	1인당 생활권 공원 면적
금천구	8.49	1.47
관악구	20.63	2.41
은평구	27.87	2.49
구로구	6.90	2.92
동대문	3.40	3.17
광진구	9.00	3.27
도봉구	28.31	3.59
양천구	5.92	3.83
강동구	7.09	4.08
중랑구	12.36	4.12
노원구	24.17	4.47
성북구	17.63	4.60
서대문	16.01	4.99
서초구	34.94	5.02
강남구	10.64	5.48
강서구	7.34	5.53
송파구	6.33	6.23
강북구	42.37	6.34
용산구	7.19	6.59
영등포	7.27	7.03
동작구	10.96	7.47
성동구	10.08	9.64
마포구	11.13	10.41
중구	23.01	10.67
종로구	70.01	18.41
서울시 전체	16.17	5.24

주: 생활권 공원은 공원이용자들이 근린생활권에서 실제로 접근하기 용이하고 자주 이용하는
공원으로 근린공원, 어린이공원, 소공원, 체육공원, 문화공원, 역사공원, 수변공원과 기타
도시자연공원 일부(8%)을 포함하며, 묘지공원, 서울대공원, 국립공원은 제외
자료: 서울시 공원녹지정책과, 서울의 산과 공원

생활에서 가깝고 쉽게 접근할 수 있는 공원의 면적이 부족한 것이다. 특히 금천구, 관악구, 은평구, 구로구 등의 1인당 생활권 공원 면적은 3㎡ 이하로 타 행정구역에 비해 매우 작은 수준이다. 종로구는 18㎡로 금천구의 13배에 달한다. 따라서 서울시는 도시 전체적으로 생태조성과 함께 상대적으로 생활공원면적이 작은 지역의 공원을 확대·조성하는 방안을 검토할 필요가 있다.

세계보건기구는 쾌적한 삶을 위해 1인당 최소 9㎡의 녹지를 권장하고 있다.[71] 우리나라 전체 평균 1인당 공원조성 면적은 8.8㎡로 세계보건기구의 권장 기준보다 다소 낮다. 특히 대구, 부산, 광주, 서울 등 주요 대도시의 공원 면적은 다른 지역보다 낮은 편이다. 그러나 정부에서 도시·군계획에 따라 조성하기로 결정한 공원 면적은 전국 평균 1인당 19.8㎡에 이른다. 공원을 조성하기로 계획하였으나 실제 조성률은 절반에도 미치지 못하고 있다. 이렇게 계획대로 집행이 이루어지지 않고 있는 이유는 공원조성 재원 마련의 어려움 때문이다. 지자체가 재원이 부족하여 계획된 공원조성 면적을 실제로 확보하지 못하고 있는 것이다.

이 문제를 해결하기 위해선 선진국의 도시공원 조성과 관리 사례를 참고할 필요가 있다. 미국의 경우 지방정부는 지역주민

---

[71]. World Health Organization, 'Urban Planning, Environment and Health: From Evidence to Policy Action', 2010

과 기업, NGO 등과 함께 도시공원을 조성하고 관리하고 있다. 미국 역시 공적자금으로만 공원을 조성하고 운영하기 어렵기 때문이다. 공공기관이 도시공원을 조성하고 관리는 민간, 비영리단체 등에서 대행하는 형태가 확산되고 있다. 2007년 뉴욕시장 마이클 블룸버그Michael Bloomberg는 도시녹화 정책인 'PlaNYC'

| 지자체별 도시공원 조성 현황

단위: %, ㎡

시도	개소	결정면적	조성면적	조성율	1인당 공원 조성면적	1인당 공원 결정면적
계	21,766	934,242,136	418,208,650	44.8	8.8	19.8
서울	2,122	139,463,601	81,961,230	58.8	8.2	13.9
부산	987	62,817,702	19,196,065	30.6	5.5	17.9
대구	796	24,774,489	11,463,778	46.3	4.6	10.0
인천	1,142	47,349,732	26,372,104	55.7	9.2	16.6
광주	619	20,573,494	9,061,935	44.0	6.2	14.0
대전	590	24,747,747	12,892,939	52.1	8.5	16.3
울산	574	36,640,770	13,604,638	37.1	11.6	31.3
세종	245	22,067,842	21,266,241	96.4	121.0	125.5
경기	5,802	170,371,126	98,107,614	57.6	8.4	14.6
강원	961	37,925,448	9,866,504	26.0	7.8	29.9
충북	1,021	31,177,392	11,088,766	35.6	8.5	23.8
충남	1,224	40,208,680	13,842,270	34.4	9.5	27.5
전북	752	49,790,888	18,599,242	37.4	12.5	33.5
전남	1,436	62,658,638	21,782,521	34.8	16.0	46.0
경북	1,621	70,759,228	19,366,467	27.4	9.3	33.8
경남	1,623	84,612,318	27,949,552	33.0	9.8	29.6
제주	251	8,303,041	1,786,784	21.5	3.2	14.7

주: 도시공원 조성면적은 도시·군계획시설로 결정된 후 조성된 도시공원 면적
자료: 국토교통부 도시계획 현황

를 추진하면서 공원조성과 운영에 지역주민과 민간사업주를 함께 참여시켰다. 일본 또한 동경도 내에 도시계획 공원녹지를 조성하기 위해 민설공원제도를 도입했다. 공원정비 예정지로 결정된 지역에서 공원과 녹지 개발에 민간사업자를 참여시키기 위해 조성하는 녹지 내 건축규제 완화 등 인센티브를 부여하는 것이었다. 이렇게 조성된 제1호 민설공원 하기야마공원은 민간사업자가 공원을 조성하는 대신 전체 부지의 30% 면적에 11층 공동주택을 건설하여 개발이익을 확보했다. 이와 같은 해외 사례를 참고하여 지자체의 도시녹지 및 공원 조성을 확대하는 방안도 적극 검토할 필요가 있다.

또한 건축물 준공 승인 시점에만 녹지 확보의무를 형식적으로 이행하는 행위도 사후관리가 강화되어야 한다. 준공 이후 조경수를 없애거나 규격에 맞지 않는 조경으로 부당이익을 취하는 행위, 녹지공간에 가설물을 설치하는 등의 위반행위를 모니터링하고 관리를 강화할 필요가 있다. 이를 감시할 행정인력이 부족하다면 NGO 단체나 지역주민과의 협력을 통해 모니터링을 강화하는 방안도 적극 활용할 필요가 있다.

| 옥상정원을 조성하자 |

싱가포르는 리콴유李光耀 초대 수상의 '도시녹화정책Skyrise Greenery'으로 옥상정원 조성을 추진했다. '정원도시Garden City'라는 국가 슬로건을 통해 중심업무지구에서는 옥상정원과 가로

수 관리를 통해 녹지비율을 높이고자 했다. 좁은 국토에서 산업발전을 위해 건설된 건축물 사이에 현실적인 녹화정책을 추진한 것이다.

미국의 시카고Chicago는 독일의 옥상정원을 참고하여 2000년 시청 건물 옥상에 정원을 설치했다. 옥상정원을 이용해 빗물을 관리하고 도시열섬현상 저감에 효과가 있다는 것을 인식했기 때문이다.

싱가포르와 미국의 옥상정원 사례는 우리나라 도심의 녹지공간 확보에 좋은 시사점을 준다. 도시 내에서 녹지를 확보한다는 것은 현실적으로 많은 어려움이 있다. 우리나라가 도시 및 군 계획시설에서 공원으로 결정하고도 실제로 공원을 조성되지 못하

▶ 싱가포르의 도시녹화정책 ◀

인구밀도가 높은 도시국가 싱가포르는 리콴유 초대 총리의 도시 녹지 확보를 위한 정책의 일환으로 옥상정원, 벽면녹화, 발코니 녹화 등 3차원 정원을 조성하는 정책을 추진하였다. 아래 그림은 싱가포르의 정원 도시와 공원 안의 도시의 한 사례이다.

자료: 싱가포르 도시녹화정책 홈페이지

는 것은 토지 매입비용 때문이다. 정부는 공원 면적만 결정해놓았을 뿐 이를 실행할 예산의 확보방안은 강구하지 못한 것이다. 이러한 현실적 한계 상황에서 옥상정원은 빌딩과 도로로 가득 찬 도심의 녹지 면적을 확보하는 좋은 대안이 될 수 있다.

우리나라도 일정 면적 이상의 공공 및 상업용 건축물에 대해 옥상정원 설치를 의무화하는 방안을 검토할 필요가 있다. 먼저 1인당 공원 면적이 적은 지역의 빌딩부터 옥상정원 설치를 유도하면 좋을 것이다. 이와 동시에 옥상정원을 설치하는 빌딩주에 대해서는 투수면적으로 인정해주고, 용적률을 완화 적용해주는 등의 인센티브 제도를 활용하면 좋을 것이다. 공공건물부터 건축물 연면적의 일정 부분을 옥상정원으로 설치, 운영하도록 의무화하고 민간 건물에 대해서는 아파트 단지와 연면적 일정 규모 이상의 건물에 대해 광역시 단위부터 단계적으로 의무화할 필요가 있다. 옥상정원 의무화와 관련해서는 국회 차원에서 발의된 옥상녹화 확대·보급을 위한 '도시공원법안' 등을 감안하여 추진할 필요가 있다(2017년 4월 고용진 의원 등이 발의).

날로 심각해지고 있는 도심 열섬효과 방지를 위해서는 이미 앞에서 언급한 도심 생태공원 조성과 함께 옥상정원 조성 의무화 등이 병행 추진되어야 실효를 거둘 수 있다. 1인당 도시공원과 녹지 면적이 작은 지역은 쾌적도시 조성 측면에서 도시개발을 추진하고, 주거환경이 열악한 지역에 대해서는 도시재생의 관점에서 추진하는 융통성 있는 정책을 추진하는 것도 대안일 수 있다.

:: 도립·군립 공원 보전과 관리를 강화하자

현행 자연공원법상 '자연공원'은 국립공원, 도립공원, 군립공원을 의미한다. 자연공원은 종류별로 관리 주체가 다르다. 국립공원은 환경부, 도립공원과 군립공원은 지자체에서 관리하고 있다.[72] 따라서 국립공원은 보전에, 도립공원과 군립공원은 이용에 치중된 관리가 이루어져 왔다. 예를 들어 강원도 설악산 국립공원 케이블카 설치사업에 대한 논란에서도 공원의 관리 주체가 환경부이기 때문에 해당 지역의 이해관계보다는 환경보전에 무게가 실리는 구조였다. 그러나 도립공원과 군립공원은 지자체의 판단에 따라 개발되는 경우가 많아 이러한 논란에서 상대적으로 자유로운 편이었다.

그러나 도립공원과 군립공원의 자연생태도 보전될 가치가 높은 곳이 많다. 전라북도 순창군 강천산 군립공원, 강원도 삼척시 대이리 군립공원, 거창군 거열산성 군립공원 등은 국립공원 이상의 멋과 경치를 자랑한다. 2017년 1월 현재 30개의 도립공원과 27개의 군립공원이 지정되어 있다. 현행법상 지자체의 관리하에 있는 이들 공원은 경제 논리에 따라 난개발이 되기 쉬운 실정이다. 선출된 자치단체장은 지역사회의 개발 요구에 밀려 자연생태계보다는 단순한 경제 논리에 손을 들어줄 수 있기 때문이다.

도립공원과 군립공원이 난개발되지 않도록 정부 차원의 관리

---

72. 대한민국 법령, 「자연공원법」

가 필요하다. 재정자립도가 낮은 지자체는 지역 내 자연공원에 대해 경제 논리로 접근하기 쉽다. 또한 공원 관리와 기초적인 탐방시설 확충도 어려운 실정이다. 현행법상 지자체에 일임된 도립공원과 군립공원의 관리 권한을 환경부와 협의를 할 수 있도록 법적 근거를 만들어 생태적 가치가 뛰어난 도립·군립 공원을 국가적 생태자원으로 활용할 수 있도록 뒷받침할 필요가 있다.

:: 환경을 고려한 도시재생 뉴딜사업을 추진하자

도시재생 뉴딜사업은 재개발이나 재건축 등 기존 개발방식에서 벗어나 도시의 본모습을 유지하면서 문화·업무·상업·혁신 공간 등을 만드는 사업이다. 그동안 양적 팽창의 형태로 추진되었던 도시재생을 질적인 관점으로 접근하겠다는 취지다.

정부는 공적재원 10조 원을 투입하여 연간 100곳씩 5년 내 500곳의 노후주거지를 재생하려 하고 있다. 현재 도시재생 뉴딜사업은 국토개발의 측면이 강하다. 이를 좀 더 환경을 고려한 도시생태의 관점에서 접근할 필요가 있다. 도시재생 뉴딜사업에 주거쾌적성 개선을 위한 도시생태공원 확보, 매립과 복개로 인해 사라진 하천과 도랑의 복구 등을 함께 병행 추진하는 방안을 검토해야 한다.

노후주택을 매입하여 지하주차장을 만들고 지상에는 복지시설이나 유치원 등 공공시설을 입주시키면서 환경오염을 줄이고 도시쾌적성을 높일 수 있는 생태공간을 확보하는 것도 좋은 대안이 될 것이다. 도시재생사업이 단순한 집 고쳐 주기 사업에 머무르지 않기 위해서는 도시생태의 관점에서 추진되어야 한다. 도시재생사업의 주요 대상지역인 노후주거지가 대부분 녹지가 부족하고 쾌적도가 낮다는 점은 이러한 정책의 중요성을 시사한다. OECD 역시 도시녹지에 대한 취약계층 등의 접근성 정보를 우선적으로 수집하고 도시계획 시 녹지문제를 전면적으로 고려할 것을 권고한다.[73]

OECD 환경성과 평가

도시녹지에 대한 권고사항

- 광역지역 도시 녹지에 대한 취약계층 등의 접근성 정보를 우선적으로 수집한다. 도시 계획 시 녹지 문제를 전면적으로 고려하도록 한다. 이 같은 정보 수집 과정을 통해 파악된 우선순위 지역에 대한 녹지 확대 프로그램을 고려한다.

---

73. OECD, 2017 대한민국 OECD 환경성과 평가

김승수 전주시장의 언급처럼 "도시재생은 단순히 건물을 복원하는 것보다 지역의 역사와 문화, 사회가 갖고 있던 자산을 바탕으로 공통체를 살려내고 지속 가능하게 환경과 건축을 배치하는 것"이어야 한다.[74] 불도저식 토목건축 방식이 아닌 장기적 관점에서 지역공동체를 살리고 현지 주민의 의견을 수렴하고 그들 스스로 주도할 수 있도록 도시재생 뉴딜사업을 추진해야 할 것이다.

:: 자연훼손예방제를 도입하자

국토 개발사업의 계획단계부터 자연생태를 고려하는 자연훼손예방제도를 도입할 필요가 있다. 이는 개발사업을 제한하거나 금지하는 것을 의미하는 것은 아니다. 지속가능한 개발을 위해 사업초기 계획단계에서 생태계와 자연경관을 고려하는 것을 뜻한다.

독일의 경우 제2차 세계대전 이후 라인강의 기적이라는 급속한 경제발전 과정에서 발생하게 된 자연환경훼손 문제를 근본적으로 해결하기 위해 1976년 연방자연보호법을 제정했다. 동법에 자연침해조정 규정을 두어 개발사업에 따른 자연생태와 경관 침해를 최대한 피하거나 저감하고, 예상 훼손 정도를 평가

---

74. 조선일보, "[공약 虛와實]③ 500개 도시재생사업에 50조 투입해 과수요 논란... '템포 늦춰라' 주문 쏟아져", 2017.4.12

독일 자연침해조정의 원칙과 특징

구분		내용
자연침해조정 절차	1. 자연보호 책임	해당 사업자로 하여금 원인자 부담원칙을 적용으로 자연침해 방지에 대한 책임을 부과
	2. 자연균형 원칙	자연환경훼손이 불가피할 경우 그 훼손된 자연의 균형조치 시행
	3. 자연대체 원칙	사업시행이 결정이 되면 사업자는 파괴된 자연의 재생 조치를 취하도록 규정
	4. 비교형량 원칙	훼손된 자연이 복원될 수 없는 경우 주무관청은 해당 사업과 자연환경보전의 비교형량을 실시
자연침해조정 특징		자연환경의 보호·보전이라는 기존 자연보호 개념에서 탈피한 자연의 개발을 수용함으로써 자연환경의 보전뿐만 아니라 현실의 자연환경훼손에 대한 대응 도구로 운용 가능
		자연침해원인자 책임원칙의 실현 가능
		사업자 및 관련 관청에 자연환경보호에 대한 법적 의무조항을 통하여 자연환경 보호 인식의 고양(협력의 원칙)
		사업계획 초기단계 1회에 그치지 않고 사업전반에 수반되는 경관생태계획의 일종(사전예방의 원칙)
		집행에 있어서 해당 주관관청이 소관하며 자연보호 관청은 사업 각 단계에 협의를 통한 지지역할을 수행

자료: 국토연구원, 「독일의 자연침해제도와 정책제언」, 2012

하여 구체적인 복원과 대체방법을 강구하도록 한 것이다. 우리나라도 독일의 자연침해조정Eingriffsregelung 제도를 벤치마킹하여 자연훼손방지 대책을 강구하면 좋을 것이다.

우리나라도 한강의 기적이라는 압축성장 과정에서 발생한 도시 자연환경훼손을 근본적으로 해결하기 위한 방법을 강구해야 한다. 우리나라는 현재 일부 국토개발사업에 대해 환경영향평가를 시행하고 있다. 하지만 자연환경훼손과 생태계 단절 등에 대한 실제 대응방안의 고려는 미흡한 실정이다. 국토기본법과 환경정책기본법에서는 개발 사업자에게 환경오염과 훼손을 방지하도록 원칙과 목표를 제시하고 있으나 구체적인 실행 수단은 미흡한 실정이다. 따라서 국토개발에 따른 자연훼손을 줄이고 경관을 조화롭게 복원하기 위해서는 개발사업의 인허가 과정에서 자연침해조정 사항을 반영하는 등 이행의무를 강제할 필요가 있다. 자연침해조정제도를 도입할 경우 독일처럼 자연훼손에 대한 원인자 책임원칙과 사전예방원칙이 적용되는 계기가 될 것이다. 또한 현행 환경영향평가 제도를 보완하는 역할도 하게 될 것이다.

▶ **자연침해조정제도를 도입할 수 있는 방안** ◀

- 국토기본법과 자연환경보전법 등에 명시된 자연생태계 보전과 훼손된 생태계 복원에 대한 내용을 보다 구체화하고 도로법, 하천법 등 개별 법률에서 이에 대한 실천 수단을 명시
- 경관법 및 환경영향평가법 등을 개정하여 자연침해 조정에 관한 내용을 보강
- 산재된 자연침해조정 관련 법률을 통합하여 기본법적 성격이 부여된 새로운 법 제정

자료: 국토연구원, 「독일의 자연침해 제도와 정책제언」, 2012

제2부

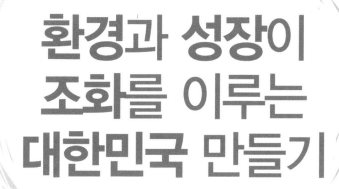

환경과 성장이
조화를 이루는
대한민국 만들기

환경과 에너지는
동전의 앞뒷면과도 같다

환경과 에너지는 동전의 앞뒷면과 같은 관계이다. 우리나라가 사용하는 1차 에너지원은 석유, 석탄, 천연가스, 원자력 등 화석연료가 97.6%를 차지한다. 화석연료는 채굴부터 사용에 이르는 단계에서 환경에 직간접적 영향을 준다. 석탄, 석유, 천연가스 등은 탄소, 수소, 질소, 황, 인 등으로 구성된다. 이들이 산소와 반응하여 연소하면 열을 발생하면서 부산물로 이산화탄소, 질소산화물, 황산화물, 미세먼지 등 오염물질이 만들어진다. 이들은 인간의 건강을 위협하는 대기오염물질이다. 또한 지구온난화, 기후변화를 일으키는 원인이기도 하다.

인간이 화석연료를 사용한다는 것은 동시에 환경오염물질을 발생한다는 의미가 되기도 한다. 사용단계뿐만 아니라 채굴단계에서도 환경부하가 발생한다. 지하에 매장되어 있는 에너지자원을 채굴하기 위해 각종 중장비가 투입되어 작업이 이루어

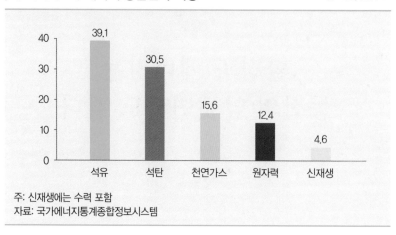

│ 우리나라 1차 에너지 공급원과 비중　　　2015년 기준, 단위: %

주: 신재생에는 수력 포함
자료: 국가에너지통계종합정보시스템

지며, 이 과정에서 환경오염물질이 배출되고 안전사고가 발생하는 등 생태계가 파괴되기도 한다. 단적인 예로, 2010년 미국 멕시코만 석유시추시설에서 발생한 원유 유출사고와 2013년 일본 후쿠시마에서 지진으로 인해 발생한 원자력발전소 사고는 에너지 생산 때문에 발생한 전 지구적인 환경 재난이었다. 이처럼 에너지와 환경문제는 떼려야 뗄 수 없는 관계다. 에너지 정책은 환경과 안전을 고려하면서 경제와 산업의 발전과도 조화를 이루어야 한다.

OECD는 「한국 환경성과평가보고서」(2017)를 통해 2030년까지 감축하기로 한 온실가스 배출량 BAU 대비 37%의 목표 달성을 위해 에너지세와 전기요금 개혁, 재생에너지원 개발 및 에너지 수요관리 강화 등이 필요하다고 지적한다.

:: 탈석탄·탈원전의 현실적 대안 모색하기

석탄화력발전은 질소산화물, 황산화물, 미세먼지 등 대기오염물질을 대량으로 배출하는 발전방식이다. 또한 원자력발전은 방사능 폐기물을 배출하고 사고 발생 시 지구 재난 수준의 대형참사가 발생할 수 있는 발전방식이다.

이에 정부는 국민건강과 안전, 자연환경 보호를 위해 국가 전력공급체계에서 석탄화력발전소와 원자력발전소의 비중을 줄이고 2030년까지 재생에너지 비율을 20%까지 확대하겠다는 방침이다.

이 목표를 달성하기 위해서는 현실적으로 해결해야 할 문제가 적지 않다. 2015년 기준으로 석탄화력발전은 우리나라 전체 발전량 가운데 39%를 생산하고 있으며, 원자력발전은 31%를 차지하고 있다. 일각에서 제기하는 탈석탄과 탈원전의 의미는 우리나라가 사용하고 있는 전기에너지의 70%를 공급하는 발전원을 다른 발전원으로 대체하겠다는 뜻이다.

석탄화력발전과 원자력발전 비중을 축소하기 위해서는 우리나라 전력수급체계가 전면적으로 재검토되어야 한다. 우리나라 경제와 산업을 움직이게 하기 위해서는 어딘가로부터 안정적인 전력을 생산하고 공급해 줄 수 있어야 한다.

정부는 석탄발전을 축소하고 LNG(액화천연가스)와 신재생에너지 비중을 높이는 방안을 강구하고 있다. 그러나 이의 실현을 위해서는 많은 투자와 고통의 감내가 불가피하다. 신재생에너지의 발전원가는 석탄화력발전, 원자력발전보다 상대적으로 높다. 따라서 경제성이 낮은 발전원의 비중을 높이기 위해서는 많은 투자와 전기요금의 인상이 불가피하다. 전기요금에 '재생에너지발전 촉진 부과금'을 신설하는 방안도 검토할 필요가 있다. 또한 재생에너지 잠재력 및 발전계통 접속 인프라 등을 종합적으로 고려하여 재생에너지원별 전기생산 목표를 재설계해야 할 것이다.

예를 들어, 일본은 2011년 후쿠시마 원전사고가 발생한 이후 재생에너지발전을 확대하기 위해 2012년 7월부터 보조금제도 FIT를 실시하고 있다. 태양광, 풍력, 지열, 바이오매스 등 정부가 지정한 재생에너지원으로 발전된 전력을 발전회사가 일정 가격으로 일정 기간 매입하도록 하는 제도이다. 기존 석탄화력발전, 원자력발전 방식보다 발전원가가 높은 재생에너지 발전 전력으로 인해 추가 상승된 비용을 '재생에너지발전 촉진 부과금'이라는 명목으로 가정과 기업 등 사용자의 전기요금에 포함시킨다. 이 부과금은 1kWh당 2.64엔으로 2016년 기준으로 월 260kWh를 사용하는 일본 평균 가정의 월 부담금이 약 7천 원에 달하고 있다. 이에 따라 총 전력 공급량 중에서 재생에너지발전 발전의 비율이 제도 도입 전인 2011년 약 1.4%(대규모 수력 발전 제외)에서 2016년 7.4%로 크게 증가했다. 후쿠시마 원전사고 이전 일본 전체 발전량의 약 25%를 차지한 원전의 가동이 거의 중지되었음에도 별다른 전력 부족을 겪고 있지 않은 것은 이러한 재생에너지 발전 공급 확대에 크게 기인한다.

우리나라도 일본 등 재생에너지발전 선진국의 사례를 본받아 현행 신재생에너지 공급의무화제도RPS의 목표치 상향 조정과 함께 소규모설비 발전차액지원제도FIT의 활성화 방안을 적극 검토할 필요가 있다.

에너지요금은 모든 국민의 부담과 직결된다. 에너지요금 체계의 변경에는 국민적 합의가 반드시 필요하다. 석탄화력발전과 원자력에너지를 포기하고 환경성을 고려한 에너지 정책을 추진할 경우 발전단가 상승으로 전력요금의 인상이 불가피하다. 전기요금 인상문제는 국민경제와 직결되는 사항으로 국민적 공감대 형성이 필수로 전제되어야 하는 정책결정 사안이다. 국민에게 에너지원별 발전단가와 보조금 등을 투명하게 공개하고 동의를 구해야 한다. 전력요금체계를 개편하는 경우에는 전력용도별, 사용량별, 소득수준별로 전력요금을 차등하는 방안도 강구해야 할 것이다.

:: 에너지요금에 환경비용을 반영하자

에너지요금에 환경비용을 고려하는 것은 전력뿐만 아닌 연료시장에도 적용된다. 휘발유, 경유, 천연가스, 석탄 등에 부과되는 현행 에너지세제는 모두 상이하다.

가격은 수요와 공급에 영향을 미친다. 따라서 에너지원별 환경오염비용을 요금에 내재화하면 환경에 미치는 영향에 따라 시장기능이 작동하여 수요와 공급이 재조정될 것이다. 물론 전력요금 인상, 세제개편 등은 국민경제에 중대한 영향을 주게 된다. 산업경쟁력과 국민경제에 미치는 영향 때문에 그동안 에너지 가격의 현실화가 늦춰진 것이 사실이다.

우리나라의 에너지세제는 산업용과 난방용 연료에는 낮은 세

| 에너지세제 현황

2016년 6월 기준, 단위: 원, %

구분	단위	관세		개별소비세		한국		교육세	주행세	부가가치세
		기본	할당	기본	탄력	기본	탄력			
휘발유	l㎢	3	–	475	–	475	529	79.35	137.54	10
경유	l	3	–	340	–	340	375	56.25	97.50	10
부탄	kg	3	0	252	275	–	–	41.25	–	10
프로판	kg	3	0	20	14[2]	–	–	–	–	10
LNG	kg	3	2	60	42[3]	–	–	–	–	10
등유	l	3	–	90	63	–	–	9.45	–	10
중유	l	3	–	17	–	–	–	2.55	–	10
부생유	l	3	–	90	63	–	–	9.45	–	10
무연탄	kg	무세	–	–	–	–	–	–	–	면세
유연탄	kg	무세	–	24[1]	27/21[4]	–	–	–	–	10
전력	kWh	–	–	–	–	–	–	–	–	10

주: 1) 발전용 유연탄에 한하여 과세하며, 집단에너지사업자가 사용하는 유연탄 및 발전사업 외의 용도로 사용되는 유연탄은 면세
2) 가정, 상업용에 한하여 적용
3) 발전용 LNG는 기본세율(60원/kg) 적용, 발전용 이외의 LNG(가정·상업용) 및 집단에너지사업자에 공급되는 LNG는 탄력세율 적용
4) 순발열량이 킬로그램당 5,500kcal 이상인 물품: 킬로그램당 27원
순발열량이 킬로그램당 5,000kcal 이상~5,500kcal 미만인 물품: 킬로그램당 24원
순발열량이 킬로그램당 5,000kcal 미만인 물품: 킬로그램당 21원
자료: 한국환경정책평가연구원, 기획재정부

율로 적용하여 산업부문과 저소득 취약계층에 혜택을 많이 제공하고 있다. OECD 평균과 비교할 때 연료, 즉 난방 및 전환, 발전용 연료 등에 대해 과세율이 상당히 낮은 편이다. 난방 및 전환용 연료에 대한 실효세율은 2012년 기준 OECD 평균의 절반 수준이다(OECD 평균 대비 열량 기준 55.2%).[75] 휘발유와 경유에 부과되고 있는 교통·에너지·환경세, 교육세는 석탄에는 부과되지 않고 있다. 화석연료에 각종 보조금이 지급되고 비과세 조치가 이루어지면서 에너지 요금과 조세체계는 OECD에서도 지적할 정도로 환경적 외부성이 충분히 반영되지 못했다.

우리나라의 전력요금은 OECD 국가들에 비해 낮은 수준이다. 우리나라 에너지 요금과 세금은 에너지의 실제 생산과 사용에서 발생하는 환경적 비용을 반영하지 못하고 있다. OECD도

| 주요 OECD 국가별 전력요금 비교 2015년 기준, 단위: USD PPP/kWh

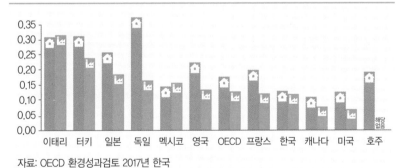

자료: OECD 환경성과검토 2017년 한국

75. OECD, Taxing Energy Use: A graphical analysis, OECD Publishing, 2013

2017년 환경성과평가를 통해 이 점을 지적하고 개선을 권고하고 있다. 재생에너지의 비중을 높이고 동시에 전력요금체계를 전반적으로 정비하라는 것이다.

우리나라는 환경오염 및 온실가스 피해비용, 교통혼잡비용 등으로 에너지와 관련한 대규모 사회적 비용이 지출되고 있다. 2010년도 국내 에너지 부문의 환경 관련 외부비용은 대기오염물질 배출로 인한 환경피해비용이 60조 5,000억 원, 이산화탄소 배출에 따른 외부비용이 14조 7,600억 원 규모로 추정되어 총 75조 3,000억 원이 발생하고 있다. 교통혼잡비용은 28조 5,000억 원의 외부비용이 발생한 것으로 추정되며, 에너지안보비용의 경우 11조 6,000억 원으로 GDP 대비 1.0%를 차지하는 것으로 나타났다. 이러한 환경 관련 외부비용과 교통혼잡비용, 에너지안보비용의 합인 순수 외부비용은 115조 4,476억 원으로 2010년 기준 GDP 대비 9.8% 수준이다. 현재 징수되고 있는 GDP 대비 환경 관련 세 부담은 이에 비해 매우 미비한 수준이다.[76]

OECD의 「한국경제보고서」(2014)에 따르면, 우리나라는 최근 급증하고 있는 사회복지지출에 대응하기 위해 부가가치세, 재산세와 더불어 환경세와 같은 간접세의 비중을 확대하도록 권고하고 있다. 에너지세제의 외부불경제 교정 기능을 강화할 경

---

76. 강만옥, 김용건, 허경선, 조정환, 이슬, 「화석연료 사용의 사회적 비용 추정 및 가격구조 합리화 방안(I)」, 한국환경정책평가연구원, 2012

우 물가연동제를 동시에 고려할 필요가 있다. 우리나라의 에너지 과세체계는 물가변동을 고려하지 않은 명목 종량세액을 장기간 이행함에 따라 환경세적 기능이 크게 약화되는 등 과세체계 전반에 걸쳐 문제가 나타나고 있다. 이로 인해 시간이 경과함에 따라 실질 에너지가격이 하락하였고, 저렴한 에너지가격은 에너지 사용량 증가를 유도하는 결과를 가져오게 되었다. 이를 방지하기 위해서는 사회적 비용의 명목가치를 물가수준과 연동하여 실질세율을 유지하도록 하는 것이 필요하다. 예컨대 EU 국가는 수시로(주로 분기별) 종량세율을 물가에 연동하여 조정하고 있다.

에너지세제에 사회적 비용을 반영할 경우 발생하는 현실적 제약조건을 해결하는 방안을 검토해야 한다. 예를 들면, 급격한 세부담 증가는 조세저항을 가져오거나 가계소비 위축과 산업계의 비용부담 증가를 초래할 수 있다. 따라서 중장기 관점에서 점진적으로 사회적 비용을 반영하는 것이 바람직하다. 구체적으로 에너지세제 개편 시 사회적 비용 전체를 종량세로 부과하는 경우에는 일시에 경제에 미치는 영향이 크므로 사회적 비용의 10% 수준을 시작으로 20%, 30%, 40%와 같이 단계별로 반영률을 높이는 부과방안을 차례로 검토하여 적절한 수준의 세율을 결정할 필요가 있다. 에너지세제 개편 시에는 스웨덴 등 북유럽 국가와 독일 등의 사례를 참고할 필요가 있다. 이들 국가에서는 에너지·탄소세 증세분을 소비세나 기업의 고용관련 비용과 사회보장성 비용을 감면해 줄 경우 경기 진작과 고용 창출의 효과가 있었던 것으로 확인되었다.

또한 기후변화 문제의 심각성과 탄소세 도입국가 증가 추세를 고려해 볼 때 먼저 탄소세를 도입하고, 그 이후에 대기오염물질을 반영하는 세제 개편을 추진하는 것도 고려해 볼 수 있다.

또한 에너지세제 개편으로 부담을 줄 수 있는 에너지다소비형 수출주력업종에 대한 대책이 필요하다. 단기적으로는 산업경쟁력 저하가 우려되는 산업부문(철강, 금속소재, 석유화학, 비철금속, 자동차·조선, 전기전자 등)의 경쟁력 유지를 위해 세제혜택 및 세부담 경감조치를 병행하는 것을 검토할 필요가 있다. 이들 기업의 친환경 사업에 대해 투자세액공제 강화 등 환경세 재원을 활용할 필요가 있다. 또한 에너지사용 감축기술 개발 지원, 에너지다소비업종의 환경 R&D 및 투자 활성화를 위한 세제혜택 강화 등을 추진할 필요가 있다. 한편, 배출권거래제에 참여하는 기업에 대해서는 일정한 세부담 감면을 고려할 필요가 있다.

에너지세제 개편 시 취약계층에 대한 배려도 필요하다. 우리나라는 그동안 에너지복지와 관련하여 가격정책을 주로 추진하였고 소득정책은 미약하였다. 정부는 저소득층의 비용부담 증가를 우려하여 특히 공공요금에서 적정 수준보다 낮게 가격을 책정하고 있다. 그러나 낮은 소득이나 빈곤문제는 공공요금을 낮추어 주는 것으로 해결되는 문제가 아니다. 저가격정책은 오히려 환경세적 기능만 약화시킨다. 소득재분배 및 사회적 형평성 제고를 위해 세율보다는 오히려 세출부문에서 취약계층에 대한 직접지원 대책을 마련하는 것이 바람직하다. 저소득빈곤층 보호는 소득보전, 에너지 바우처 지급 등의 직접 보조정책이 비용효과적인 정책이 될 수 있다.

:: 자동차 연료 규제를 강화하자

국내 미세먼지를 줄이기 위해서는 자동차의 경유 사용을 줄여야 한다. 또한 건설 현장이나 항만에서 사용되는 중장비 등의 경유 사용도 줄여야 한다. 차량이나 건설장비 등의 경유 사용을 최소화하기 위해서는 경유 사용 자동차, 건설장비 등의 교체나 폐기를 촉진하거나 액화프로판가스LPG 등의 사용을 장려하는 정책으로의 전환이 필요하다. 2017년 5월 현재 자동차 연료에 부과되는 세금은 리터당 LPG 221원, 휘발유 745원, 경유 528원으로 각기 다르다.[77]

자동차와 관련한 각종 세금과 준조세 등을 친환경성 관점에서 재설계하는 것도 경유 사용을 억제하는 좋은 대안이 될 수 있다. 자동차 구매, 전용차선 주행, 주차요금, 고속도로 등 유료도로 통행료, 백화점 등 편의시설 내 전용 주차공간 등에 있어서 전기자동차, 연료전지자동차 등 친환경자동차를 우선적으

---

77. 연합뉴스, "[문재인 당선] '탈원전·탈석탄' 정책 속도 낼 듯", 2017.5.10

로 배려하는 대신에 경유 등의 세금을 올리고 차량이용을 불편하게 하는 것이다. 즉, 차량의 환경성에 따라 사회적 인센티브와 패널티를 부여하여 친환경자동차의 선택과 사용을 유도하는 것이 바람직하다.

:: 석탄화력발전소에 친환경설비를 보강하자

우리나라의 주 전력발전원은 석탄화력발전이다. 정부는 2016년 7월 기후변화 및 미세먼지 대응과 관련하여 '석탄화력발전 대책회의'를 연 적이 있다. 이때 30년 이상 된 석탄화력발전소 10기를 모두 폐지하고, 나머지 발전소에 대해서는 환경성능을 개선하기로 했다.[78]

'석탄'은 미세먼지의 주범인 전통 화석연료로 인식되고 있다. 그러나 무조건 석탄을 사용하지 않는 것이 최선의 대안인지에 대해서는 다시 생각해 볼 필요가 있다. 석탄을 사용하되 대기오염물질을 배출하지 않는 친환경적 방식이라면 충분히 고려할 가치가 있을 것이다. 석탄가스화복합화력발전IGCC이나 석탄가스화합성천연가스SNG의 생산 등 석탄을 원료로 사용하지만 환경오염물질을 적게 배출하는 에너지 생산기술을 검토할 필요가 있다. 물론 석탄의 친환경 활용기술은 경제성이 낮지만

---

78. 산업통상자원부 보도자료, "30년 이상 노후 석탄발전 10기 폐지", 2016.7.6

관련 연구개발로 대안을 찾는 것도 고려할 수 있을 것이다.

이러한 정책에 더하여 발전소에서 배출하는 미세먼지의 관리기준을 신설하는 경우 미세먼지의 효과적인 관리에 도움이 될 것이다. 또한 산업통상자원부와 환경부 간의 발전소 오염물질 배출관리를 위한 협력도 필요하다.

현재 사용되고 있는 건식 전기집진기EPS를 습식 전기집진기 등의 설비로 교체하여 초미세먼지 배출량을 감축시키는 방법도 검토할 필요가 있다, 이러한 발전소 개선을 위한 재원 확보를 위해서는 원가와 연동하는 전력요금 현실화 방안의 검토가 필요하다.

기존 발전소에 설치된 집진, 탈황, 탈질 환경설비는 발전소당 평균 500억 원 정도의 투자비가 소요되는 것으로 알려지고 있다. 그러나 정부의 석탄화력발전소 오염물질 감축계획에 나타

▶ 석탄발전 처리 및 오염물질 감축계획 ◀

① 총 53기 기존 발전소에 대해
- 30년 이상(10기) ⇒ 모두 폐지(2기는 연료 전환)
- 20년 이상(8기) ⇒ 대대적 성능개선 시행, 환경설비 전면 교체
- 20년 미만(35기) ⇒ 저감시설 선확충, 20년 이상 경과 시 성능 개선

② 총 20기 건설 중 발전소에 대해
- 공정률 90% 이상(11기) ⇒ 강화된 배출기준 적용, 40% 추가 감축
- 공정률 낮은 발전기(9기) ⇒ 영흥화력 수준 배출기준 적용

③ 신규 석탄발전소 ⇒ 원칙적으로 진입 제한

④ 중장기적으로 석탄발전기 발전량을 축소하는 방안도 검토

자료: 산업통상자원부 보도자료, "30년 이상 노후 석탄발전 10기 폐지", 2016.7.6

난 영흥화력 5, 6호기 화력발전소 수준의 배출기준을 충족시키려면 약 2,000억 원 가량의 환경설비가 필요해 기당 1,500억 원 정도의 추가비용이 예상된다.[79] 이러한 친환경 설비투자를 위한 추가재원을 확보하기 위해서는 정부의 예산 투입이나 전력요금의 인상이 불가피한 실정이다.

:: 발전소 오염물질 배출기준에 미세먼지를 추가하자

발전소에서 배출되는 오염물질은 황산화물, 질소산화물, 먼지 등 3개 기준으로 관리되고 있다. 그러나 최근 우리나라 대기질 문제의 화두가 된 미세먼지의 경우 석탄화력발전소에는 그 관리기준, 즉 미세먼지 배출기준이 없다. 석탄화력발전소의 미세먼지 배출량 감축을 위해서는 규제기준을 설정하고 이를 지키기 위한 방안을 강구해야 한다. 지금처럼 실제 배출량과 배출기준이 없는 상태에서는 개선책을 내놓을 수 없다. 측정 없이는 개선도 없기 때문이다. 이제라도 발전소 오염물질 배출기준에 미세먼지 기준을 신설해야 할 이유다. 그리고 PM10, PM2.5, PM0.1으로 세분화하여 체계적인 발전소발 미세먼지를 줄이는 대책을 추진해야 할 것이다.

---

79. NH투자증권, "가뭄에 기다리던 비 소식", 2016.7.21

지속가능 국가정책을
추진할 기구가 필요하다

:: 정책 우선순위의 재조정이 필요하다

OECD가 발표한 '2016년 더 나은 삶의 질 지수^{Better Life Index}'에서 우리나라는 조사대상 38개국 중 28위로 최근 5년 내 가장 낮은 순위를 기록했다. 특히 환경부문은 최하위 수준인 37위, 대기오염은 최하위인 38위였다.

우리나라는 지난 60여 년간 압축 경제성장을 위해 물질적·경제적 측면에 자원 투자를 집중해왔다. 그 결과 경제 규모는 세계 10위권으로 성장하였고 도시화로 인해 사람들은 편리한 생활을 누릴 수 있게 되었다. 그러나 환경과 지속가능성의 측면에서는 부족한 면이 생기기 시작했다. 환경 파괴와 사회 양극화로 인한 갈등과 소외 현상이 심화되었다.

우리나라가 앞으로 쾌적한 환경을 보전하면서 지속가능한 발전을 실현하기 위해서는 경제성장방식의 전환, 정책 우선순위

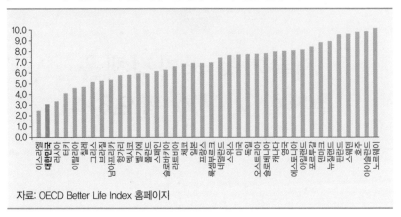

OECD '더 나은 삶의 질 지수' 환경부문 국가별 점수 비교

```
10.0
 9.0
 8.0
 7.0
 6.0
 5.0
 4.0
 3.0
 2.0
 1.0
 0.0
```

자료: OECD Better Life Index 홈페이지

의 재조정, 다양한 이해관계자와의 갈등 조정과 관리를 효율적으로 수행할 수 있어야 한다. 특히 환경약자에 대한 배려를 우선시하는 사회로의 전환을 위한 법-제도 정비와 시스템 구축에 진력해야 한다.

OECD의 평가에 따르면, 우리나라는 분배적 정의문제를 인지하고, 특히, 교정적 정의부문에서 최근 진전을 거두고 있지만 환경정의 정책은 비교적 초기단계에서 단편적으로 이행되고 있다. 또한 우리나라는 아직 법이나 제도상에서 환경정의의 명확한 개념을 정립하거나 목표를 설정하지 못했고, 건강하고 쾌적한 환경을 누릴 모든 시민의 권리와 같은 사회적 목적은 제도마다 상이하며, 이러한 목표를 달성하기 위한 일관성 있고 종합적인 시행조치가 미흡하다는 지적이다.

또한 OECD는 우리 사회의 광범위한 형평성 문제를 언급한다. 환경정의를 고려한 정책개발과 함께 정책 이행에 있어 정규직 대 비정규직의 소득 불평등과 노인빈곤 현상 등 사회조건을 고려하는 것이 바람직하다고 권고한다.

뿐만 아니라 미래세대를 위해 생태환경의 가치를 보다 적극적으로 구현하는 것이 필요하다는 점을 강조하고 있다. 이러한 생태적 환경정의가 일상생활에 녹아들고 실현되도록 하기 위해서는 보다 거시적 차원에서 환경정의와 환경부정의 Environmental injustice 개념을 정립할 필요가 있다. 단국대학교 조명래 교수는 환경정의 또는 환경부정의 문제는 '기본권, 시민권, 환경권 등 권리의 문제'라고 설명한다.[80] 모든 사람이 쾌적한 환경에서 살 수 있고, 환경약자 또한 인간답게 자연과 함께 하는 생태적인 삶을 누릴 수 있는 권리가 보장되고 실현되는 사회를 만들어야 한다. 이를 위해 환경정의의 관점에서 모든 사회구성원이 환경적 편익과 위험을 차별없이 공유할 수 있어야 한다. 이와 같은 개념을 구현할 수 있도록 환경기본법 등에 반영하고 환경약자의 관점에서 환경부정의가 시정될 수 있도록 거버넌스 체계를 정비해 나아가야 할 것이다.

---

80. 조명래, 환경정의: 한국적 환경정의론의 모색, 한국환경법학회 제114회 학술대회, 2013

환경정의에 대한 권고사항

■ **정책 프레임워크**

- 관련 법과 정책에 환경정의 목표를 명시하고, 법과 정책문서 간 일관성을 유지하여 정책 우선순위, 부처 간 책임소재, 환경정의에 대한 대중의 권리를 분명히 하고, 적절한 법률 및 정책을 통해 환경정의 목표를 이행한다.

■ **환경정의와 광범위한 형평성 문제**

- 환경정책의 효과성을 향상시키고 환경적 불평등을 줄여 사회적 불평등을 개선하며, 공공사회부문 지출을 확대하여 사회 안전망을 강화한다.

■ **세대 내 정의**

- 광역·지자체 상수도를 일정 수준을 넘어서까지 추가 확대하는 것의 경제적 효율성을 소규모 농어촌 상수도 품질 개선(식수용 관정 보급, 보고의무 개선 등) 활동과 비교하여 평가한다. 효율성, 원가절감, 원가회수율, 환경성과 측면의 지속적 개선을 위해 독립 수도사업자에 대한 규제 효과성을 확보한다.
- 수도 공급 및 위생 서비스 요금 정책에 대해 해당 부문의 재정안정성과 이들 서비스에 대한 공평한 접근성 보장을 염두에 두고 정책의 경제적·환경적·분배적 영향을 평가한다.
- 광역지역 도시 녹지에 대한 취약계층 등의 접근성 정보를 우선적으로 수집한다. 도시 계획 시 녹지문제를 전면적으로 고려하도록 촉진한다. 이 같은 정보수집 과정을 통해 파악된 우선순위 지역에 대한 녹지 확대 프로그램을 고려한다.
- 도시와 농촌 간 환경위험 노출, 취약가구의 환경위험 노출에 대한 데이터 수집을 개선한다.
- 입지 선정 및 정책 수립 시 분배영향 문제를 고려하여, 현존하는 개발압력에 맞서 분배적 정의의 향상을 모색한다.

- 녹색성장 활성화 및 지속가능한 개발정책 등과 같이, 정책 의사결정 시 미래세대의 환경적 이익을 고려한다.

■ **환경배상책임**
- 토양오염에 대한 배상책임제도를 보기 삼아 수역과 수생태계에 대한 과거 훼손에 책임을 부과하는 엄격한 배상책임제도를 도입한다. 버려진 모든 오염된 산업부지대장을 지속적으로 업데이트하고 점진적인 오염 제거를 위한 재정 메커니즘을 개발한다.

■ **환경 민주주의**
- 정보이용, 환경적 의사결정에 공공 참여, 법률 및 정책에 사법적 접근에 관한 핵심 절차적 권리 표출을 강화함으로써 개발 프로젝트를 포함하여 효과적인 환경적 책무에 보다 많은 대중의 지원을 확보하고 환경적 갈등을 건설적으로 해결해 나간다.
- 환경 허가과정에서 대중이 관여할 수 있는 메커니즘을 도입하고 투입부터 일반 대중(지역주민을 넘어서) 및 NGO에까지 환경영향평가와 전략 환경 영향평가를 공유하여 환경적 의사결정에 공공 참여를 향상시킨다.
- 배출권 신청, 정기적인 자체 모니터링 보고서 및 검사 보고서, 대기오염물질 데이터를 포함한 경제 개체의 환경 관련 움직임에 대한 기록 공개를 확대하여 환경정보에 대한 접근성을 강화한다.

■ **환경문제에 대한 사법적 접근 강화**
- 공공 참여에 관련된 정보 요청 및 의사결정을 위한 검토 절차를 활발히 이용할 수 있도록 하고, 환경 진행 상황에 대해 환경 NGO를 포함하여 법적 지위 권한을 확대한다.
- ADR 제도[81]의 일부로서 보상을 넘어 구제책(방지 또는 복원)의 효과적인

---

81. ADR(Alternative Dispute Resolution) 제도란 대체적 분쟁해결 제도를 의미함

이용을 보장한다. 법관 및 기타 법률 전문가 역량 구축 프로그램을 고려하여 사법적 접근성을 촉진하는 데 있어 이들의 역할을 강화한다.
- 국제적 협의를 이끌어낸 '2010 발리 가이드라인'을 벤치마크로 활용하여 리우선언 제10조가 한국에서 법제화 될 수 있도록 체계적인 노력을 기울인다. 환경의사결정에 있어 공공 참여를 촉진하겠다는 약속으로 '오르후스 협약'에 가입하는 것을 고려하고 이러한 권리의 법적 시행이 강화될 수 있도록 노력한다.

자료: OECD, 「2017 대한민국 OECD 환경성과 평가」 42-43p

:: 지속가능발전위원회의 위상을 강화하자

환경을 중시하는 가운데 환경약자를 보호하고, 지속가능한 발전정책을 일관성 있게 추진하기 위해서는 부처나 지자체 차원의 이해관계를 넘어 국가 차원에서 환경을 훼손하지 않으면서도 국가경쟁력을 조율하는 주체적 역할이 필요하다. 범 정부부처 내 모든 정책 입안 및 집행과정에서의 갈등요인을 사전에 제거하고, 정책집행 과정에서 각 계층(일선 지자체 과단위 조직 포함) 간 이해갈등까지 관리하며 조율할 수 있어야 하는 것이다.

이를 위해 정부부처 내에 지속가능발전 장관제를 신설하거나 환경부 장관이 겸직하는 방안을 전향적으로 검토할 필요가 있다. 스웨덴이나 캐나다 등 구미 선진국들은 지속가능발전부 장관을 임명하여 국가 차원의 지속가능발전을 도모하고 있다. 다만 국가에 따라서는 지속가능발전부 장관을 별도로 두는 경우와 환경부 장관이 겸직하는 경우도 있다.

제70차 UN총회에서 채택된 지속가능발전목표_{SDGs, Sustainable} _{Development Goals}를 국가 차원에서 효율적으로 이행하기 위해서도 환경부와 별도의 조직에서 범 정부 차원의 지속가능발전 과제별 목표설정, 이행계획 수립 및 이행과정 모니터링을 지속적으로 통합관리할 독립적 조직이 필요하다.

한편, 지속가능발전위원회를 대통령 직속위원회로 격상시켜 부처 간 갈등은 물론 이해당사자 간의 갈등요인을 사전에 최소화하고 협업과 협치를 통해 환경문제로 인한 갈등을 신속히 해소할 수 있도록 거버넌스체제 또한 정비에 나서야 한다.

환경오염이나 환경파괴의 원인은 다른 부처들의 신중하지 못한 정책추진의 결과에서 비롯된 반면, 해결은 환경부가 하도록 수습책임을 지우는 현재의 정책운영과 갈등조정 방식은 반드시 시정되어야 한다. 정책의 입안단계부터 환경에 미치는 영향을 정확히 진단하고 부정적인 환경 영향을 최소화하는 소통과 협치의 거버넌스체제를 갖춰야 할 것이다.

현재처럼 사고가 터지고 나서야 뒷수습에 나서는 사후 대처 방식으로는 국가적 환경문제나 갈등요인을 해소하기 힘들 뿐만 아니라 땜질식 처방으로 끝나게 돼 심각한 환경적 재앙을 막아낼 수가 없다. 국가계획의 수립, 집행, 사후관리 전 과정에서 나타날 수 있는 환경문제를 사전에 예측하고, 갈등요인을 사전에 제거해야 한다. 혹여 이해관계자나 부처 간에 갈등이 발생

▶ 제70차 UN총회의 지속가능발전목표 ◀

2015년 9월에 열린 제70차 UN총회에서는 지속가능발전목표를 채택했다. 물과 위생 제공과 관리 강화, 청정에너지 보급, 경제 성장과 일자리 증진, 지속가능도시 구축 등 총 17개 목표와 169개 세부 목표로 구성되었다.

자료: UN SDGs 홈페이지

하는 경우에는 신속히 갈등을 해결할 수 있도록 위원회의 기능을 강화해야 할 것이다.

:: 경제주체 간 갈등관리시스템을 구축하자

오스트리아 정부는 10여 년간 빈 국제공항 활주로 증설을 추진했다. 그러나 2017년 2월, 연방법원은 사업계획을 취소시켰다. 이유는 '환경' 때문이다. 활주로를 증설하여 얻는 경제적 이득이 추가로 발생할 환경오염을 정당화할 수는 없다는 이유였다.

상기와 같은 환경문제로 인한 정부부처 간 갈등, 정부와 환경단체 간 갈등, 지자체 간 갈등, 기업과 소비자나 지역주민 간 갈등은 물론 이들 다양한 주체들 간의 복합적인 갈등이 갈수록 증폭되고 있는 상황이다.

이같이 환경문제를 둘러싼 사회적 갈등의 빈발은 개인생활의 불편과 재산권 침해 등을 초래하는 정부정책에 대한 신뢰도를 떨어뜨릴 수 있다. 또한 다양화된 가치관의 충돌과 개인선호 표출 증대에 따라 환경갈등을 증폭시키고 우리 사회의 지속가능발전을 크게 제약할 가능성이 크다.

따라서 환경문제와 관련한 갈등요인을 최소하고 환경약자들을 보호하는 등의 환경정의 실현과 지속가능발전을 동시에 도

▶ 오스트리아는 왜 공항 건설을 취소했을까 ◀

"오스트리아 빈 국제공항에 세 번째 활주로를 건설하려던 계획이 온실가스 증가를 우려한 법원의 제동으로 무산됐다. 오스트리아 연방 행정법원은 2월 9일 "활주로 건설의 긍정적인 효과가 이산화탄소 오염을 증가시키는 것을 정당화하지는 못한다"며 이같이 판결했다. 법원은 제3활주로가 오스트리아 국내외의 온실가스 감축 노력에 역행할 뿐 아니라 현저하게 온실가스를 증가시킬 것이라면서 "공항에 태양광 패널을 설치하고 활주로에 쓰이는 차들을 전기차로 바꾸는 조치만으로는 불충분하다"고 지적했다. 공항 측을 대리한 크리스티안 슈멜츠Christian Schmelz 변호사는 오스트리아 일간 《디프레스Die Presse》 인터뷰에서 "기후변화를 이유로 구체적인 계획이 나와 있는 건설 계획을 막은 것은 처음인 것으로 안다"고 말했다. 린츠대학 환경법률연구소 에리카 바그너Erika Wagner는 "기념비적 판결"이라며 환영했다. 지난해 2,300만 명의 승객이 이용한 빈 공항은 십여 년째 활주로 1본을 늘리려는 계획 추진하고 있지만 환경단체 등의 반발로 지연되고 있다. 공항 측은 연방 대법원에 상고할 계획이라고 밝혔다.

자료: 연합뉴스, "빈공항 활주로 추가 건설 법원서 반대…'온실가스 우려'", 2017.2.11

모할 수 있는 법체계의 정비와 갈등관리시스템 구축을 서둘러야 할 것이다.

물론 정부 차원에서도 나름대로 많은 노력을 기울이고 있다. 한 예로 '화학안전법·피해구제법·통합법 포럼'(2013.3~2014.10)을 81회, '환경단체와의 협의체'(2013.9~2016.5)를 60회 열어 합의·협치 정신에 기반하여 환경규제를 도입함으로써 이해관계자의 예측가능성을 높이고 제도 운용의 수용성을 높여 준 것은 나름대로 평가할 만하다. 또한 2년간 20여 회에 이르는 토론 끝에 정부-산업계 간 합의를 도출하는 모습은 한두 부처만의 시도이긴 하지만 나름대로 의미가 있는 진전이다.

그러나 이러한 노력은 환경부 등 1~2개 부처만의 노력으로 머물러서는 안 된다. 지속가능발전위원회를 대통령 직속위원회로 격상시키고, 동 위원회에서 실질적으로 환경과 관련한 부처 간의 갈등이나 지속가능한 발전을 위한 정책의 우선순위를 조율해 줄 수 있도록 기능과 역할을 부여해주어야 할 것이다.

또한 SDGs 채택에 따른 시민사회 등과의 거버넌스 활성화도 필요하다. 이를 위해 현재의 형식적이고 정부 주도적인 거버넌스체계를 정비하여 SDGs 과제가 실현될 수 있도록 해야 한다. 물론 정부는 지속가능발전 이행기반 구축을 위해 참여적 거버넌스 구축에 노력하고 있다. 지역 거버넌스 활성화, 기업협의체와의 대화와 소통 강화 그리고 종교계와의 협력을 통해 생활 속의 환경실천운동을 전개하고 있다.

지역 차원의 지속가능발전목표 설정과 실천 확산을 위해 '지방의제21' 등 민간 네트워크 활성화를 위해 지방 지속가능발전 지표, 지방의제21 추진기구 등의 활동에 필요한 가이드라인 등을 제공하고 있다. 그리고 지방의제21 활동의 지역실천 확산·공유를 위한 지방의제21 전국대회 개최 및 지자체와 연계하여 지방의 지속가능발전 지원, 전국 지속가능발전 공모전을 통한 우수사례 발굴 및 시상을 하고 있다.

이밖에 지속가능발전 소통체계 활성화를 위해서 민관환경협의회를 통해 정부·민간단체 간 주요 환경현안 논의 및 국민생활 속의 환경 애로사항 청취로 실질적 정책수립과 협치기능을 강화하고 있으며, 지속가능발전 패러다임 공유, 지속가능경영 확산 및 기업의 사회적 책임 강화를 위해 산업계와의 소통도 강화하고 있다.

그러나 이러한 제한적인 이해관계자만을 대상으로 한 소통과 협의, 비상시적인 운영체계로는 국가 차원의 지속가능발전 모델을 만들어 낼 수 없다. 환경약자와 미래세대를 우선적으로 배려하는 지속가능발전 거버넌스 운영체제에 대한 고민과 대책이 보강되어야 할 이유다. 더불어 다양화된 가치관의 충돌과 개인선호 표출 증대에 따라 환경갈등이 고조되어 가고 있는 현실을 반영하여 환경약자를 위한 환경집단소송제 시대에 대비한 갈등관리시스템도 고민해야 한다. 환경분쟁의 '사후해결 중심'의 소극적 정책을 환경권의 '사전보장 중심' 정책으로 전환하고 국민건강영향조사의 확대, 환경오염우심지역·환경유해인자 노출집단에 대한 모니터링 강화로 피해발생의 사전 차단대책도 강구해야 한다. 이밖에 주요 정책 수립 시, 이해당사자 간 소통 강화를 위해 시민위원회 설치 등 적극적인 의견수렴 절차도 마련해야 한다.

그동안 환경은 어떤 것의 결과일 때가 많지만 정책의 사전 결정과정에서 환경은 우선순위에서 뒷전이거나 의사결정과정에 참여하더라도 형식적인 역할을 하는 경우가 부지기수였다. '환

▌환경정책 고객의 목소리

국 민	산업계
• 국가 온실가스 감축 목표 이행으로 기후변화 적응 역량 향상 • 환경유해물질로부터 안심할 수 있는 생활환경 조성 • 사람과 생태가 어우러지는 물 환경 조성 • 생태계 파괴에 대한 관리 및 환경보전 노력 • 미세먼지 및 황사 등 대기질 개선 • 수돗물 안전, 정수기 등 국민 건강위협 이슈 해결	• 숨 돌릴 틈 없는 매머드급 규제의 동시 시행으로 대응에 애로 • 규모별 차등화된 규제 적용 • 합리적 규제 수준의 도출을 위해 이해관계자와의 소통과 협업 필요 • 세계 시장이 확대되고 있는 물산업의 육성책과 인프라 필요 • 환경산업 신시장 발굴, 자금 지원확대 및 해외진출 지원 다각화 • 재활용 범위를 확대하고, 재활용업을 육성
전문가	**시민단체 및 언론**
• 환경정책의 적극적인 홍보 • 물산업 육성으로 경제 활성화 • 생물다양성을 평가할 수 있는 균형 있는 점검지표 개발 • 환경영향평가의 협의기간 준수,전문성 제고, 과도한 검토의견 지양 등 실효성 있는 제도 운영	• 환경 • 안전 관련 규제완화 반대 • 정책이나 홍보가 사후 처리방식 • 민간의 다양성과 창의성을 반영할 수 있는 소통 강화 • SDGs 채택에 따른 시민사회 등과의 거버넌스 활성화

자료: 환경부, 2017

경이 진정한 의미의 경쟁력의 원천'이라는 철학이 정부의 정책 운용과정에 반드시 반영될 필요가 있다. 이를 위해서는 그동안 양적성장 패러다임에 익숙한 기업의 구성원이나 경제계와의 대화와 소통은 물론 이들에 대해 영향력을 미칠 수 있는 소비자인 국민에 대한 환경교육 등이 지속적으로 이루어져야 할 것이다.

:: 통합적·효율적인 환경·에너지 업무를 조율하자

기후, 대기, 환경, 에너지는 상호연관성이 높다. 어느 하나를 떼어 관리하는 것이 쉽지 않다. 대기오염과 온실가스 배출 문제는 에너지 사용과 밀접하게 연결되어 있기 때문이다. 그동안 환경과 에너지부서의 통합문제는 정권교체기마다 단골로 거론되어 왔으며, 국가에 따라서는 통합운영되는 경우도 있고 분리운영되는 경우도 있어 의견이 분분하다. 기후변화대응 및 대기정책 관점에서는 에너지정책업무의 통합운영이 바람직하다. 물론 산업정책적인 측면과 에너지산업 자체로 보면 현재처럼 각각 독립부서로 운영하는 것이 효율적일 수 있다. 하지만 두 업무의 통합운영이 어려운 경우에는 지속가능발전부 장관제를 도입하고 동 부처에서 갈등과 정책을 조율케 하는 방안도 검토할 수 있을 것이다.

기후·대기·에너지 정책의 상호의존성

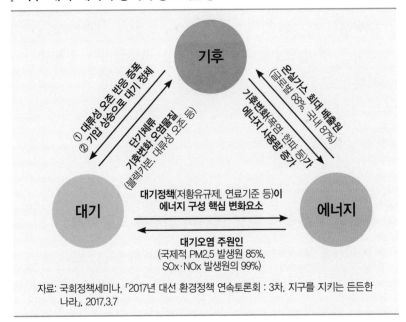

자료: 국회정책세미나, 「2017년 대선 환경정책 연속토론회 : 3차, 지구를 지키는 든든한 나라」, 2017.3.7

주요 국가별 '에너지' 정부 조직 유형

유형	국가
에너지 전담부처	캐나다, 칠레, 이스라엘, 멕시코, 폴란드, 미국
산업·경제부처에서 에너지 업무 담당	한국, 벨기에, 핀란드, 독일, 영국, 이탈리아, 일본, 네덜란드, 뉴질랜드
기후변화 업무와 에너지 업무 연계	호주, 덴마크, 프랑스, 스웨덴, 스위스

자료: 국회정책세미나, 「2017년 대선 환경정책 연속토론회 : 3차, 지구를 지키는 든든한 나라」, 2017.3.7

융복합 그린산업 활성화로
일자리를 창출하자

그동안의 공장자동화와 IT화, 해외로의 공장 이전 등으로 감소하고 있는 국내 일자리가 4차 산업혁명 시대를 맞아 더욱 사라질 전망이다. 특히 제조업 분야의 일자리가 위기를 맞이할 것으로 보인다. 그러나 환경, 녹색 분야와 관련한 융복합기술 개발 확대는 새로운 일자리를 많이 만들어 낼 수 있을 것으로 기대된다. 독일에는 2012년 기준으로 환경산업 분야에 220만 개의 일자리가 있다. 이는 전체 일자리 중 5.2%에 해당한다.

환경은 새로운 부가가치와 일자리를 창출하는 산업이다. 일본은 2010년 시장과 고용창출을 위한 신성장동력으로 '환경'에 주목했다. '그린이노베이션Green Innovation'이라고 이름을 붙이며 2020년까지 환경 관련 시장을 50조 엔 이상으로 키우고 140만 명의 환경 관련 신규 일자리를 창출하는 목표를 세웠다.

우리나라도 환경분야에서 대규모 일자리를 창출하기 위해서는 우선, 환경 관련한 '그린일자리'의 개념을 독일이나 미국 등 선진국에서 정의하는 방식으로 확대하고 일자리 수요 창출에 힘 써야 한다. 이를 위해 그동안의 대량생산과정에서 재활용되지 못하는 폐기물 등을 재활용하거나 디자인 등과 융합하는 과정에 서 창출될 일자리에 주목할 필요가 있다. 또한 자연과 힐링에 대 한 수요증가는 깨끗한 공기와 물, 생태환경에 관련된 사업기회 의 확대로 이어지면서 그린산업의 성장과 함께 관련 일자리를 크게 늘릴 수 있을 것이다. 특히, 우리나라에서는 생태하천, 생태 공원, 자원순환, 신재생에너지, 물관리, 도시농업, 신재생에너지 분야에서 적은 예산 투자로 많은 일자리를 창출할 수 있을 것으 로 기대된다. 다만 정부는 환경분야의 투자재원 확보와 예산집 행에 있어 시장이나 일자리 창출과 연계하여 프로젝트 관리 차 원에서 사전·사후적인 모니터링을 강화할 필요가 있다.

:: 환경산업과 그린일자리의 범위를 재정의하자

2000년대 초반 전 세계적으로 기후변화에 대한 경각심이 높 아지면서 국제적으로 그린일자리에 대한 검토가 진행되었다. 그린일자리에 대한 개념을 단순히 환경보전, 기후변화 대응에 그치지 않고 농업, 제조업, 서비스업 등 산업과 연구개발, 에너 지 등 광범위한 분야를 포괄하도록 재정의하였다.

각국이 처한 환경과 기관별 특성에 따라 그린일자리에 대한 개념은 다소 차이가 있다. 우리나라도 환경과 경제, 산업 등을 종합적으로 고려한 그린일자리에 대한 개념을 재정의할 필요가 있다. 일반적으로 환경과 생태, 자원, 기후, 재생에너지 관련 산업의 일자리를 포괄적으로 그린일자리라고 표현할 수 있을 것이다. 유엔환경계획UNEP, 국제노동기구ILO, 국제노동조합연맹IOE, 국제노동조합연맹ITUC 등이 함께 참여한 '그린일자리이니셔티브Green Jobs Initiative'는 그린일자리를 환경을 보전하고 복구하는 농업, 제조업, 연구개발, 행정, 서비스 분야의 일자리로 광범위하게 정의했다. 여기에는 생태계 보호, 생물다양성 확보, 에너지 및 자원 절약, 탈탄소 경제, 폐기물과 오염물질 배출 감소 등이 포함된다.[82]

미국노동통계국BLS은 환경과 자연보호를 위한 제품과 서비스를 제공하는 산업의 일자리뿐만 아니라 친환경적이고 자원효율을 향상시키는 방식의 의무를 갖는 노동자도 그린일자리에 포함시키고 있다.[83] 선진국에서는 그린일자리를 환경과 관련된 포괄적인 개념으로 인식하고 있는 것이다.

2009년 우리나라도 저탄소 녹색성장 기조에 맞추어 그린일자리를 '산업 전반에 걸쳐 에너지와 자원의 효율을 높이고 환경을 개선할 수 있는 재화를 생산하거나 서비스를 제공함으로써 저

---

82. UNEP/ILO/IOE/ITUC, Green Jobs: Towards decent work in a sustainable, low-carbon world, 2008
83. U.S. Bureau of Labor Statistics(BLS) 홈페이지

기관	정의
UNEP/ILO/IOE/ITUC(2008)	환경을 보전하고 복구하는 데 기여하는 농업, 제조업, 연구개발, 행정관리, 서비스 분야의 일자리
미국노동통계국 (Bureau of Labor Statistics)	환경과 자연 보호를 위한 제품과 서비스를 제공하는 산업의 일자리뿐만 아니라 친환경적이고 자원효율을 향상시키는 방식의 의무를 갖는 노동자
World Watch Institute(2008)	생태계의 다양성 및 시스템 보호, 에너지 및 자원 절약, 저탄소 및 오염저감 등의 기능을 통해 환경의 질적 수준을 유지, 복원하는 데 기여하는 직종. 농업, 제조업, 건설업, 장치업, 연구개발업, 행정사무업, 서비스업 등 광범위한 분야에서 발생
EU(2008)	환경 분야의 일자리 또는 특정 환경 관련 숙련을 요구하는 일자리
CAP&GCN(2009)	생태계 보호, 오염 감소, 폐기물과 에너지 사용 저감 등 환경의 질과 건강을 유지 혹은 증진시키는 데 기여하는 직업
미국 O*NET-SOC (2009)	직업의 녹색화(greening)란 녹색경제 행위와 기술이 기존 직업의 수요를 증가시키고, 직무수행에 요구되는 근로 요건과 근로자 요건을 형성, 혹은 특별한 근로와 근로자 요건을 생성시키는 정도를 말함
OECD(2010)	명확한 정의를 내리기는 어려우나, 신기술 저탄소 산업을 통해 창출되는 일자리는 물론 주택과 건물의 에너지 효율성을 개선하는데 필요한 인력도 포함

자료: 홍종호(2012), UNEP 등 국제기구 및 기관 자료 정리

탄소 녹색성장에 기여하는 일자리'라고 정의하기도 했다.[84]

우리나라는 아직까지 국가 전체의 녹색green 또는 환경 관련 일자리 현황을 정확히 파악하지 못하고 있는 실정이다. 이는 일자리의 구분과 정의, 그리고 통계가 명확하지 않기 때문이

[84] 기획재정부, 교육과학기술부, 문화관광부, 농림수산식품부, 지식경제부, 환경부, 노동부, 국토해양부, 방송통신위원회, 금융위원회, 「녹색일자리 창출 및 인력양성 방안 - 녹색일자리 어디서 어떻게 만드나」, 2009.11.5

다. 경기도 등 일부 지자체가 자발적으로 그린일자리에 대한 실태 파악을 하고 있는 수준이다. 중앙정부 차원의 체계적인 접근이 이루어진다면 그린일자리 정책 추진에 도움이 될 것이다. 그린일자리에 대한 개념을 토대로 현주소와 문제점을 파악하고 향후 일자리 목표를 설정하기 위해서는 독일 등 선진국의 사례를 참고할 필요가 있다.

2012년 현재 220만 개에 달하는 독일의 환경 관련 일자리는 환경보호를 위한 인력 투입 및 서비스, 환경보호 관련 제품, 재생가능에너지 등의 분야로 구분된다.[85]

놀라운 것은 독일의 환경 관련 일자리가 2002년 145만 개에서 2012년까지 10년 만에 52%나 증가했다는 점이다. 독일은 재생에너지 시장을 활성화시켜 많은 그린일자리를 창출했다. 독일은 우리나라보다 열악한 일조환경에서도 세계 최대 태양광발전국가로 거듭났다. 미국도 1977년부터 2007년까지 30년간 에너지 효율성 개선 사업으로 150만 개의 일자리가 창출된 것으로 알려지고 있다.[86]

환경산업은 국민에게 더 나은 환경을 제공해주기 위한 서비스 산업이다. 각 국가별로 처한 환경과 실정에 따라 적합한 그린일자리 정책이 수립되고 있다. 우리나라도 우리 실정에 맞는

---

85. Beschaftigungswirkungen des Umweltschutzes in Deutschland im Jahr 2012
86. Felicity Barringer, "Green Policies in California Generated Jobs, Study Finds", New York Times, 200tb 2008

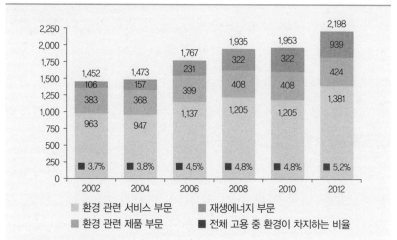

독일 환경보호 관련 일자리 추이

단위: 천 명

주: '환경'은 '환경보호'의 개념

자료: Bundesministerium für umwelt naturschutz bau und reaktorsicherheit, Umwelt bundesamt, 2016 Beschaftigungswirkungen des Umweltschutzes in Deutschland im Jahr 2012

그린일자리를 정의할 필요가 있다. 그래야 향후 환경과 관련된 일자리 대책을 수립할 때 실무 단계의 혼선을 줄이고 자연환경과 조화롭게 비용효율적인 일자리 정책을 추진할 수 있다.

:: 폐자원 시장 육성으로 새로운 일자리를 창출하자

독일과 일본의 사례에 비추어 볼 때 폐자원 시장은 새로운 일자리가 창출될 수 있는 영역이다.

독일은 폐기물 재활용산업을 미래산업으로 인식하고 있다. 독일연방경제자원부에서는 재활용 및 폐기물 처리 산업을 4차 산업혁명, 즉, 인더스트리 4.0^{Industrie 4.0} 다음으로 중요한 분야로 인식하고 관련 정책을 적극 추진하고 있다. 독일 폐기물 처리 관련 산업의 매출은 2013년 기준으로 1,184개 기업에서 266억 유로, 약 30조 원에 이른다. 이 가운데 재활용 부문(폐기물 수집 포함)이 36%로 가장 높은 비중을 차지하고 있다.

독일의 폐기물 처리 관련 산업은 2013년 기준 266억 유로의 매출을 기록하였으며 12만 명을 고용하고 있다. 폐기물 수집과 재활용뿐만 아니라 폐자원을 수출입하는 산업도 일자리 창출 효과가 크다. 전기전자제품 제조업체와 유통업체의 재활용 관련 법규 이행을 위한 컨설팅 회사들도 늘어나고 있는 추세다. 폐자원을 수출입하는 산업은 국가별로 상이한 폐기물 관련 규정과 국제 무역에 대한 이해가 필요한 전문성이 요구되는 고급 일자리로 인식되고 있다.

∷ 공공부문 녹색제품 구매제도 활성화로 그린일자리를 창출하자

2002년 개최된 지속가능발전 세계정상회의^{WSSD}에서는 지속 가능 소비·생산을 위한 10개년 프로그램 수립을 권장하였다. OECD는 지속가능발전을 위해 정부 등 공공기관 구매의 중요성 을 인식하고 환경정책과 공공구매정책의 접목을 위한 사업을 추진하고 있다. 특히 2003년「환경친화적 정부구매정책」보고서를 통해 친환경적 정부구매정책의 성공을 위해 녹색제품의 정부구매정책이 강제성을 지닐 필요성이 있음을 지적하였다.

또한 EU집행위원회는 2003년 6월 18일 통합제품정책IPP, Integrated Product Policy을 채택, 제품과 관련된 환경규제를 통합적으로 실시함으로써 근원적인 환경문제를 해결할 수 있다는 것이다.

이러한 국제기구의 분위기를 반영하여, 선진국을 중심으로 공공기관에 대한 녹색제품 의무 및 우선 구매제도가 활발하게 도입되고 있다.

EU는 국가 간 기본 조약과 공통 법률 및 공적 조달관리의 주요 원칙을 설정·운영하고 있으며, 이는 계약 시 제품 또는 서비스를 구매자가 자유롭게 결정하나, 선택된 제품과 서비스는 환경정책에 부합되고, 유럽공동시장의 조약을 준수해야 함을 규정하고 있다. 이에 따라 대부분의 EU 회원국에서는 중앙정부 차원에서 녹색제품 구매를 위한 법적 근거를 두거나 정부 방침으로 녹색제품 구매를 장려하고 있다. 이러한 법적 근거 등에 기초하여 물품 및 서비스 구매과정에서 가격·품질 요소와 환경성을 동시에 고려하도록 하고 있는 것이다.

일본의 경우 국가, 지방자치단체 등 공공부문에서 환경부하가 적은 제품(물품 및 서비스)의 조달을 추진하고 관련 정보를 제공하기 위해 2001년부터 '국가 등 환경물품조달의 추진 등에 관한 법률'을 제정하고 시행해 오고 있다.

중국은 2006년 10월, '환경표지 인증제품의 정부조달 실시에 관한 의견(녹색조달지침)'을 제정·공표하여 녹색제품 우선구매를 실시하고 있다. 동 지침에 따라, 환경표지인증을 받은 제품을 선별하여 '녹색구매 리스트'를 작성하고, 정부의 구매 담당자가 이 리스트에 있는 제품을 우선 구매하지 않을 경우 재정경제부가 물품구매 비용을 지급하지 않도록 함으로써 녹색제품 구매를 유도하고 있다.

2012년 6월 브라질에서 개최된 '유엔지속가능발전 정상회의 Rio+20'에서는 국가별 '지속가능한 소비와 생산에 관한 10개년 계획10YFP' 수립을 공동합의문으로 채택하였다. 특히 Rio+20 이해관계자 677명을 대상으로 지속가능발전 관련 97개 아이템 중 의제로 논의하고 싶은 아이템을 조사한 결과 소비와 생산(15위), 소비패턴(29위)이 상위 랭킹에 속하는 등 녹색소비·생산은 향후 환경 및 경제분야의 국제적 논의의 중심에 설 것으로 예측되었다.

우리나라는 1994년부터 공공기관의 녹색제품 보급을 촉진하기 위해 공공기관을 대상으로 환경표지, 재활용제품에 대한 우선구매를 추진해 왔다. 당시는 의무구매가 아닌 권고제도에 기반을 둔 정책이라서 한계가 있었다. 이에 녹색제품 보급 활성화를 위해 '녹색제품 구매촉진에 관한 법률'을 제정하여 2005년 7월부터 시행해 오고 있다. 동 법률의 제정 이후 녹색제품 구매 전국 순회교육, 녹색제품 정보제공 등 공공기관을 대상으로 방문교육 및 홍보가 강화되었다. 공공기관의 적극적인 참여로 국가, 지방자치단체, 공공기관 등 883개 기관의 2014년 녹색제품 구매금액은 2조 2,004억 원으로 '녹색제품 구매촉진에 관한 법률' 시행 전인 2004년에 비해 8배 이상 증가하였다.

'공공기관 녹색구매제도 성과' 연구결과에 따르면 2014년도 공공기관 녹색제품 구매·사용으로 온실가스 배출량 543천 톤의 감축 효과와 3,823억 원의 경제적 편익이 있었다.

한편, 녹색제품 보급활동을 민간부문까지 확대하기 위해 산업계 녹색구매 자발적 협약을 추진하여 2005년부터 2015년까지 국내 151개 기업과 자발적 협약을 맺었다. 참여기업은 녹색구매 가이드라인을 마련하고, 녹색구매 시스템 도입, 녹색제품 교육·홍보 등 녹색구매 활성화를 위한 다양한 활동을 수행하고 있다.

또한 2007년 6월 녹색제품이 일반소비자들에게 원활히 유통·보급될 수 있도록 대규모 점포 등에 녹색제품 판매장소 설치·운영을 의무화하였다. 2010년에는 11개 유통매장을 대상으로 녹색매장 시범사업을 추진하여 녹색매장 지정기준을 마련하였으며, 2011년 4월 녹색매장 지정제도에 대한 법적 근거를 마련하고 2011년 10월부터 본격 시행하였다.

2011년에는 지정대상을 녹색제품 전문판매점, 친환경농산물 전문판매점까지 확대하기 위해 2차 시범사업을 진행하여 지정 기준을 마련하였고, 2012년 2월 1일 '녹색제품 구매 촉진에 관한 법률' 개정을 통해 중소형 점포(3,000㎡ 이하)도 녹색매장으로 지정하도록 하였다. 2015년 12월 말 백화점, 대형마트, 중소형 점포 등 301개 점포가 녹색매장으로 지정되어 2017년까지 400개소로 확대하여 대국민 친환경생활 의식 확산, 친환경제품 구입 편리성 증대를 도모할 계획이다. 2011년 4월 5일 개정된 '녹색제품 구매촉진에 관한 법률'에서는 민간부문의 녹색소비 활성화를 위해 녹색매장 지정제도와 함께 환경부 장관 또는 지방자치단체의 장이 녹색구매지원센터를 설치·운영할 수 있도록 하였다. 이에 따라, 2011~2012년 시범사업을 수행하여 2015년 12월 현재 부산과 경기도 안산, 충북, 제주, 대전에 녹색구매지원센터를 설치·운영하고 있으며, 2020년까지 전국 17개 지자체로 확대해 나갈 계획이다.

한국은 공공녹색구매, 그린카드 등 우수한 녹색구매정책 운영 경험을 세계적으로 인정받아 2013년 9월 제 67차 UN총회에서 발족한 '지속가능한 소비와 생산에 관한 10개년 계획' 이사국으로 선출됐으며, 2년 임기가 지난 2015년 말 이사국으로 재선임됐다.

또한, 2014년 4월부터 한국환경산업기술원은 유엔환경계획 UNEP, 이클레이 ICLEI, International Council for Local Environmental Initiatives(지속가능성을 위한 세계지방정부)와 함께 10YFP 지속가능공공구매 프로그램 주관기관으로 선임되어 공동으로 사무국을 운영하고 있으며, 전 세계 지속가능공공구매 확산을 통한 친환경제품 및 서비스 시장 창출을 주도하고 있다.

한국환경산업기술원의 친환경상품 인식도 조사 결과(2015.10), 우리 국민들은 친환경제품에 대한 관심은 상당히 높은 데 반해 (약 82%), 친환경제품 정보와 인증제품의 다양성의 부족이 친환경소비·구매의 주요 장애요소인 것으로 드러났다. 환경부는 2015년 12월, 제3차 녹색제품구매촉진 기본계획(2016~2020)을 수립하였다.

동 계획에 따라 생활밀착형 녹색제품의 인증기준 확대, 인증체계 개편으로 기업부담 완화, 생산자책임재활용제도 활성화 사업 및 재활용산업체 지원 강화, 다양한 맞춤형 녹색제품 정보 개발 및 전자상거래 시스템 개발 등을 통해 친환경소비 실천기반을 확대하고 녹색제품 시장경쟁력을 대폭 높일 계획이다. 또한 녹색제품에 대한 신뢰성 확보를 위해 환경표지 인증기준을 강화하는 한편, 가짜 친환경제품을 퇴출시키기 위해 조사를 확

▶ 제3차 녹색제품구매촉진 기본계획(2016~2020) ◀

- 2020년까지 공공기관의 녹색제품 구매율을 39%에서 60%로 높이고
- 민간의 녹색제품 보급 확산을 위한 '녹색매장'을 300곳에서 550곳으로 확대하기 위해 4개 추진전략과 10개 실천목표를 담고 있음
  - (1) 소비자 중심의 녹색제품 생산·유통 활성화
  - (2) 민간부문 녹색소비 실천기반 확대
  - (3) 공공분야 녹색제품 구매율 향상
  - (4) 녹색제품 시장경쟁력 및 국제협력 강화 등

자료: 환경부

대하고 처벌을 강화할 예정이다.

하지만 녹색제품 공공구매제도^{Green Public Procedure}를 통해 보다 많은 그린일자리를 창출하기 위해서는 OECD의 호평에 안주하지 않고 보다 혁신적이고 현장감 있는 대안 마련이 필요하다. 예컨대, 환경표지에 대한 낮은 인식률을 일본 등 선진국처럼 획기적으로 개선해야 한다. 소비자에 대한 환경교육 강화와 함께 50% 정도 수준에 머물러 있는 환경표지에 대한 인지도를 90% 이상으로 끌어올려 표지에 대한 인지도와 인증제품의 실제 구매 사이에 격차를 없애는 방안을 강구해야 한다. 소비자들은 녹색제품의 비싼 가격과 건축자재 등에 치중된 녹색제품의 구성, 불충분한 제품정보, 품질문제, 잘못된 표시 및 광고에 대한 인식 때문에 녹색제품 구매를 꺼린다는 점을 유념해야 한다. 그린카드제도의 활성화 방안 등 인프라 개선대책도 지속적으로 강구해야 한다.

사업자가 일자리도 만들고 돈을 벌 수 있게 만들어 주되, 소비자가 사업자와 시장을 규율할 수 있도록 환경을 만들어 가야 한다.

∷ 생태하천 복원으로 대규모 일자리를 만들자

우리나라의 하천과 도랑을 생태하천, 생태도랑으로 만들면 그린일자리를 창출할 수 있을 것으로 기대된다.

지자체별로 하천과 도랑 길이와 면적을 파악하여 '생태하천

관리위원' 등 참여형 일자리를 창출할 수 있을 것으로 기대된다. 예를 들어 하천 2km당 2명, 도랑 1개당 2명 등의 필요 인력을 계산하여 환경단체 및 기업, 학교 등과 연대하는 프로그램을 운영할 수 있을 것이다. 우리나라는 한강, 낙동강, 금강, 영산·섬진강 유역의 18만 3,730개 도랑과 21만 1,669km의 하천을 보유하고 있다. 이 같은 여건을 고려하면 총 58만 개의 일자리를 창출할 수 있을 것으로 예상된다.[87]

또한 환경부는 전국 생태하천관리사 등 관련업계 종사자들 간의 온라인 및 모바일 플랫폼을 구축하여 상호 정보와 의견을 교환하여 지역환경을 살리고 지역경제를 활성화할 수 있는 아이디어를 집단지성을 통해 모아 활용한다면 시너지를 거둘 수 있을 것이다. 그리고 여기서 창업과 추가 일자리 창출도 가능할 것이다. 우리 지역 환경지킴이 등을 통한 일자리 확대로 노인 등 소외계층의 일자리 확대도 기대할 수 있다.

▎용산공원 조성 추진일정

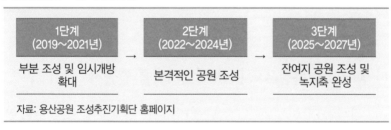

자료: 용산공원 조성추진기획단 홈페이지

---

87. 환경부 「2013년 도랑 실태조사 및 관리방안 연구」 수치에서 도랑 1개당 2명, 하천 2km당 2명으로 일자리를 산정

또한 용산공원과 같이 계획된 공원사업과 미집행 공원면적 등에서도 일자리를 창출하고 지역경제를 활성화할 수 있도록 재검토가 필요하다. 용산공원은 서울 도심 한가운데에 한국형 센트럴파크 효과를 창출할 수 있을 것으로 기대된다.

:: 생태공원, 생태마을, 도시농업도 새로운 일자리다

자연환경은 힐링 서비스나 관광상품이라는 형태로 일자리를 창출할 수 있다.

강원도 인제군 자작나무 숲에는 2016년 22만 7,886명이 방문했다. 이는 2014년 11만 명에 비해 2배 이상 증가한 것이다. 138헥타르에 총 5만 그루의 자작나무가 1993년부터 심어졌다. 소나무가 자라던 천연림이 소나무 재선충으로 죽어가면서 그 자리에 자작나무를 심은 것이다. 20여 년의 시간이 흐르고 아름다운 자작나무 숲이 만들어졌다. 산림청이 소나무 숲에 자작나무를 심은 이유는 단단한 재질의 목재를 생산하기 위해서였다. 경제림이었다. 그러나 자작나무 숲은 단순히 심고 베어 판매되는 경제림을 넘어선 연간 수십만 명이 찾아오는 관광자원이 되었다. 백담사를 제외하면 인제군에서 가장 많은 관광객이 찾아오는 명소가 된 것이다.

사람들은 몇 시간 동안 차를 타고 강원도에 도착하여 깨끗한 환경을 즐긴다. 그곳에는 새로운 힐링 서비스 산업이 생겼고 일자리가 만들어졌다. 이처럼 환경은 새로운 부가가치와 일자리를 창출할 수 있는 산업이다.

일본의 파나소닉Panasonic과, 후지쯔Fujitsu는 농업을 미래 성장 동력으로 인식하고 LED 조명을 인공광원으로 활용하고 온도, 습도, 이산화탄소 등을 제어하여 식물을 재배하는 식물공장 사업을 확대하고 있다. 반도체, 가전제품 등 IT기술 역량을 바탕으로 하는 첨단 식물공장을 일본, 싱가포르 등에 구축하여 새로운 시장과 일자리를 창출하고 있다. 식물공장 농법은 환경적으로 많은 이득을 가져온다. 농약을 사용할 필요가 없기 때문에 하천과 토양의 오염을 방지할 수 있다. 또한 소비자는 완벽하게 통제된 환경에서 재배된 채소를 농약, 환경오염 등을 걱정하지 않고 섭취할 수 있다. IT기술 경쟁력을 보유한 우리나라도 식물공장형 도시농업 부문에 투자하고 민간기업을 육성한다면 세계시장에서 빠르게 성장할 수 있을 것으로 보인다. 향후 도시농업은 점차 개인화, 전문화될 것이다. 금산 추부깻잎[88]의 성공사례가 보여주듯 앞으로는 개인의 다양한 기호를 만족시켜 주는 맞춤형 농업이 각광받을 전망이다. 개인이 실내에서 원하는 채소를 재배하여 섭취하는 식물 재배기술도 유럽, 미국 등 선진국 중심으로 빠르게 성장하고 있다. 에스토니아의 클릭앤그로우Click and Grow, 미국의 에어로가든Aero Garden, 일본의 유잉

---

88. 연합뉴스, "금산·추부깻잎 올해 367억 매출…전년 동기 6.9%↑", 2016.10.7

자료: 각사 홈페이지

U-ing 등이 주요 기업이다. 환경오염에 대한 우려와 건강한 식생활에 대한 요구는 개인 맞춤형 식물공장 시장을 창출하고 있다. 센서, 제어 및 빅데이터 기술이 적용된 생육모델 기반의 맞춤형 재배 플랫폼과 관련 기술개발을 지원하여 우리나라 차세대 도시농업의 신성장동력을 확보할 필요가 있다.

도시농업은 도심 또는 도시인근의 토양이나 수상에서 작물과 가축을 생산하고 가공하여 유통하는 것을 뜻한다. 우리나라는 도시화가 급속도로 진행되면서 대도시에 녹지가 부족해지기 시작했다. 대기와 물 오염, 도시열섬현상, 이상기온, 그리고 먹거리 오염문제 등이 발생하기 시작했다.

이러한 상황에서 도시생태계를 복원하고 도시 쾌적성 확보, 시민의 여가 등을 위해 확산된 개념이 도시농업이다. 영국, 독일, 일본 등 선진국에서 도시농업은 식량을 자급자족하기 위한 목적보다는 여가 또는 도시쾌적성 향상의 효과가 크다. 우리나라의 경우 여가·도시쾌적성뿐만 아니라 '일자리 창출형 도시농업'을 추진할 필요가 있다.

예컨대, 도시국가인 싱가포르에서 도시농업은 국민에게 일자리를 제공하고 사회적 공동체를 결속하게 해주는 등의 선순환적 효과를 거두고 있다. 도시농업에서 형성된 반상회, 소모임 등 지역공동체는 고령층의 사회적 참여와 생산성을 확대하는 데 기여한다.

도시농업으로 창출되는 일자리는 주변 텃밭 관리자, 재배용역, 수확된 농산물 판매, 쓰레기 및 폐기물 관리, 도시 농사꾼, 도시농업 홍보 담당자, 브랜드 관리자, 농부시장 시설 운영·관리자, 농부시장 프로그램 운영자, 직영 소매점과 레스토랑 운영자 및 종업원, 로컬푸드 관련 생산-유통-판매업자, 도시농업 관련 교육 및 컨설팅 전문가, 도시농업 관련 기술개발자, 재배설비 사업가, 도시농업 홍보 전문가 등이 있을 것으로 기대된다. 도시농업의 다양한 비즈니스 모델에 따라 일자리는 늘어나게 될 것이다.

또한 기존에 추진 중인 도시농업 관련 정책을 일자리 창출에 보다 적극적으로 활용할 필요가 있다.

정부는 도시농업 육성 프로젝트 '흙냄새 나는 도시민 만들기'를 추진하고 있다. 도시농업 참여자를 2017년 150만 명에서 2024년까지 480만 명으로 늘리면서 일자리를 창출하겠다는 계획이다. 학교에서 텃밭 가꾸기 등 농업 교육을 하게 되면 관련

도시농업을 통해 창출될 수 있는 일과 일자리

구분	일거리	일자리		
		본원 일자리	지원 일자리	
	도시농업 관련 일거리	도시농업 새로운 일자리	도시농업 지원 일자리 I	도시농업 지원 일자리 II
개념	• 취약계층 노동 활동 제공 • 한시적 도시농업 관련 일자리 • 정식 직업·일자리는 아님	• 새로운 녹색 일자리	• 기존 산업 내(농업·음식·유통) 일자리 중 도시농업	• 도시농업의 정착·확산·활성화를 돕기 위해 새롭게 창출된 지원 일자리
주요 예시	• 주변 텃밭 관련 소일거리 • 농산물 재배 관련 일일·주간 단위 용역 • 시장 내 농산물 좌판대 판매 • 쓰레기·폐기문 수거 및 재활용 등	• 도시 농사꾼 • 도시농업 홍보 담당자 및 브랜드 관리자 • 파머스 마켓 시설 운영·관리자 • 파머스 마켓 프로그램 운영자 • 직영 소매점 및 레스토랑 운영자 및 종업원	• 로컬푸드 전문 유통업체 • 농업 배수·오염물 처리업체 및 전문가 • 농업 관련 병해충·동물 관리업체 • 농업교육·커뮤니티 협동 프로그램 전문가 • 변화관리 전문가 • 양봉업자 등	• 도시농업 관련 전문 연구·용역 컨설팅 펌 • 아쿠아포닉 등 도시농업 관련 시설 설치 및 유지보수 업체 • 로컬푸드 및 파머스 마켓 전문 프로그램 개발 인력 • 음식을 활용한 커뮤니티 프로그램 운영인력 등

자료: 서울도시농업, 「서울시 도시농업 마스터플랜 연구」, 2013.12

전문교육인력이 필요하고 종자산업 등 관련 산업이 확대되면서 일자리가 늘어나기 때문이다.

또한 ICT, 아쿠아포닉스, 인공조명, 센서, 공정제어, 빅데이터 등 첨단기술이 접목된 스마트 농업 및 식물공장 관련 기술개발과 사업지원도 도시농업 산업 활성화와 일자리 창출에 큰 기여를 할 수 있다.

:: 신재생에너지 투자로 일자리를 창출하자

신재생에너지 분야 투자는 관련 산업을 육성하고 신규 일자리를 창출할 수 있을 것으로 기대된다. 태양광, 태양열, 풍력 등 다양한 신재생에너지 부문에서 기획, 연구개발, 제품 개발 및 생산, 건설, 엔지니어링, 운영, 유지보수, 철거 등의 사업단계에서 일자리가 창출될 것이다.

예를 들어, 독일은 국가 정책적으로 재생에너지 발전 비중을 높이면서 관련 산업을 성장시키고 일자리를 창출했다.

태양광 발전 산업의 경우 실리콘, 웨이퍼wafer, 메탈 페이스트metal paste, 플라스틱 필름, 유리 등의 재료와 태양전지, 모듈modual, 인버터inverter, 지지구조물, 케이블 등의 중간재 및 최종 제품, 그리고 생산된 제품 설비를 건설하고 시공하는 과정, 설치된 태양광 발전 시스템의 유지보수 등의 과정에서 일자리를 창출했다. 이 과정에서 태양광 인버터 부문에서 SMA, 폴리실리콘 부문에서 바커Wacker 등이 세계 최고의 태양광 관련 업체로 탄생됐다. 또한 시공과 유지보수 부문에서 수많은 중소업체가 생겨나 지역경제를 이끌고 있다.

풍력발전 산업 부문도 마찬가지다. 지멘스Siemens, 에디콘Enercon, 노르덱스Nordex 등의 기업은 독일 신재생에너지 시장 확대를 기회로 삼아 사업을 확장하고 일자리를 만들어냈다. 독일은 2012년 재생에너지 부문에서 39만 명을 고용하고 있다. 이는 2002년 11만 명 대비 3배 이상 되는 규모이다. 독일 에너지

경제부는 2030년까지 매년 10만 개의 일자리가 순증가할 것으로 전망한다.[89]

이와 같은 독일 재생에너지 부문의 일자리 증가 사례는 우리나라도 참고할 만하다. 또한 오늘날 세계시장에서 경쟁력 있는 독일 신재생에너지기업들은 자국시장에서 경쟁력을 쌓은 뒤, 해외시장으로 진출하여 큰 성공을 거두고 있다.

미국도 신재생에너지 산업에서 성공적으로 일자리를 창출하고 있다. 2016년 미국 태양광 산업 종사자는 약 26만 77명으로 전년 대비 5만 1,000개, 25%가 증가했다. 최근 4년간 연평균 20%가 증가했다. 태양광 분야가 미국 일자리 창출에 큰 기여를 한 것이다. 사업단계별로는 설치 부문이 전체 일자리의 52%를 창출했으며 제조와 사업개발 부문이 뒤를 이었다.

미국태양광협회는 오는 2021년까지 2만 7,000개의 새로운 일자리가 에너지 저장 분야에서 창출될 것이라고 내다봤다. 특히 텍사스주의 경우, 2013년 대비 2016년 태양광 분야 종사자는 127% 늘어난 것으로 나타났다.[90]

재생에너지 산업은 관광산업과 연결되기도 한다. 미국 캘리포니아 팜스프링스Palm Springs에 조성된 풍력발전단지는 관광명소가 되었다. 재생에너지 발전단지를 관광상품화하는 것은 이미 선진국에서 광범위하게 확산되고 있다.

---

89. 송용주, 「독일 에너지전환 정책의 추이와 시사점」, KERI Brief, 2016.4
90. Solar Foundation, Solar Jobs Census 2016

우리나라는 2030년까지 총 발전량의 20%를 신재생에너지로 공급할 계획을 세웠다. 태양광과 풍력발전 등에 독일과 덴마크의 사례를 참고하여 이러한 장소를 자연생태공간으로 조성하여 신규 일자리를 창출하는 방안을 적극 모색할 필요가 있다.

다만, 재생에너지를 활용할 때 반드시 고려해야 할 것은 재생에너지 자원의 질과 사업성이다. 예컨대, 우리나라는 풍력발전을 위한 바람의 질, 즉 풍황 자원이 우수한 곳이 유럽 국가보다 많지 않다. 풍력발전 사업은 사업성이 있어야 한다. 바람이 강하게만 분다고 좋은 것은 아니다. 초속 5m 이상의 바람이 주풍향으로 일정하게 불어야 풍력발전에 좋은 환경조건이다. 우리나라는 계절에 따라 주풍향이 크게 달라진다. 그럼에도 불구하고 미시령, 백운산, 향로봉, 덕유봉, 대관령, 계룡산 등은 상대적으로 연중 65% 이상 일정한 방향으로 바람이 부는 특수한 곳이다. 바람의 세기까지 고려한다면 미시령, 백운산, 대관령이 우리나라에서 풍력발전 적합지역이다.[91] 이러한 곳이 우리나라 풍력발전 집중 지역이 되어야 한다. 그러나 풍력발전소를 설치할 수 있는 면적은 한정되어 있다. 지자체의 인프라와 민원도 고려해야 한다. 그리고 적합지역에는 이미 다수의 풍력발전기가 설치되어 운영 중인 경우가 많다. 앞으로 재생에너지 발전 비중 확대 정책이 추진되면 풍황이 우수하지 못한 지역에도 풍

91. 기상청, 「풍력자원지도 개발 연구보고서」, 2007

력발전기를 설치하는 것을 고려해야 할지 모른다. 이런 지역에서도 효율적으로 발전할 수 있는 기술을 개발하고 적용해야 할 것이다. 세계적인 풍력발전 엔지니어링 업체인 킨텍엔지니어링kintech engineering은 "실제 지역마다 가장 적합한 풍력발전기와 블레이드blade 등의 기자재, 효율적으로 운영하기 위한 모니터링체계 구축 방법이 다르기 때문에 단순히 많이 설치하거나 대용량의 발전기를 확보하는 데만 주력하지 말고 전문기업을 통해 어떤 기술력을 활용할 것인지를 고민하는 것이 중요하다"[92]고 강조한다. 우리나라가 제한된 재생에너지 자원으로 재생에너지 발전량을 확대하려면 이렇게 사업성을 높이기 위한 대책을 강구해야 할 것이다.

우리나라도 보유하고 있는 재생에너지 자원을 효과적으로 활용하여 산업과 일자리를 창출해야 한다. 예컨대, 에너지 산업 육성을 위해 농촌 유휴지를 활용하는 방안도 검토할 만하다. 가천대학교 홍준희 교수는 우리나라 전체 농지의 10%에 쌀 대신 전기농사를 지으면 전기농사용 설비 제조, 건설, 유지보수, 관련 신기술 연구 분야에 26만 개 이상의 일자리를 만들 수 있다고 말한다.[93] 재생에너지 발전은 자연의 에너지를 이용하는 사업이다. 우리나라의 현실을 고려한 농촌 태양광 사업, 남해안 풍력자원을 활용한 해상풍력 사업, 에너지저장장치ESS 산업

---

92. 투데이에너지, "풍력, '많이' 아닌 '잘' 설치해야 성공", 2017.3.7
93. 서울경제, "[어떻게 생각하십니까] 노후 석탄화력발전소 폐기 – 찬성", 2017.5.25

신재생에너지 분야 그린일자리 특징

신재생에너지 분야	특징
태양광 발전	• 기존 화력발전, 원자력발전과 같은 기술 집약적인 산업에 비해 투자 대비 일자리 창출 효과가 높음 • 지역분산을 전제로 하기 때문에 건설, 유지, 보수인력 등 영구적인 일자리를 창출함
풍력 발전	• 노동집약적인 특성을 가지고 있음 • 높은 기술적 숙련도를 통한 안정된 수입 • 철강 및 조선산업 등 기존인력의 녹색화 가능(터빈, 풍력발전용 날개와 같은 대형 제조품 생산)
바이오매스	• 전형적인 화학분야로 연구 및 개발자 등 전문인력이 포함, 동시에 연료수집 및 부산물 가공 등에 단순직도 필요
탄소저장 및 포집기술	• CCS기술이 설치된 신규 화력발전소는 CCS 기술이 배재된 화력발전소보다 발전소 건설과정에서 34%의 추가 일자리를, 운영과정에서 24%의 추가 일자리를 창출 • 대표적인 자본집약적 산업으로 일자리 창출 효과는 크지 않지만 기존 석유 및 가스 산업 종사자들의 직무·기술·지식이 녹색화 되는 산업
그린홈	• 노동 집약적인 특성을 가지고 있음 • 고숙련부터 저숙련 일자리까지 다양한 직무의 일자리가 발생할 수 있으며, 저숙련 일자리의 경우 간단한 교육과 훈련을 통해 기술 습득 가능 • 친환경 건축 및 개방(retrofit) 프로세스의 일자리는 지역 인력을 충원하는 경향, 지방 발전에 도움을 줌
수소연료전지	• 연구개발자 등 고급 전문인력 필요
스마트그리드	• 전력, 통신, 가전, 건설, 자동차, 에너지 등 산업 전반과 연계된 대표적인 융합산업으로서 고용파급효과가 큼

자료: 홍종호, 「녹색일자리란 무엇인가? 개념, 가능성, 전략」, 국회 정책토론회, 2017

등의 부문에 투자한다면 일자리를 추가로 창출할 수 있을 것으로 기대된다.

:: 4차 산업혁명 시대, 환경·에너지기술과 융복합기술 기반의 일자리 창출이 가능하다

4차 산업혁명 시대 융복합기술은 환경부문에서 새로운 산업과 시장을 만들어 일자리를 만들 것으로 보인다. 환경 데이터의 수집과 빅데이터 구축, 그리고 인공지능을 활용하는 4차 산업혁명 기반의 융복합 분야에서 다양한 일자리가 창출될 것이다.

앞으로 환경산업에도 빅데이터와 인공지능이 계속 융합될 것으로 보인다. 그동안 환경산업은 자연과 환경을 대상으로 하기에 데이터가 방대하고 수집과 분석이 어려웠다. 그만큼 4차 산업혁명 기술이 가장 효율적으로 적용될 수 있는 분야인 것이다. 데이터의 수집과 분석, 그리고 가공과 활용을 통해 환경산업에 새로운 시장과 일자리를 만들 수 있을 것이다.

예를 들어 환경데이터를 수집하는 과정에서 사용되는 사물인터넷과 센서는 보다 쾌적한 환경을 위한 관리시스템 구축에서 수요가 창출될 것이다. 또한 환경데이터 수집을 위해 쓰일 드론은 제작에서부터 드론의 운영에 걸쳐 전문인력 양성과 활용이 크게 늘어날 것이다.

이제 환경에 4차 산업혁명 시대의 융합기술을 적용할 때다. 4차 산업혁명은 2016년 1월 다보스에서 열린 세계경제포럼WEF에서 클라우스 슈밥Klaus Schwab 회장이 언급한 이후, 시대의 변화를 설명하는 키워드가 되었다. 전통 산업은 정보통신기술과 융합되어 경제와 사회 구조를 근본적으로 바꿀 것으로 예상된다. 환경산업도 빅데이터에 기반한 지능형 정보시스템 기반으로 한층 더 성장할 전망이다.

대기, 수질, 폐기물, 오염물질 등에 대한 다양한 환경정보를 실시간으로 수집하고 분석·가공하여 빅데이터와 고객맞춤형 정보를 제공할 수 있는 플랫폼을 구축하자.

2017년 현재 환경부에는 단위업무 중심의 170여 개 정보시스템이 구축되어 있다. 그러나 이들로부터 입수된 데이터를 분석하고 통합관리하는 플랫폼은 부재한 실정이다.

정부도 이러한 시대적 흐름에 부응하기 위해 '제5차 국가정보화 기본계획(2013~2017)', '2016년 국가정보화에 관한 연차보고서', '제4차 환경정보화 기본계획(2017~2021)' 등을 발표했다. 또한 환경부는 2017년 3월 '지능형 환경관리 대책반'을 구성하여 공공환경관리 영역에 4차 산업혁명 기술을 적용하는 방안을 모색하고 있다.[94]

| 환경데이터 수집과 활용체계 정비 |

4차 산업혁명 시대의 핵심은 데이터의 활용에 있다. 우리나라 환경데이터는 한국환경공단 등 다양한 기관이 분산하여 관리하고 있다. 그러나 데이터를 통합·관리하고 상호 활용하는 데는 어려움이 있다. 각 기관이 보유하고 있는 데이터를 개방

---

94. 환경부 보도자료, "똑똑한 환경관리로 4차 산업혁명 시대 발맞춘다", 2017.3.13

하고 통합적으로 활용할 수 있는 인프라 구축이 필요하다.

우선, 환경정보의 통합관리시스템을 구축하고 국가환경데이터 종합 콘트롤타워 역할을 할 수 있는 조직을 만들 필요가 있다. 또한 구축된 빅데이터로 새로운 부가가치를 창출할 수 있도록 대내외에 오픈하여 창의적인 사업아이디어로 활용되도록 지원해야 한다.

4차 산업혁명 시대를 맞아 환경산업의 혁신은 환경 데이터를 수집하고 환경 빅데이터Big Data를 구축하고, 이를 기반으로 인공지능AI 등의 기술을 융합시켜 신산업을 창출하는 과정으로

▍4차 산업혁명 시대 환경산업의 혁신 사례

단계	미래 혁신사례
환경 데이터 수집	• 차량 배기가스 정보 실시간 모니터링 시스템 • 오염물질 및 소음 모니터링 시스템(건설 공사현장 등) • 하수관로 유량, 수질 등 모니터링 시스템 • 드론기반 근적외선·열화상 영상 촬영으로 4대강 녹조 관리 • 드론과 증강현실을 활용한 환경감시 시스템 • 사물인터넷 기반 실시간 층간소음 측정 등
환경 빅데이터 구축	• 수질 데이터 분석, 시각화, 측정망 최적 운영 • 미세먼지 농도가 제공되는 네비게이션 시스템 • 방사능 물질 농도 실시간 공유 • 사물인터넷 기반 센서 화학물질 누출 모니터링 등
인공지능 활용 신사업 창출	• 인공지능기반 미세먼지 농도 예측 시스템 • 인공지능기반 지능형 민원상담시스템 • 인공지능기반 수처리 제어 • 인공지능기반 감각공해 절감 • 화학물질누출 예측 등

이루어지게 될 것이다. 따라서 앞으로 환경산업은 환경데이터 수집, 빅데이터 구축, 융복합기술을 활용한 신산업 창출의 사례들이 나타날 것으로 예상된다. 이러한 분야에 대한 투자는 빠르면 빠를수록 좋다. 정부와 지자체 그리고 정부출연연구소와 민간기업이 함께 공동연구하되, 정부 예산 투입이 어려운 경우 민간 자본 참여도 적극 검토할 필요가 있다. 대규모 시장 창출과 해외 수출이 기대되는 분야이므로 민간기업들이 투자를 꺼릴 이유가 없어 보인다. 또한 벤처·중소기업의 창의적 사업 아이디어와 대기업의 인프라가 조화를 이룰 수 있도록 지원한다면 환경분야에서 시너지를 창출할 수 있을 것으로 기대된다.

일부 선진국의 경우 환경 빅데이터를 활용한 서비스 개발과 상용화에 성공하였다. 프랑스는 스마트폰을 활용한 소음지도를 제작하여 서비스하고 있다. '노이즈튜브Noise Tube' 서비스는 스마트폰의 마이크를 통해 수집된 소음정보를 공간정보와 결

| 노이즈튜브 앱 화면과 소음지도

자료: 노이즈튜브 홈페이지

합시켜 파리 시내의 소음지도를 만들어 대중에게 공개했다. 데이터의 수집과 분석, 가공으로 국민들의 알권리를 충족하고 환경오염 피해를 저감시킬 수 있게 되었다.

| 환경데이터의 수집에 드론과 사물인터넷 활용 |

드론과 사물인터넷은 환경데이터 수집에 좋은 도구가 될 수 있다. 드론은 무인 비행체로 환경 데이터 수집에서 활용도가 높다. 하천, 산지, 바다 등 사람이 직접 확인하기 어려운 장소에 드론을 띄워 신속하고 정확하게 모니터링 할 수 있다. 사람이 직접 할 수 있는 것도 드론을 사용하면 보다 빠르고 간편하게 처리할 수 있다. 또한 위험지역을 확인하는 데도 최고의 도구가 될 수 있다. 유독화학물질이 유출된 공장, 방사능 오염 지역, 붕괴 예상지역, 자연재해로 접근이 위험한 지역 등에 드론을 띄워 상황을 파악할 수 있다. 예를 들어 중국 환경보호부는 도시와 발전소, 산업단지에 드론을 띄워 대기오염을 측정하고 있다. 드론을 활용한 측정이 비용효율적이라고 판단하고 드론 사용 확대를 추진하고 있다. 우리나라도 수도권과 발전소, 산업단지, 기타 오염원을 주기적으로 관리할 수 있는 드론 모니터링 시스템의 도입을 적극 검토할 필요가 있다.

사물인터넷은 환경정보를 효율적이고 신속하게 측정하고 수집할 수 있게 해 주는 도구가 될 수 있다. 센서를 사용하는 환경측정 시장은 2016년부터 매년 10% 가량 성장하여 2021년 195.6

억 달러에 이를 것으로 전망된다.[95]

예를 들어 버스정류소에 사물인터넷 기반의 대기질 측정센서를 설치하고 통신망에 연결하면 해당 도로의 대기질 정보를 실시간으로 모니터링할 수 있다. 수집된 데이터를 빅데이터화하고 인공지능을 적용하여 분석하고 새로운 예측모델을 만든다면 국민건강 증진을 위한 맞춤형 서비스를 제공할 수 있을 것이다.

또한 빛과 움직임을 감지하는 센서는 빛 공해 피해를 방지할 수 있다. 움직임 측정 센서를 가로등에 장착하여 보행자의 유무에 따라 밝기 조절을 하면 주거지 야간 빛 공해를 줄일 수 있을 것이다. 한국과학기술기획평가원KISTEP은 이러한 기술이 접목된 '사물인터넷 기반 상황인식형 조명기술'을 2017년 '지속가능한 발전을 위한 공해·오염 대응 10대 유망기술'로 선정하기도 했다.[96] 빛 공해뿐만 아니라 다른 감각공해 역시 센서기술을 활용하여 대책을 마련할 수 있을 것으로 기대된다.

사물인터넷은 물 관리에도 적용할 수 있다. 하천 등 공공수역에 수질측정 센서를 설치하면 실시간으로 COD, BOD, T-N 등의 데이터를 서버로 보내 수질 상황을 파악할 수 있을 것이다.

95. MarketsandMarkets, "Environmental Monitoring Market by Product (Monitor (Fixed, Portable), Sensor (Analog, Digital), and Software), Sampling Method (Intermittent, Continuous, Active, Passive), Application (Particulate Matter, Air, Gas, Water, Soil, Noise) – Forecast to 2021"
96. 박종화, 김윤아, 「KISTEP이 바라본 지속가능한 발전을 위한 공해·오염 대응 10대 미래유망기술」, 한국과학기술기획평가원, ISSUE PAPER 2017-01

그리고 정상수치 영역을 벗어나면 현장에 즉시 조치를 취할 수 있도록 신호를 보내면 녹조 등 환경문제가 광범위하게 발생하기 전에 효과적으로 관리할 수 있다.

미국 시카고에서는 강수량, 환경오염, 하천수위, 기상정보 등을 실시간으로 측정하기 위해 사물인터넷 기반의 센서 설치 사업을 실시하고 있다. 도시환경 종합 모니터링 시스템을 구축하여 디지털 도시를 만들어 가고 있다. 이러한 사례를 참고하여 우리나라도 '사물인터넷 기반의 종합 환경정보 시스템' 구축을 검토할 필요가 있다.

사물인터넷으로 환경데이터를 효율적으로 수집하기 위해서는 저전력으로 구동되는 저렴한 센서의 제작도 필요하다. 2016년 미국 캘리포니아에 설립된 에어노즈Aernoz는 탄소나노튜브를 이용한 나노재료 기반의 가스 측정 센서를 개발했다. 이름

| 에어노즈가 개발한 가스측정 센서

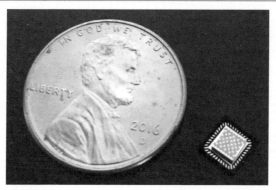

자료: 에어노즈 홈페이지

처럼 공기를 분석하는 센서다. 개발된 가로세로 3mm의 소형 센서는 전력도 2mA밖에 사용하지 않기 때문에 사물인터넷 기반을 구축하는 데 적합하다. 우리나라도 이러한 첨단센서 개발에 연구개발 투자를 확대할 필요가 있다.

| 인공지능기반 지능형 환경 진단·개선 시스템 구축 |

환경 빅데이터에 기반하여 환경상태를 진단하고 점검하여 개선점을 도출할 수 있도록 하기 위해서는 '가상cyber'과 '현실physical' 간의 '사이버물리시스템'[97]을 구축할 필요가 있다. 이를 위해서 환경 빅데이터를 구축하고 개선사항을 도출하는 인공지능기반 소프트웨어 연구개발이 중요하다.

예를 들어, 미국 IBM은 중국의 대기오염을 분석하고 예측하는 시스템을 운영하고 있다. IBM은 '그린호라이즌이니셔티브Green Horizons Initiative' 추진을 통해 사물인터넷 기반으로 기상상태, 자동차 배기가스, 지형조건 등을 분석하여 중국 베이징의 대기오염 해결을 지원하고 있다.[98]

또다른 사례로 미국 오비탈인사이트Orbital Insight는 삼림지역 위성사진을 인공지능 기반 플랫폼으로 분석하여 불법 벌목 현장을 찾아내어 유관 기관에 경보해주는 시스템을 개발했다. 기

---

97. Cyber-Physical Systems은 현실세계의 다양한 물리 시스템을 컴퓨터와 네트워크로 연결, 자율적, 지능적으로 제어할 수 있는 시스템을 의미함
98. MIT Technology Review, "How Artificial Intelligence Can Fight Air Pollution in China", 2015.8.31

존에 사람이 직접 현장에 방문해서 눈으로 확인한 후 신고하는 방식에 비하면 놀라운 혁신이다.

젠로보틱스ZenRobotics의 재활용 로봇은 영상 정보 데이터를 인공지능 기반으로 분석하는 기술을 새로운 영역에 적용한 사례다. 기존 재활용업은 쓰레기더미 속에서 사람이 눈으로 유리병, 페트병, 금속 등 재활용 가능한 물건을 확인하고 손으로 분류했다. 이 고된 작업을 로봇이 대신하는 시대를 열게 되었다. 컨베이어 벨트 위에 놓인 폐기물의 종류를 센서로 파악하고 로봇팔을 움직여 분류한다.

앞으로 환경산업에 빅데이터와 인공지능을 융합하는 사례는 점차 증가할 것이다. 우리나라도 4차 산업혁명 시대를 이끌 수 있는 환경 기술과 주변 인프라 기술, 그리고 융합그린비즈니스에 투자를 확대할 필요가 있다. 방대한 데이터의 수집과 분석·

│ 오비탈인사이트 사례

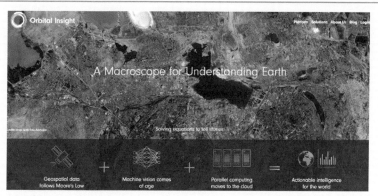

자료: 오비탈인사이트 홈페이지

자료: 젠로보틱스 홈페이지

가공·활용으로 이어지는 4차 산업혁명 시대의 각종 기술은 환경산업에 새로운 기회의 장을 열어 줄 것이다.

:: 환경연관산업으로 그린성장동력을 육성하자

환경투자는 기업의 친환경기술제품 등 차별적 경쟁력 요소일 뿐만 아니라 지역경제의 활성화와 관광산업의 매력도를 높이는 원동력이 될 수 있다. 구미 선진국가나 일본 등 주요 경쟁국가들 또한 환경에 대한 투자를 늘리는 등 자연환경보호에 많은 노력을 기울여 새로운 성장의 모멘텀을 만들고 있다. 이를 통해 자국민의 삶의 질 향상과 정주여건 개선 등으로 해외 투자가 늘고 있으며, 생태관광 활성화로 관광수지 또한 개선되고 있다. 환경에 대한 투자가 국가 경쟁력의 원천이고 새로운 성장동력으로 자리매김하고 있는 셈이다.

우리나라의 경우도 강원도 인제의 자작나무 숲, 함평 나비 축제, 순천만 정원박람회, 강원도 에코타운 조성 등과 같은 환경투자로 생태관광이 활성화되고 새로운 일자리가 창출되는 등 지역경제가 활성화되고 있으며, 에너지 및 물 절약, 폐기물 재활용 관련 환경산업의 투자 증대로 새로운 성장기회가 열리고 있다.

| 폐기물과 폐수의 재활용으로 새로운 사업기회를 열다 |

성균관대 화학공학·고분자공학부 김영준 박사와 남재도 교수 연구팀은 2017년 3월 제지 폐기물인 리그닌을 원료로 자외선 차단필름을 생산하는 기술을 발표했다. 나무의 뼈대를 이루는 성분인 리그닌은 종이를 만드는 과정에서 연간 1억 톤 이상 버려지지만 이를 이용할 방법이 없어 대부분 그대로 폐기되어 폐기물로 처리되어 왔다. 연구팀은 펄프공장의 폐기물을 수거해 리그닌을 추출한 후 나노입자로 만들어 빛이 투과하도록 만들었다. 제지 폐기물이 자외선 차단필름으로 거듭나 새로운 신성장동력원이 된 것이다.

또한 수처리 기술은 새로운 사업기회를 열어 주고 있다. 한 예로 하수를 재처리한 물로 맥주를 만드는 기업이 있다. 미국에서 아홉 번째로 큰 양조장 스톤브루잉Stone Brewing은 하수처리장에서 처리된 물로 만든 맥주를 공개했다. 맥주 이름은 '완전순환Full Circle'이다. 이미 사용된 물을 정수하여 맥주를 만들었다는 의미다. 맥주 전문가들은 정수된 물이 맥주를 만들기에 더 적절하다고 평가했다. 맥주 양조에 사용되는 물에 포함된 성분은 맥주의 풍미에 큰 영향을 준다. 양조사업자가 원하는 맥주를 만들어내기 위해선 물 성분을 통제해야 한다. 인공적으로 고도 정수된 물이 지하수보다 맥주를 만드는 데는 더 좋은 물이 될 수 있다는 것이다.

스톤브루잉이 위치한 샌디에이고San Diego는 2035년까지 도시에 공급되는 식수의 3분의 1을 재활용된 물로 공급하는 목표를 세웠다. 이러한 도시정책에 발맞춰 샌디에이고를 대표하는 맥주 기업이 새로운 사업모델을 제시한 것이다.[99, 100]

| 새활용으로 새로운 시장을 창출하다 |

새활용은 재활용을 새롭게 한다는 의미로 업사이클Upcycle이라고도 한다. 폐자원이 고부가가치 제품으로 재탄생하는 과정에서 새로운 시장이 창출되고 일자리가 만들어진다. 시장이 활성화될수록 자원이 폐기되는 양이 줄어들고 지역경제가 활성화된다. 이러한 선순환 작용으로 유럽과 미국 등 선진국에서는 새활용 산업이 확산되고 있다.

이탈리아는 디자인 강국답게 폐기물에 디자인을 접목시키는, 이른바 '리자인Resign'(Recycling+Design) 개념을 만들어 산업을 육

---

99. Times of San Diego, "Stone Demos 'Fantistic' Beer Brewed from 100% Recycled Water", 2017.3.16
100. Huffington post, "San Diego Brewery Makes Beer From Treated Sewage Water", 2017.3.17

성하고 있다. 폐기물 재활용이 이탈리아 디자인 산업과 만나 '리메이드인이탈리아Remade in Italy'라는 트렌드가 탄생했다. 소각되거나 매립될 폐기물은 기술과 디자인을 만나 새로운 부가가치를 갖는 제품이 되었다. 이 같은 자원순환산업 육성으로 폐기물의 감축 등 환경개선은 물론 신생기업들이 늘어나고 많은 일자리 창출에도 기여하고 있다.

새활용 산업에서 많은 기업들이 탄생했다. 영국의 '원어게인Worn Again'은 사회의 사각지대에서 사람들이 관심을 갖지 않는 폐기물을 소재로 패션용품을 만드는 기업이다. 예를 들어 감옥에서 사용되던 담요, 폐차 가죽시트, 소방관 제복 등을 재료로 사용하는 것이다. 2008년에는 영국 항공사 '버진아틀란틱Virgin Atlantic'과 합작하여 항공기 폐좌석 시트로 가방을 만들었다. 버진아틀란틱은 2012년까지 매립 쓰레기를 50% 줄이겠다고 선언한 바 있다. 대기업의 폐기물 저감정책과 중소기업의 아이디어가 시너지를 낸 것이다.

새활용 산업은 이렇게 대기업과 중소 벤처기업이 상생할 수 있는 산업 영역이다. 대기업은 다양한 사업을 영위하기 때문에 다양한 폐기물이 발생한다. 또한 사업의 규모나 폐기물 발생량도 크기 때문에 사회적 책임도 큰 만큼 새활용 산업에도 관심을 가질 필요가 있다.

독일의 쯔바잇신Zweitsinn의 경우 독일 도르트문트공대 환경연구소INFU에서 시작된 에코디자인협동조합으로, 전국에 600여 명

세계 주요 새활용 기업

국가	기업명	소재 도시	주요 재료	주요 생산 제품
스위스	프라이탁(Freitag)	취리히	폐트럭 방수천, 안전벨트, 폐지자전거 바퀴 고무	가방
미국	에코이스트(Ecoist)	마이애미, 플로리다	캔디 포장지, 뚜껑, 불량 포장지	가방, 악세서리
미국	베트라주(Vetrazzo)	리치몬드, 캘리포니아	술병, 유리, 신호등, 자동차 유리	싱크대(상판)
미국	홀스티(Holestee)	뉴욕	폐지	패션 잡화
캐나다	비아 베겐 (via vegen)	몬트리올, 퀘백	폐플라스틱병	가방
스페인	데마노(Demano)	바르셀로나	폐현수막	가방, 악세서리, 노트북 케이스 등
핀란드	글로베 호프 (Globe Hope)	헬싱키	재활용천, 폐타이어, 군복	옷, 가방, 신발 등
독일	치르켈트라이닝 (Zirkeltraining)	뮐하임, 루르	체조 운동기구, 매트	운동가방, 여성가방
독일	쯔바잇신 (Zweitsinn)	도르트문트, 루르	폐목, 재활용천, 폐의류	책상, 책장, 소파
영국	원어게인 (Worn Again)	런던	애드벌룬, 승무원 유니폼	남성 및 여성의류
영국	정키스타일링 (Junky Styling)	런던	유행이 지난 폐의류	남성 및 여성의류
영국	엘비스 앤 크레세 (Elvis & Kresse)	런던	소방호스, 낙하산	디자인 소품
이탈리아	위우드(Wewood)	플로렌스	바닥재	나무 시계
일본	헤베아(HEVEA)	나고야	폐타이어	가방
홍콩	데코 토이스 (Dekko Toys)	홍콩	폐지	조립세트, 기차세트 등
오스트리아	디알지(D.R.Z)	비엔나	폐가전	테이블, 의자, 가구 등

자료: 각 기업 사이트

의 인력이 네트워크를 구축하여 폐가구를 재디자인하여 판매한다. 각 제품별로 이산화탄소 절감효과 정보를 제공하고 있다

이밖에도 이탈리아의 위우드Wewood는 나무시계 제조기업으로 폐목재를 재료로 사용하여 인기를 끌고 있다. 미국의 에코이스트Ecoist는 비닐, 캔 뚜껑 등 폐기물을 사용하여 패션잡화를 만들어 판매하고 있다. 스페인의 디카페Decafe는 커피 찌꺼기로 그릇과 램프 등을 만들어 판매하고 있다.

업사이클은 재활용 제품의 새로운 수요시장을 창출한다는 점에서 중요하다. 우리나라에서도 정부 차원에서 재활용업체에 장기 저금리 융자 지원 및 융복합 혁신적인 새활용 사업 아이디어에 대해 펀딩 등을 통해 자생가능한 자원순환 재활용 산업의 활성화를 뒷받침할 필요가 있다.

| 원전해체 및 개보수산업은 새로운 성장동력이다 |

원전해체는 가장 난이도가 높은 환경복원 작업이다. 2017년 6월 19일 정부는 고리 원전 1호기를 영구적으로 가동 정지했다. 2017년 7월 현재 우리나라에는 24기의 원전이 운영되고 있다. 모든 것은 시작과 끝이 있다. 원전도 마찬가지다. 건설한 원전은 언젠가는 해체해야 한다.

대한민국은 세계 5위의 원전 건설 강국이다. 국내 원전시장뿐만 아니라 해외 시장에도 진출하여 2009년 아랍에미리트에서 47조 원 규모의 원전사업을 수주했다. 그러나 일본 후쿠시

마원전사고 등으로 나타난 환경문제와 국민건강 안전에 대한 우려가 커지면서 국내 원전시장은 점차 축소될 수밖에 없는 실정이다.

그러나 원전해체 및 개보수 산업은 이제 시작이며, 향후 큰 시장으로 발전할 전망이다. 원전은 전 세계적으로 노후화시기에 접어들었다. 현재 운전 중인 원전은 일반적으로 30~40년의 수명을 갖는다. 1980년대부터 급격히 증가한 원전 건설로 2017년 현재 가동 연수가 30년 이상 된 원전은 세계 전체 원전의 절반이 넘는다. 설계 수명이 다한 각국의 원전은 정치적, 사회적, 경제적 이유로 해체가 결정될 것이고, 해체사업으로 이어질 것이다. 기당 해체비용은 국내 추산 및 최근 미국의 낙찰가격 기준으로 0.6~2.5조 원으로 예상된다.[101]

원자력에너지기술의 발전으로 세계는 1980년대에 원전 르네상스를 맞았다. 이때 건설된 원전의 대부분이 2020년부터 2030년경 수명이 종료되는 시기를 맞이할 것으로 보인다. 2025년에는 한국을 포함한 캐나다, 브라질, 대만, 체코, 핀란드, 프랑스, 독일, 헝가리, 인도, 일본 등 30개국에서 200개 이상의 원전해체 사업이 추진될 전망이다.

세계 각국은 해체기술을 보유한 기업을 찾을 것이다. 그러나 전 세계적으로 상용급 원전해체기술과 실적을 보유한 국가

---

101. Delotte Analysis, 2015

는 미국, 독일, 일본 등 3개국뿐이며 관련 기업은 극소수다. 게다가 500MW급 이상 대형 원전해체 실적[102]은 미국만 보유하고 있다. 국내 원전은 모두 500MW급 이상이다.[103] 우리나라 기업이 원전해체기술을 확보하고 국내 해체사업에서부터 실적

| 원전 사업기간 및 비용 비교(1기당)　　　　　단위: 십억 원

사업단계		사업기간	비용
원전 건설		10년	2,655
	설계		165
원전 운영		40년	4,409
	연료비		1,783
	유지 보수		751
원전 해체		20년	603
	해체 전: 사전 준비 * 원전 영구 정지 허가 및 핵연료 제거와 냉각, 해체계획(작업 일정, 비용, 폐기물 발생량 분석 등) 수립, 환경영향 평가 및 승인 등	5년	121
	해체: 제염·해체·폐기물 처리(해체 공사·작업) * 최종 부지의 재이용 용도 결정, 부지 복원 계획 수립 및 부지 안전성 평가 현장 복원 개방 기준 만족 여부 검토 및 재이용 승인 등	10년	362
	해체 후: 환경 복원(사후 단계)	5년	121

자료: 삼성증권, "유틸리티: 뜨거운 감자, 원전해체시장의 명과 암", 2014.9.4

---

102. Trojan, Rancho Seco, Maine yankee 발전소 등
103. 주요 원전별 설비용량은 고리 1호기 587MWe, 고리 2호기 650MWe, 고리 3호기 950MWe, 고리 4호기 950MWe, 월성 1호기 679MWe, 한빛 1호기 950MWe, 한울 1호기 950MWe, 신고리 1호기 1,000MWe 등에 이름

을 쌓는다면 20년 후 대한민국의 성장동력이 될 수 있다. 한편 일본이 당초 원전 중단 방침을 철회하고 원전을 개보수하여 재가동하기로 정책을 선회한 사실도 주목해야 한다. 원전의 해체 및 고준위 폐기물 등의 처리가 어려운 점을 고려하여 기존 원자력 발전소를 개보수하여 재가동하는 것도 향후 새로운 리모델링 사업기회가 될 수 있을 것이다.

2017년 영구 정지된 고리 1호기 이후, 2022년 월성 1호기, 2023년 고리 2호기 순으로 차례로 수명이 종료되어 우리나라에서 해체되는 원전은 향후 10년간 8기에 이를 전망이다.

원전해체는 단순히 원전시설을 철거하는 것만을 의미하지 않는다. 시설 운영을 영구적으로 정지한 후, 해당 시설과 부지를 철거하거나 방사선 오염을 제거함으로써 법 적용 대상에서 배제하기 위한 모든 활동[104]을 의미한다. 한마디로 종합 환경복원 사업인 것이다. 제염, 절단 및 철거, 폐기물 처리, 환경 복원으로 이어지는 해체 작업은 방사능 오염 때문에 난이도 높은 기술력과 안전관리를 필요로 한다. 제염작업은 방사능 물질 및 기타 유해물질을 제거하는 단계, 절단 및 철거는 제염작업 후 로봇 등을 이용하여 설비를 해체하는 단계, 폐기물 처리는 방사선 및 비방사선 폐기물을 구분하여 방사선 폐기물을 절단, 압축, 고형화, 저장 등을 하는 단계, 마지막 환경 복원은 부지의 토양

---

104. 원자력안전법 제2조 제24항

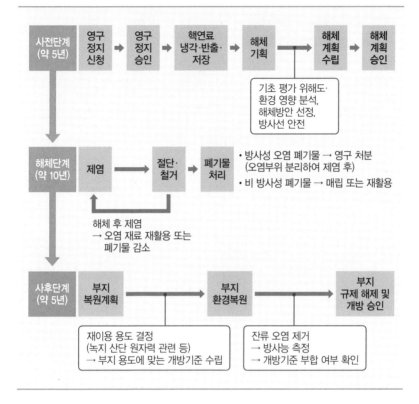

이나 건물에 대한 작업으로 잔류 방사능을 평가하는 단계다. 이 모든 단계를 철저히 관리하여 안전하게 수행해야 원전해체가 완료되는 것이다. 즉시해체방식 기준으로 총 20여 년의 긴 시간이 필요한 가장 높은 난이도의 환경 사업이다. 또한 해체 사업기획, 관련 기술 연구개발, 제염, 절단, 철거, 폐기물처리, 환경복원의 과정에서 국제적으로도 경쟁력이 있는 고부가가치 일자리를 다수 창출할 수 있다.

우리나라는 원전해체 부문에서는 이제 첫걸음을 떼는 단계이다. 상용급 원전해체사업 실적을 보유한 업체가 없다. 두산중공업, 현대건설 등 소수업체가 원전 유지보수 공사에서 부품과 설비를 교체하거나 관련 연구개발을 한 수준이다. 기술과 실적을 보유한 해외 전문기업과 전략적으로 제휴하는 것도 좋을 것이다. 미국 벡텔Bechtel, 플루어Fluor, 에너지솔루션즈Energy solutions, 프랑스 아레바Areva, 스웨덴 스터드스빅Studsvik, 독일 짐펠캄프Siempelkamp 등은 우리보다 한발 앞서 시장을 선점하고 있는 기업이다.

향후 확대될 세계 원전해체시장을 선점하기 위해 다양한 기업들이 움직이고 있다. 상하수도 관리 및 수처리 업체인 프랑스 베올리아Veolia도 2013년 원전해체사업부를 신설했다. 터빈 등 중공업 기자재 업체인 영국의 롤스로이스Rolls-Royce도 같은 해 원전해체분야로 사업영역을 확장했다. 우리도 국내 시장을 기반으로 본격적으로 원전해체산업을 육성할 필요가 있다.

원전해체는 방사능 폐기물로 가득한 구조물을 안전하게 해체하여 자연 상태로 복원하는 종합환경사업이다. 그리고 관련 기술과 실적을 확보하면 해외시장에도 진출할 수 있다.

우리나라는 원자력에너지 관련 사업을 철저히 정부에서 관리해왔다. 원전해체 시장이 본격적으로 열리는 시점에서 국가차원에서 체계적이고 전략적인 계획을 세운다면 기술력 확보, 일자리 창출과 더불어 20년 후 대한민국의 성장동력이 될 수 있다.

한편 일본이 당초 원전 중단 방침을 철회하고 원전을 개보수하여 재가동하기로 정책을 선회한 사실도 주목해야 한다. 원전의 해체 및 고준위 폐기물 등의 처리가 어려운 점을 고려하여 기존 원자력 발전소를 개보수하여 재가동하는 것도 향후 새로운 리모델링 사업기회가 될 수 있을 것이다.

| 친환경에너지타운이 생태관광지로 변신하다 |

발전소, 폐기물처리장, 하수처리장 등은 그동안 해당 지역주민에게 기피대상이며, 혐오시설로 받아들여졌다. 에너지환경설비는 해당 지역에 반드시 필요한 시설이지만 신규 건설을 추진하는 과정에는 '님비NIMBY' 현상 등으로 지역주민과 갈등을 초래하는 경우가 많았다. 이러한 시설을 친환경적으로 바꾸고 친환경 사업모델을 적용하여 지역주민의 일자리 창출과 소득을 증대하는 생태마을, 생태관광지를 조성하는 정책은 확대 추진할 필요가 있다.

정부의 에너지타운정책은 하수처리장, 쓰레기매립장 등 기피 혐오시설 부지를 활용하여 바이오가스, 태양광 등의 재생에너지를 생산하거나 문화관광 상품을 만들어 수익을 발생시켜 해당 지역 주민의 소득향상에 기여하는 방식으로 추진하고 있다. 2014년 친환경에너지타운 시범사업이 홍천, 광주, 진천 등 3개 지역에서 시작되었다. 그리고 2015년 12월 홍천 친환경에너지타운 시범사업이 국내 최초로 준공되었다.

홍천 친환경에너지타운은 기존 하수처리장, 쓰레기소각장 등 기피혐오시설을 에너지를 생산하는 시설로 전환했다. 가축분뇨처리시설에서 바이오가스를 생산하여 도시가스로 사용하고 퇴·액비료를 생산하여 판매하고 있다. 태양광과 소수력 발전시설을 설치하여 전력을 판매하여 수익을 올린다. 그리고 환경개선 사업으로 상하수관거와 도시가스 배관이 설치되고 홍천강변 마을 진입로에 '천년의 숲길', '야생화단지', '홍천강 사계절 체험관광지' 등이 조성되는 등 생태관광 인프라도 만들어졌다. 이러한 사업을 위해 마을주민이 주도하는 마을협동조합, 특수목적법인을 설립되었고 국비 60억원, 지방비 60억 원, 민자 10억 원 등 총 130억 원이 투자되었다. 이러한 사업을 통해 창출되는 연간 1억 9,000만 원의 수익은 주민들에게 돌아가고 있다. 또한 건조야채 생산, 퇴비 소포장 판매사업으로 신규 일자리가 창출되기도 하였다. 정부는 시범사업모델을 발판으로 총 15개소를 확대 추진하고 있다.

이러한 선순환적 친환경 사업모델을 보다 종합적인 관점으로 확장할 필요가 있다. 해당 지역의 기피혐오시설과 주변 하천과 도랑, 그리고 지역의 역사와 문화를 종합적으로 고려하면 더 나은 대안을 찾을 수 있을 것이다. 재생에너지 도입뿐만 아니라 생태마을과 문화공간으로 변화시키는 등 보다 넓은 관점에서 정책을 추진할 필요가 있다.

독일, 오스트리아, 일본 등 환경 선진국의 사례를 참고할 만하다. 독일 등 선진국은 친환경에너지타운으로 혐오시설 문제 등의 해결방안을 찾았다.

예를 들면 독일의 윤데Jühnde마을과 슐뢰벤Schlöben마을은 주민 자치적으로 열병합발전소를 설치한 사례다. 윤데마을의 경우 마을 인근의 축산분뇨와 에너지 작물을 활용한 바이오가스 발전으로 연 5백만kWh의 전기를 생산한다. 이를 통해 주민 난방비를 가구당 연간 800유로를 절감하고 있으며, 바이오매스 공급 농가의 소득은 농가당 연간 22만 유로가 추가로 발생하고 있다. 슐뢰벤마을의 경우 여기서 생산되는 에너지작물, 축산분뇨, 우드칩 등을 활용하여 에너지를 생산하고 있으며, 주민의 적극적 참여(75%)를 유도하여 재생에너지 생산 및 수익공유 모델을 형성하였다.

오스트리아 빈 슈피텔라우Spittellau소각장은 기존 소각장을 유명건축예술가의 건축설계를 반영하여 리모델링해 소각(864톤/일)은 물론 전력생산(전력 6MW, 열 60MW)과 함께 관광명소로 거듭났다.

일본 나가노현 이이다시의 경우 태양광 발전(1,208kW)으로 연간 3.7억 원의 수익이 발생하고 있으며, 정부 주도에서 시민단체 중심으로 추진방식을 전환(시민단체 주도로 에너지 설치비용을 지원하는 '햇살펀드' 운영)하여 새로운 롤모델이 되고 있다.

| 친환경 생태마을 선진국 사례

		시설명	시설 개요	성공요인
에너지자립형	주민자치형	독일 윤데마을	바이오가스 열병합발전기 (700kW)	• 마을 인근의 축산분뇨, 에너지 작물을 활용한 바이오가스 발전(연 500만kWh 생산) • 주민 난방비 절감(연간 가구당 800유로), 바이오매스 공급 농가의 소득 증대효과 (농가당 연간 22만 유로) 발생
		독일 슐뢰벤마을	혐기성소화시설 60톤/일, 열병합발전기, 우드칩 보일러 등	• 마을에서 생산되는 에너지작물, 축산분뇨, 우드칩 등을 활용하여 에너지 생산 • 주민의 적극적 참여(75%)를 유도하여 재생에너지 생산 및 수익공유 모델 형성
		오스트리아 뮤레크마을	바이오디젤 (1천만ℓ/년), 바이오가스 발전, 우드칩 난방 등	• 마을기업을 설립하여 연간 15만MWh 공급 • 기존 작물을 유채 등 에너지작물로 전환 → 주민들이 수익을 재투자하여 신규 에너지 기업 조성·운영
		덴마크 삼쇠섬	풍력발전 21기, 지역난방시설 3기, 태양광 및 우드칩 난방시설 각 1기	• 재생에너지를 활용, 100% 에너지 자립 달성 – (당초) 섬 전체 에너지의 13% 생산 – (현재) 전체 섬 에너지의 100% 풍력 공급
	주민복지형	일본 나가노현 이이다시	태양광 발전 (1,208kW)	• 태양광 발전으로 연간 3.7억 원 수익 발생 • 정부 주도에서 시민단체 중심으로 추진 방식을 전환(시민단체 주도로 에너지 설치비용을 지원하는 '햇살펀드' 운영)
		일본 가와구치 폐기물처리시설	열분해·가스화 용융시설 (140톤/일×3기)	• 지역주민과의 공청회를 통한 갈등 해결, 주민편익시설 설치(300~500명 이용 중)
관광명소형		오스트리아 빈 슈피텔라우 소각장	864톤/일, (전력 6MW, 열 60MW)	• 기존 소각장을 유명건축예술가의 건축설계를 반영한 리모델링을 통해 관광명소화 • 인근 아파트에 온수 무상공급→아파트 가격 상승

자료: 환경부

| 물 관련 신산업을 육성하자 |

2017년 가장 심각한 물 관련 문제는 녹조 등을 포함한 수생태계 파괴다. 수생태계 파괴 문제를 해결하면서 동시에 물 관련 산업을 육성하고 일자리를 창출하는 방안을 강구할 필요가

있다.

먼저 수생태계와 오수 및 폐수의 발생과 처리까지의 전 과정을 파악할 수 있는 모니터링체계를 구축해야 한다. 이를 통해 하천과 보 구간의 수생태계의 모니터링과 물환경 측정을 강화해야 한다. 측정될 수 없는 것은 개선될 수 없다. 수질 원격감시체계TMS, Tele-Monitoring System를 보다 많은 방류구와 하천에 설치할 필요가 있다. 측정기기 관리 및 운영을 ICT기술과 연계하고 생산된 데이터를 기반으로 다시 신산업을 창출할 수 있는 환경을 조성해야 한다.

예컨대, 확보된 데이터를 기반으로 녹조 발생 메커니즘, 조류 전 과정 연구와 오폐수 최적 처리 및 제어기술과 피해예방 기술 등을 개발할 수 있을 것이다.

기후불량국가에서
탈출하자

기후변화 국제연구 컨소시엄 기후행동추적CAT, Climate Action Tracker
은 2016년 11월 '대한민국이 기후 악당의 맨 앞에 섰다'고 발표
했다.[105] 우리나라가 기후 악당이 된 이유는 1인당 온실가스 배

> ▶ **CAT가 지적한 한국의 기후 관련 이슈** ◀

- 한국의 1인당 온실가스 배출량 증가 속도는 아시아태평양경제협력체APEC 21개
  국가 중에서도 월등히 높은 수준
- 한국은 2007년부터 2014년까지 70억 달러(약 7.7조 원)의 재정을 석탄 관련 프
  로젝트에 제공(일본에 이어 세계 2번째의 석탄 투자국)
- '저탄소녹색성장기본법' 시행령을 개정하여 2020년 온실가스 감축목표(배출전
  망치 대비 30% 감축)를 공식적으로 폐기
- 기후변화 정책 총괄 업무를 환경부에서 국무조정실로, 배출권거래제 업무도 경
  제부처인 기획재정부로 이관

자료: CAT

---

105. Climate Change News, "South Korea leads list of 2016 climate villains", 2016.11.4

출량의 급격한 증가, 정부의 석탄 수출입 지원, 2020년 이산화탄소 감축목표 폐기 등이다.

또한 우리나라는 2015년 12월 8일 독일 민간연구소 저먼워치German Watch와 유럽기후행동네트워크CAN Europe가 발표한 '기후변화대응지수CCPI, Climate Change Performance Index 2016'에서 조사대상 58개국 중 54위를 기록하기도 했다. 5년 전 2010년의 31위에서 23단계 추락했다. 대한민국은 국제사회에서 기후불량국가다.

이러한 오명을 벗고 국제환경문제 해결을 선도하고 지구환경에 보호하는 환경국격을 높일 수 있는 정책이 필요하다.

:: 트럼프 방식은 No! 지구환경보호 선도는 Yes!

미국 도날드 트럼프Donald Trump 대통령은 2017년 6월 1일 파리기후변화협약을 탈퇴하기로 공식적으로 발표했다. 기후변화 대응 노력이 미국의 국익을 저하시킨다는 것이다. 미국 국민을 보호할 책무가 있기 때문에 미국에 불이익을 가져다주는 파리협약 이행을 전면 중단하기로 한 것이다.[106]

파리협약은 인간의 산업 활동으로 인한 지구온난화와 기후변화에 대응하기 위해 2015년 12월에 195개국이 합의한 국제협약이다. 기후변화와 관련하여 역사상 처음으로 전 세계 거의 모

---

106. 조선일보, "지구를 열받게 만든 트럼프", 2017.6.3

든 국가가 참여한 협약이었다.

미국이 중국에 이어 세계에서 두 번째로 온실가스를 많이 배출하는 국가임에도 불구하고, 그는 기후변화에 대해 부정적인 태도를 취해 왔고 석탄 산업과 전통 제조업 등 화석연료 관련 산업을 옹호해 왔다.

그러나 오늘날 선진국 산업에서는 기후변화 대응 노력이 GDP 손실을 초래한다고 보기 어렵다. 미국 태양에너지산업협회Solar Energy Industry Association의 통계에 따르면 미국 내 태양광산업 종사자 수는 석탄산업보다 2배 이상 많다. 미국 태양광산업은 일자리 창출 면에서 '효자산업'이다. 최근 4년간 일자리는 연평균 20%씩 증가하고 있다.[107] 태양광산업은 가장 빠르게 성장하는 분야 중 하나이며 신규 일자리 창출에도 크게 기여하고 있다.

뿐만 아니라 에너지인프라 기업 제네럴일렉트릭GE, General Electric, 전기자동차 기업 테슬라Tesla 등 미국 친환경 산업 기업들은 세계시장을 선도하며 지구환경보호에도 앞장서고 있다. GE는 부품제조업보다 고효율 첨단 서비스업 부문에서 더 큰 수익을 창출한다는 것을 발견하고 사업을 환경친화적으로 개편하고 있다. 2003년 창립된 테슬라는 불과 14년 만에 전통의 자동차기업 제너럴모터스GM, General Motors를 제치고 미국 자동차업계 시가총액 1위 기업(약 60조 원)이 되었다. 구글Google, 애플

---

107. 전자신문, "미국 '태양광 산업이 일자리 효자'...최근 4년간 연평균 20% 증가". 2017.2.8

Apple, 페이스북Facebook 등 IT기업도 사용하는 모든 에너지와 자원을 환경친화적으로 개선하고 있다. '환경보다 국익'이 아닌, '환경은 국익'이 확산되고 있는 것이다.

지구온난화, 기후변화, 중국발 미세먼지, 일본 후쿠시마 방사능 오염 등의 현상은 환경 문제가 특정 국가만의 문제가 아닌 세계 공동의 현안이라는 것을 보여준다. 이를 풀어나가는 것이 시대적 숙명이 이곳에서 새로운 산업과 일자리가 창출될 수 있다.

2012년 브라질 리우 지속가능개발협약에서는 과학기술로 실제적인 기후변화 등 환경문제에 대응을 하기 위한 '미래지구Future Earth' 프로그램을 탄생시키기도 했다. 프랑스, 미국, 캐나다, 스웨덴, 일본에 위원회가 구성되고 세계 각지의 과학자들이 지구 환경문제를 공동으로 해결하고자 노력하고 있다. 우리나라는 아직 국가위원회 조차 원활하게 운영되고 있지 못하지만 앞으로 적극적인 교류가 필요하다.[108]

최근 우리나라의 미세먼지 문제도 국제 공조를 통해 해결해야 하는 문제로 인식되면서 환경문제를 국제 공동으로 대응하는 방안이 검토되기 시작했다. 미세먼지, 원자력 사고 등 국가 간의 논의가 필요한 환경 문제에 대해서는 국제 네트워크를 적극적으로 활용할 필요가 있다. 특히 우리나라는 중국과 인접해 있기 때문에 이러한 국제 공조가 절실하다. 중국의 석탄화력발

---

108. 한국과학기술한림원, 「미래지구와 국제 과학계의 최근 동향」, 한림연구보고서 108, 2016

전소와 자동차 등에서 발생하는 대기오염물질은 서풍을 타고 한반도에 건너와 각종 환경오염문제를 일으키고 있다. 또한 중국은 서해 해안가에 원자력발전소를 집중하여 건설하고 있어 가까운 미래에 원자력 안전사고 문제가 우려되는 상황이다. 이러한 당면 현안에 대해 지구환경보호를 선도하는 차원에서 우리나라는 환경 외교를 적극적으로 추진할 필요가 있다. 친환경 기술과 산업은 장기적으로 국민의 건강과 안전, 국가 경쟁력 등에 긍정적이기 때문이다.

트럼프가 환경을 바라보는 관점은 나름의 정치적 이유가 있겠지만 어쩌면 시대착오적인 발상일지도 모른다. 이제는 과거와는 달리 환경을 고려하지 않고 성장하는 것은 의미가 없으며 지속가능하지도 않다. 트럼프 대통령의 방식은 미국인을 위해서도 미래세대를 위해서도 바람직하지 않다.

:: 갯벌과 습지도 경쟁력의 원천이다

우리나라 갯벌 면적은 2013년 기준 남한 면적의 2.5%인 2,487.2km²다.[109] 서해안 갯벌은 우리나라 전체 갯벌의 83.8%을 차지하며 세계 5대 갯벌이기도 하다. 그러나 갯벌은 우리나라 산업발전에 희생되어 1987년부터 26년 동안 22%가 사라졌다.

---

109. 해양수산부, 「2013 전국갯벌면적조사」

▶ 갯벌과 습지의 경제적 가치 ◀

세계적 학술지 《네이처Nature》에 발표된 '세계 생태계 서비스와 자연자본의 가치
The value of the world's ecosystem services and natural capital'[110] 연구에 따르면 갯벌
(연안습지)의 가치는 1㎢당 99만 9,000달러다. 같은 면적 농경지의 100배, 숲의
10배 수준이다. 내륙습지의 경제적 가치는 이보다 높은 195만 8,000달러/㎢로 갯
벌보다 29배 높았다.
이 기준으로 계산하면 우리나라 갯벌 면적 2,487.2㎢은 24억 8,471만 2,800달러,
즉 약 3조 원(환율 1,150원/달러)의 가치를 갖는다.

갯벌 5㎢의 수질정화 능력은 하수종말처리장 1개소와 같다
고 한다. 경제적 가치도 1㎢당 약 63억 원에 달하고, 전체 갯벌
면적 기준으로 16조 원에 달한다고 한다. 갯벌의 가치는 수산
물 생산(41%), 보존가치(27%), 생태 서식지 제공(14%), 수질정화
(11%), 재해방지(4%), 여가(3%) 등으로 파악할 수 있다. 이 같은
갯벌의 중요성을 감안하여 간척지, 새만금 사업 등을 보다 신중
히 접근할 필요가 있다.

:: 국제환경규제 강화는 새로운 기회다

전 세계적으로 강화되는 국제환경규제는 환경산업이나 친환
경상품에는 새로운 기회의 장이 된다. 한 예로 2020년부터 강
화되는 국제해사기구IMO의 선박배출가스 규제를 들 수 있다.

---

110. Costanza et al, The value of the world's ecosystem services and natural capital. Nature
387, 253–260, 1997

선박에서 배출되는 대기오염물질을 저감하기 위해 연료유에
포함된 황함유량의 기준이 현행 3.5%에서 2020년 0.5%로 낮춰
짐에 따라 친환경선박 수요가 확대될 전망이다. 이에 따라 LNG
를 사용하는 친환경선박에 대한 발주가 증가할 수 있다. 따라
서 친환경선박 기술, LNG선 벙커링 기술과 관련 인프라를 보유
한 기업과 국가에는 새로운 기회가 열릴 것으로 보인다.

　선박 평형수 관리 규제도 같은 맥락이다. 선박 운항 시 균형을
유지하기 위해 밑바닥과 측면의 탱크에 주입하거나 배출하는 물
인 선박 평형수의 국제적 관리강화로 인해 창출되는 처리설비 시

| 선박 평형수 관리 개념도

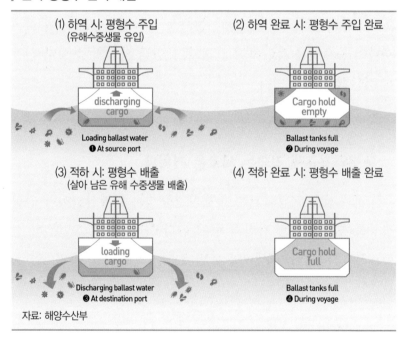

자료: 해양수산부

장도 새로운 기회가 될 것이다. 선박 평형수가 해양 환경의 이슈가 된 것은 평형수에 들어 있는 수중 생물 때문이다. 다른 지역에서 주입된 물 속에 포함된 외래해양생물체가 국가와 지역으로 이동하여 다른 바다에 배출된다면 생태계가 교란될 수 있기 때문이다.

국제해사기구는 2004년 '선박평형수 관리협약'을 채결했다. 선박 평형수에 들어온 생물을 처리하는 설비를 선박에 의무적으로 장치하는 것에 대한 내용이다. 이 협약은 2017년 9월 발효되어 기존 선박은 5년 이내, 신규 건조 선박의 경우 즉시 설비를 갖추어야 한다. 해양수산부는 2017년부터 2022년간 선박 평형수 처리 시장을 40조 원으로 추정하고 있다. 우리나라는 전 세계에서 가장 선박을 많이 건조하는 국가이기 때문에 이 부문에서 새로운 시장기회를 맞게 될 것이다.

또한 아이치Aichi 목표와 같은 국제협약을 준수하고 이를 환경경쟁력으로 확보할 방안을 고려해야 한다. 아이치 목표란 생물

▶ 해양 및 연안 생물다양성 관련 주요 아이치 목표 ◀

- 목표 6: '20년까지 해양생물 자원에 대한 생태계 기반 관리 및 이용을 실현
  - 어류의 남획 근절, 소멸자원에 대한 복원 계획 및 시책 등을 마련
    * 수산활동에 의한 위기종 또는 취약생태계에 부정적 영향의 근절, 기타 해양생물자원의 안정적 경계safe ecological limits의 확보
- 목표 10: 2015년까지 기후변화, 해양산성화 등에 의한 위험, 산호초에 대한 인간활동의 영향 등을 최소화함으로서 해양생태계의 기능을 지속 유지
- 목표 11: 2020년까지 해양면적의 10%를 해양보호구역으로 지정
자료: 해양수산부

다양성 보전 목표 및 이행방안을 담은 국제전략계획이다. 정부는 생태우수지역에 대한 보호지역 지정을 확대하여 2020년까지 육상면적의 17%, 해양면적의 10%를 보호지역으로 지정하는 '아이치 목표11Aichi Target 11'을 달성할 수 있도록 검토해야 한다. 2016년 현재 우리나라의 육상 15.5%, 해양의 2.05%가 보호지역으로 지정되어 있다. 해양부문의 추가적인 보호지역 지정 확대가 필요하다.

∷ 친환경제품 사용으로 해양 생태계를 보호하자

해양 생태계를 파괴하는 요인들을 제거하면 해양자원을 보

| 우리나라 해양쓰레기 발생 현황 단위: kg

기인지	구분	쓰레기 양
육상	평상시 하천	24,250
	홍수기 하천	1,300
	해안가	7,275
	소 계	32,825
해상	어망어구 유실량	44,081
	어선 생활쓰레기	2,347
	양식장 부자	4,382
	항만 유입량	7,560
	소 계	58,370
합 계		91,195

주: 초목류를 제외한 쓰레기 양
자료: 해양수산부

호할 수 있다. 바다는 풍요로운 해양자원을 인간에게 제공한다. 그러나 현행 어부들이 사용하는 각종 기자재는 해양 생태계를 파괴하기도 한다. 예를 들어 나일론 어망어구는 바다에서 유실될 경우 생분해가 되지 않아 생태계를 심각하게 파괴시킨다. 우리나라 전체에서 발생하는 해양쓰레기의 절반이 어망어구 유실량이다. 나일론 어망어구를 생분해성 제품으로 대체하는 것이 시급하다.

양식장에서 사용하는 스티로폼 부표도 친환경 부표로 대체해야 한다. 전국 해안에 설치된 스티로폼 부표가 부스러지면서 해양쓰레기가 되거나 물고기의 몸 속으로 들어가 생태계가 파괴되고 있다. 친환경 부표 사용을 위한 정부의 어민 지원을 보다 확대할 필요가 있다.

나일론 그물과 생분해성 그물의 비교

구 분	나일론 그물	생분해성 그물
소 재	Polyamide(PA)	Polybutylene succinate(PBS)
분해 특성	환경조건에 따라 수백 년간 지속	2년 후부터 미생물에 의해 분해 시작
나일론 어구의 피해	〈어업 및 수산자원에 미치는 영향〉 • 유실된 어구는 분해되지 않고 바다 속에서 지속적 유령어업 피해 발생 * 자망의 10%, 통발의 20% 수준이 조업과정에서 유실 ⇒ 유령어업 피해 : 연간 2,000억 원 추정 • 수산생물의 산란장, 서식장을 파괴하고, 인공어초의 기능을 저해 〈환경 및 안전에 미치는 영향〉 • 유실·침적으로 해양쓰레기 발생 ⇒ 이를 수거하기 위한 수거비용 소요 • 유실어구는 조업과정에서 어로작업 방해 및 선박 안전사고 유발 • 나일론 어구는 소각 시 발암물질 발생, 매립 시 수백 년간 토양오염 유발	

자료: 해양수산부

DMZ를 인류의
생태유산으로 만들자

:: 지구상 마지막 남은 천연지대 보호하기

남북한의 분단으로 형성된 한반도 비무장지대 DMZ^{Demilitarized} Zone는 1953년부터 설정된 지구상 마지막 남은 천연자연지대다. 60년 이상 인간의 손길이 닿지 않으면서 세계적으로 보호 가치가 있는 자연 생태계가 형성되었다. 예를 들어 환경부 조사에 따르면 전 세계 두루미의 약 20%, 재두루미의 약 50%, 저어새의 약 90%가 서식하고 있으며, 106종의 멸종위기 생물이 서식하고 있다고 한다. 이는 우리나라 전체에 서식하는 멸종위기종의 43%에 해당한다.

DMZ 지역을 생물권 보전지역으로 지정해야 한다. 가능하다면 유네스코 세계문화유산으로 지정될 수 있도록 국가 차원의 대응도 고려해 볼 필요가 있다. 분단 역사와 자연이라는 두 가지 의미를 갖는 인류의 생태유산이 될 수 있을 것이다. 또한 관광자원으로 개발하는 경우에도 최대한 생태적 가치를 보전할 수 있는 공간이 될 수 있도록 해야 한다.

통일독일의 사례를 참고할 필요도 있다. 서독 국경선 부근의 그뤼네스반트Grunes Band는 길이 1,393km, 폭 50~200m, 면적 1만 7,656ha에 이르는 구 동·서독 접경지역이다. 이 지역은 DMZ와 같이 중요한 국가적 생태 네트워크이며 600종 이상의 국가 위기희귀종들이 서식하고 있다. 독일의 사례를 참고하여 한반도의 DMZ도 생태계 보전에 최우선 순위를 두어야 할 것이다.

:: 인도적 차원의 북한 환경문제 지원하기

유엔은 2017년 3월 '북한의 필요와 우선순위 보고서2017 DPR Korea111 Needs and Priorities'를 발표하면서 북한 주민의 건강과 삶의

| UN이 제시한 북한 지원 우선순위

2016년	2017년
① 재난피해 인명구조 지원 활동 ② 임산부, 어린이 등 취약집단의 영양 상태 개선 ③ 안전한 식수와 위생을 위한 기본 시설 개선	① 임산부, 어린이 등 취약집단의 영양 상태 개선 ② 안전한 식수와 위생을 위한 기본 시설 개선 ③ 자연재해로 부터의 취약집단 회복력 강화

자료: UN, 2017 DPR Korea Needs and Priorities, 2017
　　 UN, 2016 DPR Korea Needs and Priorities, 2016

111. DPR Korea란 조선민주주의인민공화국(Democratic People's Republic of Korea)의 영문 약칭

질 개선을 위해 취약집단의 영양상태 개선, 안전한 식수와 위생을 위한 기본 시설 개선, 자연재해로부터 회복력 강화의 3대 목표를 제시한 바 있다. 국제사회에서도 북한의 물문제 해결을 북한에 가장 필요한 지원 부문으로 지목하고 있다.

| 인도적 차원에서 북한 수자원 문제 해결을 지원하자 |

환경은 남북한을 잇는 '평화의 끈'이 될 수 있다. 우리가 고려해야 할 대북지원은 북한 주민의 삶을 나아지게 하기 위한 인도적 차원이 되어야 한다. 예컨대, 북한 주민의 식수와 지하수 등 기본적인 환경문제를 해결해주는 것은 가장 안전하고 평화적이며 인도적인 대안이 될 수 있다.

그동안 식량지원 등의 대북 지원방식은 북한 군사력 증진에 전용될 수 있었기에 많은 논란이 있어왔다. 그러나 환경문제는 다르다. 환경은 가장 기본적인 생명권과 밀접하게 연결되어 있는 비정치적인 분야다. 식수문제의 해결은 인도적 차원의 지원이며 북한 주민에게 가장 효과적인 지원방안이 될 수 있다.

북한의 물 인프라는 주민 5명 중 1명이 깨끗한 물과 위생시설 없이 생활할 정도로 열악하다. 북한주민 가운데 이질, 설사 등 수인성 질병으로 고통받는 이들이 적지 않다. 특히 홍수나 가뭄이 발생하면 열악한 인프라에 자연재해까지 더해져 국제기구 등에 의약품 지원을 요청하지 않으면 안 될 정도가 되기도 한다. 2016년 8월 함경북도 지역에서 발생한 홍수로 인해 북한 주민은 수인성 질병으로 고통을 겪었으며, 세계보건기구는 홍수 피해지역에 긴급지원을 투입한 바 있다.

이러한 북한의 수자원 관련 문제는 열악한 상하수도 시설 인프라 때문에 일어난다. 북한의 상수도 시설 보급률은 상당히 85% 수준에 이르는 것으로 알려지고 있다.[112] 주거시설 대부분이 상수관망에 연결되어 있는 것으로 추정되지만 실제로 수돗물이 충분히 공급되고 있지는 않은 것으로 보인다. 그 이유는 정수과정에 필요한 전력이 부족하고 원자재와 부품 공급도 원활하지 않아 정수장 운영이 어렵기 때문이다.

실제로 북한 주민은 물을 얻기 위해 주변 하천과 지하수 등에 크게 의존하고 있는 것으로 알려지고 있다. 북한의 생활용수는 안정된 취수원인 저수지의 의존도가 5%에 불과하고, 나머지 95%는 하천수와 지하수에 의존하고 있는 것으로 추정된다.[113] 즉, 수량 확보와 수질관리가 어려운 실정이다. 또한 평양 등 일부 대도시를 제외하고는 우리나라 수준의 상수도 서비스는 거의 기대할 수 없는 실정이다. 가장 잘 관리가 되고 있는 평양시의 상수도 유수율이 50%대로 알려지고 있음에 비추어 볼 때, 나머지 다른 도시의 유수율은 더 높을 것으로 보인

112. 명수정, "북한의 환경 현황과 물관리 분야의 협력과제", 물과 미래 2015.7
113. 안재현, 윤용남, "북한 수자원 현황과 용수수급 전망(1) – 북한 하천 유역의 수문학적 특성과 용수이용 현황", 물과 미래 43(4): 17-26, 2010

다.[114] 노후화, 불량 등으로 인한 높은 상수도 유수율은 도시의 물 공급을 더욱 어렵게 하고 있다. 대다수 도시민들은 수돗물 사용이 어려워 오염된 식수를 사용할 수밖에 없으며 각종 수인성 질병에 노출되고 있는 실정이다.

▌ 북한 하천 및 연근해의 수질오염 현황

수역	수질 현황
대동강	• 오수, 분뇨 중 절반 정도가 정화되지 않은 채 그대로 유입 • 물고기가 죽어 떠오르는 광경 수시 목격 • 수돗물을 그대로 마신 주민들의 복통 호소
청성천강	• 함흥의 염료공장, 가죽공장의 폐수와 가정의 생활하수 유입 • 회복 불능의 강으로 전락
두만강	• 무산탄광, 회령제지공장, 중국 개산둔 펄프공장 등으로부터 탄광 폐수, 표백제, 생활오수 유입 • 심각한 수질오염 상황 • 수생식물에 심각한 영향 초래
압록강	• 북한의 혜산, 증강, 신의주, 중국의 장백, 남강, 집안시, 단동시 등의 산업폐수와 생활오수 유입 • 식수로 사용하기 곤란한 3급수 이하의 수질로 악화
연근해안	• 북한 동서부의 산업폐수로 연근해안 오염 • 남포시 유색금속제련소의 정광 부산물과 제련 찌꺼기, 시약배출로 연안오염 심화 • 원산 앞바다 5~8월 적조현상 빈발, 어패류 및 해조류 멸종 • 서해안 간척사업(황해남도 앞바다 8만 정보, 평안남도 앞바다 11만 정보를 포함한 총 30만 정보 간척)으로 인한 해양오염 • 서해갑문 건설 이후 폐수가 역류, 악취 발생, 댐상류 평균 온도가 상승하는 부작용 초래

주: 2007년까지의 정보를 토대로 작성
자료: 윤주환, "북한 상하수도 인프라 재구축: 현황과 전망", 수질보전 한국물환경학회지 제24권 제6호, 2008

---

114. 윤주환, "북한 상하수도 인프라 재구축: 현황과 전망", 수질보전 한국물환경학회지 제24권 제6호, 2008

북한의 하수처리시설은 상수시설에 비해 더욱 열악한 실정이다. 먼저 북한 지역 수세식 위생시설 보급률은 60% 이하이며, 특히 농촌지역은 50%에 미치지 못하는 지역이 대부분이다. 또한 하수가 하수처리장까지 운반되는 배수관로를 의미하는 하수관거 보급률은 전국적으로 50~60% 수준으로 추정된다. 그러나 배수관로가 하수처리장에 연결되어 있지 않고 직접 하천으로 배출되도록 방치되는 경우가 많아 실제 하수처리 보급률은 35% 이하로 추정된다. 게다가 시설의 노후화, 부품 조달문제, 전력 부족 등으로 인해 하수처리장의 실제 가동률은 더욱 낮을 것으로 보인다.

이와 같은 상황을 고려할 때, 북한의 실제 하수처리는 매우

| 북한 지역별 수세식 위생시설 보급률   단위: %

지역	합계	도시	농촌
양강도	59.45	67.97	46.22
함경북도	55.25	62.56	41.60
함경남도	55.99	58.90	49.07
강원도	56.95	68.63	39.94
자강도	56.03	65.81	46.56
평안북도	58.47	68.27	40.71
평안남도	58.23	63.81	51.94
황해북도	57.63	63.33	46.95
황해남도	55.67	62.21	50.04
평양시	55.06	62.08	51.15

자료: 서울대학교, 「통일을 대비한 북한 상하수도 인프라 구축을 위한 연구」, 2013

열악할 수밖에 없는 실정이다.[115] 그리고 경제난으로 인해 1995년 이후 신규 조성된 하수처리시설은 없는 것으로 조사되는 등 하수처리 인프라 또한 열악한 상태에서 방치되고 있는 것으로 보인다.

| 북한의 전력난을 고려해 에너지 효율이 높은 환경설비를 지원하자 |

북한 상하수처리 문제 해결을 지원하기 위해서는 에너지 소모가 적은 환경설비를 지원해야 한다. 북한에서 상하수 시설 운영상 가장 어려운 점은 전력사용이다. 평양시 등 도시지역에 하수처리시설이 설치되어 있지만 실제 가동률은 매우 낮을 것으로 보이는데, 이는 국가 전반의 전력부족으로 설비가동이 어렵기 때문이다. 특히 생물학적 수처리 공정인 송풍기 가동 등을 위해 투입할 전력이 충분하지 않은 것으로 보인다.

따라서 북한의 하수처리 문제를 해결하기 위해서는 터보블로워turbo blower 같은 하수처리용 고효율·저전력 송풍기를 지원하는 것이 바람직해 보인다. 하수처리장에서 사용하는 전력의 절반 가량이 공기를 불어넣어주는 설비에서 사용된다. 적은 전력을 사용해도 하수처리가 가능한 설비를 지원해야 지원정책이 실효를 거둘 수 있다.

중요한 것은 운영·유지·보수와 관련한 비용이다. 북한의 수

---

115. 서울대학교, 「통일을 대비한 북한 상하수도 인프라 구축을 위한 연구」, 2013

자원 문제를 효과적으로 해결하기 위해서는 이러한 현실적인 요소를 고려해야 한다. 하수처리를 설비는 군사적으로 전용될 우려가 없으며, 북한 주민들의 건강문제를 인도적으로 해결할 수 있는 좋은 방편이 될 수 있다.

| 북한 상하수도 문제 해결 지원은 이렇게⋯ |

수자원과 관련한 인도주의적 북한 지원방안은 독일의 사례를 참고할 필요가 있다.

통일 전 동독은 북한처럼 수자원 오염 상황이 심각했었다. 그래서 동서독은 통일 이전부터 환경오염 문제에 공동 대처하기 위한 정책을 폈다. 국경 지역에 수자원 관리시설을 설치하고 양국이 공동으로 이용하고 관리하는 협정을 체결하기도 했다. 환경자원은 장벽과 국경으로 나뉘어 있어도 인근 지역 간 공유하는 것이기 때문이다.

동베를린과 로덴Roden강의 하수 오염 방지를 위해 하수처리시설을 설치하는 합의를 하기도 했다. 이처럼 독일은 통일 이전부터 양국 간 연구와 교류를 통해 구 동독 지역의 수자원 문제를 해결하기 위한 기반을 만들었다. 이는 1990년 베를린 장벽이 무너진 후, 구 동독 지역의 낙후된 상하수 인프라를 본격적으로 건설하는 발판이 되었다. 1997년까지 철도, 도로, 통신, 상하수도 등 구 동독 지역의 인프라 건설에 투입된 지원금의 15%가 상하수도 부문에 사용되었다. 이후에도 구 동독 지역에 상

공공하수도 보급률(하수 처리비율)

연도	지역별 공공하수도 연결인구비율		
	구 서독 지역	구 동독 지역	베를린
1998년	95.90	79.63	98.40
2001년	96.58	84.00	98.50
2004년	97.04	86.95	98.41
2007년	97.39	88.92	99.01

주: 지역별 공공하수도 연결인구비율은 보급률을 의미
자료: 서울대학교, 「통일을 대비한 북한 상하수도 인프라 구축을 위한 연구」, 2013

하수도 투자가 지속적으로 이루어져 구 동독 지역 공공 하수도 보급률은 1998년부터 2007년까지 9.3% 증가했다. 같은 기간 구 서독 지역에서 1.5% 증가한 것에 비하면 매우 높은 수치다.

서울대학교(2013)[116]의 연구에 따르면 향후 20년간 북한 지역에 낙후된 상수도 인프라를 교체하고 신규 구축하기 위해서는 537개소 총 13만km 길이의 공사가 필요하며, 약 80조 원이 소요될 것으로 전망된다. 또한 하수도 인프라 부문은 전국적으로 도시 하수처리율 65%, 농촌 30% 달성을 가정했을 때, 20년간 약 15조 원의 재원이 필요한 것으로 보인다. 북한의 상하수도 인프라 구축을 위해서는 20년간 95조 원의 막대한 재원이 필요하다는 것이다. 현실적으로 이 같은 투자재원을 우리나라가 모두 부담하는 것은 매우 어려울 수 있다. 따라서 단계적으로 우

---

116. 서울대학교, 「통일을 대비한 북한 상하수도 인프라 구축을 위한 연구」, 2013

선순위를 정하여 가장 인도주의적 지원이 필요한 지역부터 순차적으로 지원하는 것이 바람직하다.

예를 들어 현재 북한의 지역별 1인당 상수공급량, 상수도 보급률, 하수도 보급률 등을 토대로 도달 가능한 적정 목표치를 설정하여 구체적이고 실현가능한 방법으로 추진할 필요가 있다. 이와 함께 정수장, 상수관망, 하수처리장, 하수관망 등의 시설의 효용성을 면밀하게 분석할 필요가 있다.

북한 수자원 지원은 북한 주민의 식수 및 보건위생 문제를 해결할 수 있으며, 북한 환경문제 해결과 한반도의 긴장완화와 평화적 관계 개선에도 기여할 수 있을 것이다.

국가적 현안,
집단지성으로 함께 풀어가자

오늘날 환경문제는 보수와 혁신의 진영논리를 넘어 우리 사회 공동체의 복원과 지구환경보호 차원에서, 총체적 변화와 국내외 다양한 주체들과의 연대를 통해 집단지성으로 해결해야 할 현안이 되었습니다. 우리 기성세대는 미래세대에게 쾌적하고 건강하게 살아갈 수 있는 지구와 자연생태환경을 유산으로 물려주어야 할 책무가 있습니다. 종전의 경제성장 위주의 패러다임에서 벗어나 우리 공동체 모두의 지속가능한 발전을 추구해야 할 때입니다.

저희 집필진은 서로 다른 분야의 전공과 경력을 갖고 있으며, 나이 차이도 많이 나는 편이지만 일본 지식인 사회의 공부회工夫会처럼 서로 열심히 학습하며, 우리나라의 환경문제 해결방안을 찾는 데 진력하였습니다. 함께 공감할 수 있는 좋은 이상과 목표를 정해 각자의 귀중한 주말시간을 온전히 투자하여 환경 어젠다들을 하나하나 정리하다 보니 어느새 8개월이란 시일이 지나 한 권의 책으로 내놓게 되었습니다.

　바쁜 일정에도 불구하고 기꺼이 시간을 내어 열정적으로 일할 수 있었던 것은 집단지성의 힘을 조금씩 즐길 수 있었기 때문이 아닌가 생각합니다. 경험 많은 사람의 지혜와 젊은 박사의 열정이 조화를 이루었습니다. 아이디어가 많고 책을 내본 적이 많은 사람과 연구경력이 많은 사람 그리고 정책 현장에 있는 사람의 토론은 길지 않은 시간에 많은 이슈들을 들여다보고 정리할 수 있게 하였습니다.

　이 책을 내놓으면서 앞으로 다양한 분야의 지성인들이 모여 국가사회 발전에 기여할 수 있는 많은 연구를 사회공헌 차원에서 하면 좋겠다는 생각이 들었습니다. 지난날의 '폴리페서 Polifessor'라는 오명을 벗고, 각자가 갖고 있는 경험과 지혜를 국가발전을 위해 제안하고 정책으로 구현될 수 있게 한다면, 비록 미국처럼 수천 개의 싱크탱크 Thinktank는 없을지라도 한국사회를 보다 성숙하고 건전하게 발전시킬 수 있을 것으로 기대합니다. 끝까지 인내하며 읽어 주신 모든 분들께 진심으로 감사드립니다.

집필진 일동

참고문헌

OECD, 「대한민국 OECD 환경성과평가」, 2017

SL공사 자원순환기술연구소, 「국내외 자원순환기술 및 연구동향 자료집」, 2015

강만옥, 조일현, 「환경정책이 일자리 창출에 미치는 효과 연구」, 한국환경정책평가연구원, 2015

강철구, 전소영, 「경기도 녹색일자리 실태 및 창출방안 연구」, 정책연구, 2016

관계부처 합동, 「스마트 물산업 육성전략」, 2016

관계부처 합동, 「빛공해방지 종합계획(2014~2018)」, 2014

국립환경과학원, 「일본의 자원순환법 제도 및 3R 동향 자료집」, 2015

국립환경과학원, 「한·중 월경성 미세먼지 저감을 위한 공동연구(II)」, 2016

국토교통부, 「한국하천일람」, 2013

국토연구원, 「독일의 자연침해제도와 정책제언」, 2012

국토해양부, 「수자원장기종합계획(2011-2020)」, 2011

국토해양부, 「저탄소 녹색성장형 도시공원 조성 및 관리운영 전략 정책연구」, 2011

국회예산정책처, 「미세먼지 관리 특별대책의 현황 및 개선과제 - 수송 및 발전 부문을 중심으로」, 2016.10

기상청, 「풍력자원지도 개발 연구보고서」, 2007

김종호 외, 「환경분야 일자리 수요 현황 및 전망」, 한국환경정책평가연구원, 2015

노동부, 「녹색일자리에 대한 인력수급전망 및 이에 따른 고용정책적 과제」, 2008

대한민국 법령, 자연공원법

딜로이트컨설팅, 「A Great Stepping Stone, 원전해체시장의 현황과 전망」, 2015.9.4

산림청, 「도시숲관리사 제도 도입을 위한 연구」, 2010

서울대학교, 통일한반도인프라센터, 「통일을 대비한 북한 상하수도 인프라 구축을 위한 연구」, 2013

서울도시농업, 「서울시 도시농업 마스터플랜 연구」, 2013.12

서울특별시, 「공원 내 비즈니스 모델 개발 컨설팅 용역」, 2015

서울특별시, 「초미세먼지(PM-2.5) 배출원 인벤토리 구축 및 상세모니터링 연구」, 2016

안산환경재단, 「국내외 생태공원 운영사례 고찰」, 2016.10

울산광역시, 고용노동부 울산지청, 「울산산업단지 사고 사례집」, 2015

울산발전연구원, 「석유화학공단 위험성 분석 및 소방관리대책」, 2004

원자력안전위원회, 「방사능 누출 사고 위기관리 표준 매뉴얼」, 2016

윤형호, 홍석기, 정병순, 백선혜, 장윤희, 노민상, 김도환, 「경제위기 극복을 위한 서울시 신일자리 창출 정책」, 서울연구원 전략연구보고서, 1-269, 2009

이동헌, 『에너지 소사이어티』, 동아시아출판사, 2009

이병욱, 『사업의 길』, 프리이코노미북스, 2016

통계청, 「2015 인구주택총조사」

통일부, 「독일통일 총서-구 동독지역 인프라 재건 분야 관련 정책문서」, 2013

통일부, 「독일통일백서(1995년~1997년)」, 1998

통일부, 현대경제연구원, 「북한의 생활 인프라 개선을 위한 관련 산업 육성 및 제도화 방안 연구」, 2014

한국과학기술한림원, 「미래지구와 국제 과학계의 최근 동향」, 한림연구보고서 108, 2016

한국순환자원유통지원센터, 빈용기보증금제도 설명자료, 2016

한국시설안전공단, 「통일대비 한반도 건설 인프라 구축을 위한 통합 추진 전략」, 2015

한국전력공사 전력연구원, 「석탄화력발전소 미세먼지 발생 특성 사전 조사」, 2017

환경부, 「2012년도 화학물질 배출량 조사결과 보고서」, 2014

환경부, 「2013년 도랑실태조사 및 관리방안 연구」, 2013

환경부, 「2014 상수도 통계」, 2015

환경부, 「기후변화에 대비한 공공하수도시설 에너지 자립화 타당성 조사 연구」, 2008

환경부, 「물 재이용 기본계획(2011~2020)」, 2010

환경부, 「별이 빛나는 밤하늘, 빛공해에 대하여」

환경부, 「빛공해 관리방안 마련을 위한 실태조사」, 2009

환경부, 「사고대비물질 키인포가이드」, 2014

환경부, 「생활하수과, 에너지 자립화 기본계획」, 2010

환경부, 「에너지 자립화 기본계획」, 2010

환경부, 「자원순환 산업 분류체계 구축 및 산업통계조사 방안 마련 연구」, 2011

환경부, 「자원순환형 사회구축 촉진을 위한 중장기 발전방안 연구」, 2012

환경부, 「폐자동차 해체부품의 효율적 재활용방안 연구」, 2009

환경부, 「화학물질 배출량 조사결과 보고서」, 2014

환경부, 「환경통계연감」, 2016

환경부, 「우리마을 도랑살리기 추진계획」, 2017

환경부, 국립환경과학원, 「하수처리시설 수질기준 선진화 계획수립 연구」, 2013

환경부, 한국환경공단, 「전국 폐기물 발생 및 처리현황(2015년도)」, 2016

환경부, 한국환경공단, 「전국 불투수면적률 조사 및 개선방안 연구」, 2013

環境産業市場規模検討会, 「環境産業の市場規模・雇用規模等に関する報告書」, 平成27年7月

Bundesministerium für umwelt naturschutz bau und reaktorsicherheit, Umwelt bundesamt, Beschaftigungswirkungen des Umweltschutzes in Deutschland im Jahr 2012, 2016

Central Bureau of statistics, United nations population fund, Socio-economic, demographic and health survey 2014, DPRK, 2015

Central Park Conservancy, Annual report 2016

ETUC, Climate Change and employment - Impact on employment in the European Union-25 of climate change and CO2 emission reduction measures by 2030, 2007, http://www.etuc.org/a/3676

European Commission, PES and green jobs, Brussels, Author: Annette Cox and Beth Foley, 2013

IEA, Energy and Air Pollution, OECD, 2016

MarketsandMarkets, "Environmental Monitoring Market by Product (Monitor(Fixed, Portable), Sensor(Analog, Digital), and Software), Sampling Method(Intermittent, Continuous, Active, Passive), Application(Particulate Matter, Air, Gas, Water, Soil, Noise) - Forecast to 2021"

OECD, OECD Environmental Performance Reviews: Korea 2017, 2017

OECD, Environment and Employment: An Assessment, 2004

OECD, The Economic Consequences of Outdoor Air Pollution, 2016

Pinderhughes. R, Green Collar Jobs, The City of Berkeley Office of Energy and Sustainable Development, 2007

Solar Foundation, Solar Jobs Census 2016

UN, World Urbanization Prospects: The 2014 Revision

UNEP, Background Paper on Green Job, 2007

UNEP/ILO/IOE/ITUC, Green Jobs: Towards decent work in a sustainable, low-carbon world, 2008

UNICEF, WHO, Progress on sanitation and drinking water ? 2015 update and MDG assessment, 2015

United nations and partners, DPR KOREA Needs and Priorities, 2016

United nations and partners, DPR KOREA Needs and Priorities, 2017

WHO, Global Urban Ambient Air Pollution Database, 2016

World Health Organization, Urban Planning, Environment and Health: From Evidence to Policy Action, 2010

Worldwatch Institute, Green Jobs : Towards Decent Work in a Sustainable, Low-Carbon World, UNEP, 2008

e-나라지표, 지역별 인구 및 인구밀도, http://www.index.go.kr

국가상수도정보시스템, http://www.waternow.go.kr/web

국가에너지통계종합정보시스템, https://www.kesis.net/

국가주요지표, http://www.index.go.kr

국토교통부 도시계획현황, https://www.molit.go.kr/USR/policyData/m_34681/dtl?id=56

서울 통계 2016, http://stat.seoul.go.kr

서울시 공원녹지정책과, 서울의 산과 공원, http://parks.seoul.go.kr/parks/

싱가포르 도시녹화정책 홈페이지, https://www.nparks.gov.sg/skyrisegreenery/

용산공원, http://www.park.go.kr/

전력통계속보, www.kepco.co.kr

찾기 쉬운 생활법령정보 홈페이지, http://easylaw.go.kr/CSP/Main.laf

한국수자원공사, https://www.kwater.or.kr/

환경부 물환경정보시스템, http://water.nier.go.kr/front/waterInfo/watershed01.jsp

환경부, 2014년 공공하수도운영결과 조사표, https://www.hasudoinfo.or.kr/stat/selectResult.do#LINK

株式会社ユーイング, http://www.uing.u-tc.co.jp/

Aernoz, http://www.aernos.com/

Aero Garden, http://www.aerogarden.com/

Airvisual, https://airvisual.com/

BLS, https://www.bls.gov/green/#definition

Click & Grow, https://www.clickandgrow.com/

EPI, Environmental Performance Index, http://epi.yale.edu/

Google Trends, https://trends.google.com

Noise Tube, http://www.noisetube.net

OECD Better Life Index, http://www.oecdbetterlifeindex.org/

Orbital insight, https://orbitalinsight.com

UN, http://www.un.org/sustainabledevelopment/sustainable-development-goals/

ZenRobotics, http://zenrobotics.com